普通高等教育"十二五"规划教材（高职高专教育）

服务营销
项目化教程

主　编　林夕梦　岳茜玫

副主编　宋平平　糜丽琼

编　写　肖磊荣　隋　杰　王建兰

主　审　吴秋霜

中国电力出版社
CHINA ELECTRIC POWER PRESS

内 容 提 要

本书为普通高等教育"十二五"规划教材（高职高专教育）。全书共分 11 个项目，主要内容为服务营销概述、服务购买行为分析、服务市场细分、目标市场选择与市场定位、服务定价策略、服务渠道策略、服务产品策略、服务促销策略、服务人员与内部营销、服务有形展示、服务质量管理、服务失败与补救。每个项目均配有学习目标、导入案例、经典案例分析及实训题目。

本书可作为高职高专院校市场营销、工商管理类等专业的教材或教学参考书，也可作为从事企业营销管理工作的社会人士的参考资料。

图书在版编目（CIP）数据

服务营销项目化教程 / 林夕梦，岳茜玫主编. —北京：中国电力出版社，2014.9（2020.8 重印）

普通高等教育"十二五"规划教材. 高职高专教育
ISBN 978-7-5123-6541-4

Ⅰ. ①服… Ⅱ. ①林… ②岳… Ⅲ. ①服务营销—高等职业教育—教材 Ⅳ. ①F713.50

中国版本图书馆 CIP 数据核字（2014）第 228945 号

中国电力出版社出版、发行

（北京市东城区北京站西街 19 号 100005 http://www.cepp.sgcc.com.cn）
北京传奇佳彩数码印刷有限公司印刷
各地新华书店经售

*

2014 年 9 月第一版 2020 年 8 月北京第二次印刷
787 毫米×1092 毫米 16 开本 12.5 印张 302 千字
定价 25.00 元

前　言

从 20 世纪 60 年代开始，世界主要发达国家的经济重心由第二产业主导转向服务业主导。随着现代经济的不断发展，服务业在全球经济中的主导性不断加强。近年来，服务业在国民生产总值（GDP）中所占的比重已经成为判断一个国家经济发达与否的重要指标。越来越多的企业认识到如果它们能够为顾客提供优质的服务，就能促进顾客不断地重复购买其产品，从而为企业带来源源不断的利润。因此，不少企业拓展自己高效有序的服务体系并致力于加强服务营销管理，这已经成为一个企业获取和保持竞争优势的战略武器。

近年来，我国服务业在国民经济中的地位日益提高，但就整体而言，目前我国服务业的发展相对发达国家仍显滞后，服务业层次较低，服务企业的经营理念和运作方式比较落后。因此，有必要借鉴服务业的服务市场营销理论和经验，将其理论和方法与我国服务企业的现实状况相结合，从而进一步推动我国服务市场营销的发展。

本书根据高职高专教育技能型人才培养的客观要求和内在规律，吸收近年来相关课程的教学改革经验及学界的最新理论和实践成果编写而成。本书在编写过程中，立足于高职高专教育的基本特点，力求内容精炼、实用、突出重点，结构设计合理。同时，本书注重理论联系实际，力求有一定的理论深度又便于实际操作，以便培养学生的操作能力和实践能力。为了方便学生学习，每个项目都设有学习目标，导入案例，案例分析题及相关的实训题目。

本书由北京经贸职业学院的林夕梦、岳茜玫主编，宋平平、糜丽琼副主编，肖磊荣、隋杰、王建兰编写。全书由林夕梦统稿，由北京科技大学吴秋霜主审。

本书可作为高职高专院校市场营销专业及其他工商管理类专业学生的教材，也可以作为工商企业管理的参考用书。

在编写过程中，我们大量参考了国内外专家的研究成果，在此，向这些作者致以诚挚的谢意。限于作者水平，书中疏漏之处在所难免，恳请广大读者批评指正。

编　者
2014 年 8 月

目　　录

项目一　服务营销概述

学习目标

（1）掌握服务的定义和特性。
（2）理解服务业的概念、分类与特点。
（3）熟悉服务营销学的产生、发展及创新。

导入案例

花　旗　银　行

　　花旗银行（Citibank）迄今已有近200年的历史，在世界100多个国家和地区建立了4000多个分支机构，在非洲和中东地区，花旗银行更是外资银行抢滩的先锋。花旗银行的骄人业绩无不得益于其1977年以来成功实施的银行服务营销战略。服务营销在营销界产生已久，但服务营销真正和银行经营相融合，诞生银行服务营销理念，还源于1977年花旗银行副总裁列尼·休斯坦克的一篇名为《从产品营销中解脱出来》的文章。花旗银行可以说是银行服务营销的创始者，同时也是银行服务营销的领头羊。花旗银行能成为银行界的先锋，关键在于花旗独特的金融服务能让顾客感受并接受这种服务，进而成为金融受众的首选。多年以来，银行家们很少关注银行业务的实质，强调的只是银行产品的盈利性与安全性。随着银行业竞争的加剧，银行家们开始将注意力转移到银行服务与顾客需求的统一性上来，银行服务营销也逐渐成了银行家们考虑的重要因素。

　　金融产品的可复制性，使银行很难凭借某种金融产品获得长久竞争优势，但金融服务的个性化却能为银行获得长久的客户。著名管理学家德鲁克曾指出，"商业的目的只有一个站得住脚的定义，即创造顾客"，"以顾客满意为导向，无异是在企业的传统经营上掀起了一场革命"。花旗银行深刻理解并以自身行动完美地诠释了"以客户为中心，服务客户"的银行服务营销理念，在营销技术和手段上不断推陈出新，从而提升花旗服务，引领花旗辉煌。

　　花旗通过变无形服务为有形服务，提高服务的可感知性，将花旗服务派送到每一位客户手中。花旗银行在实施银行服务营销的过程中，以客户可感知的服务硬件为依托，向客户传输花旗的现代化服务理念。花旗以其幽雅的服务环境、和谐的服务氛围、便利的服务流程、人性化的设施、快捷的网络速度及积极健康的员工形象等传达着它的服务特色，传递着它的服务信息。

　　花旗在银行服务营销策略中，鼓励员工充分与顾客接触，经常提供上门服务，以使顾客充分参与到服务生产系统中来。通过"关系"经理的服务方式，花旗银行建成了跨越职能、业务项目、地区和行业界限的人际关系，为客户提供并办理新的业务，促使潜在的客户变成现实的用户。同时，花旗还赋予员工充分的自主服务权，在互动过程中更好地为客户提供全方位的服务。

通过提升服务质量，银行服务营销赋予花旗服务以新的形象。花旗在引导客户预期方面决不允许作过高或过多的承诺，一旦传递给客户的承诺就必须保质保量地完成。如承诺"花旗永远不睡觉"，其实质就是花旗服务客户价值理念的直接体现。花旗银行规定并做到了电话铃响 10 秒之内必须有人接听，客户来信必须在两天内作出答复。这些细节就是客户满意的重要因素。同时，花旗还围绕着构建同顾客的长期稳定关系，提升银行服务质量。通过了解客户需求，为客户提供相应的产品或服务，缩短员工与客户、管理者与员工、管理者与客户之间的距离，在确保质量和安全的前提下，完善内部合作方式，提高客户的满意度，提高服务的效率并达到良好的效果。

自 20 世纪 70 年代开创银行服务营销理念以来，花旗银行就不断地将银行服务寓于新的金融产品创新之中。而今，花旗银行能提供多达 500 种金融服务，各种花旗服务已如同普通商品一样琳琅满目，任人选择。1997 年，花旗银行与旅行者公司的合并，使花旗银行真正发展成为一个银行金融百货公司。在 20 世纪 90 年代的几次品牌评比中，花旗银行都以它卓越的金融服务位列金融业的榜首。今天，在全球金融市场步入竞争激烈的买方市场后，花旗银行更加大了它的银行服务营销力度，同时还通过对银行服务营销理念的进一步深化，将服务标准与当地的文化相结合，在加强品牌形象的统一性的同时，又注入了当地的语言文化，从而使花旗银行成为行业内国际化的典范。

（案例来源：贾凯君.花旗银行：服务营销的创始者.国际营销网 http://marketing.iader.com/cases/2007-03-22/1174518130dl26763.html）

任务一 服 务 概 述

一、服务的含义

20 世纪五六十年代，理论界开始研究服务的含义。世界各国有关服务概念的界定不下几十种，按照时间先后，我们列出其中有代表性的几种定义。

1960 年美国市场营销学会（AMA）定义为："用于出售或者是同产品连在一起进行出售的活动、利益或满足感。"

1963 年著名学者雷根（Regan）的定义是："直接提供满足或者与有形商品或其他服务一起提供满足的不可感知活动。"

1974 年，斯坦通（Stanton）给出的定义是："服务是一种特殊的无形活动。它向顾客或者工业用户提供所需的满足感，它与其他产品销售和其他服务并无必然联系。"1983 年，莱特南（Lehtinen）则认为："服务是某个中介人或机器设备相互作用并为用户提供满足的一种或一系列活动。"

1990 年北欧学者格罗鲁斯（Gronroos）定义为："服务是指或多或少具有无形特征的一种或一系列活动，通常（但并非一定）发生在顾客同服务的提供者及其有形的资源、商品或系统相互作用的过程中，以便解决消费者的有关问题。"

1993 年艾德里安·佩恩（Adrain Payne）将服务定义为："服务是一种涉及某些无形性因素的活动，它包括顾客或他们拥有财产的相互活动，它不会造成所有权的更换。服务产出可能或不可能与物质产品紧密相连。"

市场营销学大师菲利普·科特勒（Philip Kotler）也提出类似的定义，他强调："服务是指交换的一方向另外一方提供的任何活动或利益，而这些活动主要是不可感知的，且不涉及所有权的转移，它们的生产也许会与实物产品紧密地联系在一起。"

上述研究从不同侧面揭示出服务的一些共同特点，这对拓展服务内涵的认识进而推动服务营销学的发展曾经做出了重要贡献。综合以上各种定义，国内大多数学者认为可将服务定义为：服务是具有无形特征却可给人带来某种利益或满足感的可供有偿转让的一种或一系列活动。日常生活中服务无处不在，比如，租用宾馆的客房，投资股票、债券和基金等有价证券，在银行存款或贷款，乘飞机旅行，请精神病医生看病，理发，请人修理汽车，观看体育比赛，看电影，去洗衣店洗衣服，到学校学习，请律师提供咨询等，所有这些内容均涉及服务的购买与消费。

二、服务的特征

同服务有多种概念类似，学术界对服务特征的描述也存在多种观点。经过多年的探索和研究，不同学者对服务的特征有不同的描述，但总的来看，各种描述没有根本性的分歧。一般认为服务具有 5 种特征，对这些特征的描述如图 1-1 所示。

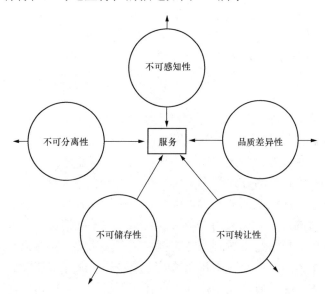

图 1-1　服务的 5 个特征

1. 不可感知性

服务的不可感知性是服务的最基本特征，可以从两个不同的层次来理解。首先，服务产品与有形的消费品或工业品比较，服务的特质及组成服务的元素，很多都无形无质，让人不能触摸或看见其存在。同时，服务产品不仅无形无质甚至使用服务后的利益，也很难被察觉，或是要等一段时间后，享用服务的人才能感觉到服务所提供利益的存在。例如，当一个人患病去医院就诊，医生根据病人描述的情况和检查结果，开了一些药品，当他走出医院时，对自己所患的疾病是否能够治愈是难以察觉并作出判断的，可能要经过一段时间才能感受到结果。

　　当然，服务的"不可感知性"也不是绝对的。相反，在现实生活中，大多数服务都具有某种有形的特点。例如，餐饮业的服务中，不仅有厨师的烹饪过程，还有菜肴的物质加工过程。另外，随着企业服务水平的日益提高，很多消费品和工业品是与附加的顾客服务一起出售的，而且在多数情况下，顾客之所以购买某些有形商品如汽车、CD、DVD 等，只不过因为它们是一些有效载体。对顾客来说，更重要的是这些载体所承载的服务或效用。此外，"不可感知性"也不是说所有的服务产品都完全是不可感知的，它的意义在于提供了一个视角将服务产品同有形的消费品或工业品区分开来。肖斯塔克曾提出"可感知性—不可感知性差异序列图"（见图 1-2），举例说明有形产品同无形产品的区别，并强调服务产品越是接近无形因素的一极，越需要营销人员运用"4P"之外的技巧，才能有效地在市场竞争中确保顾客获得最大的满足感。

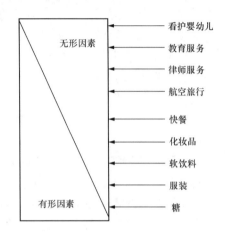

图 1-2　可感知性—不可感知性差异序列图

　　服务的这一特征决定了消费者购买服务和消费服务之前很难形成准确预期，购买风险也大于实物产品，并且很难做到事先的服务产品比较，对于服务的广告可信度也较低。所以，对于服务营销者来说，针对服务的不可感知性可采取的措施有：尽量简化服务使得服务产品有形化；尽可能地设立标准，细化服务档次，降低购买失误风险；在促销方面增强口碑沟通，树立形象，建立信任，赢得人心。

　　2. 不可分离性

　　有形的工业品或消费品在从生产、流通到最终消费的过程中，往往要经过一系列的中间环节，生产与消费的过程具有一定的时间间隔。而服务产品则与之不同，它具有不可分离性的特征，即服务的生产过程与消费过程同时进行，也就是说服务人员提供服务于顾客时，也正是顾客消费服务的时刻，二者在时间上不可分离。由于服务本身不是一个具体的物品，而是一系列的活动或过程，所以在服务的过程中消费者和生产者必须直接发生联系，从而可知生产的过程也就是消费的过程。服务的这种特性表明，在某些情况下，顾客只有而且必须加入到服务的生产过程中才能最终消费到服务。例如，在游乐园，顾客只有亲自参与某游乐项目才算接受游乐园提供的服务；只有顾客在场时，理发师才能完成理发的服务过程。

　　在传统的制造业中，生产管理完全排除了顾客在生产过程中的角色，管理的对象是企业的员工而非顾客。而在服务行业内，顾客参与生产过程的事实则迫使服务企业的管理人员正视如何有效地引导顾客正确扮演他们的角色，如何鼓励和支持他们参与生产过程，如何确保他们获得足够的服务知识以达成生产和消费过程的和谐进行。若企业管理人员忽略这些问题，则可能导致因顾客不懂其自身的职责而使服务产品的质量无法达到他们的要求。而在这种情况下，顾客通常会认为该企业的服务水平低下，进而丧失日后再购买的兴趣和信心。

　　服务企业的员工与顾客的互动行为也严重影响着服务的质量及企业和顾客的关系。由于服务产品要按顾客要求即时生产出来，这就使过去在生产车间进行质量管理的方法变得无法适应服务企业。既然不同顾客的要求存在很大的差异性，负责提供服务的第一线员工是否具有足够的应变能力以确保服务能达到每一个顾客所期望的质量水平就变得非常重要了。另外，顾客与服务员工在沟通中的任何误会都可能直接使顾客感到整个企业的服务水平不佳，甚至拂袖而去，服务过程中断，企业也就失去了顾客。

服务营销管理要求将顾客参与的生产过程纳入管理，而不只局限于对员工的管理；服务的这一特征表明服务员工与顾客的互动行为既是服务质量高低的影响因素，也是服务企业与顾客之间关系的影响因素。针对这一特征，服务营销者应尽可能采用高技术、新设备（如自动售货、电子银行、远程教学）等手段，将消费与生产分离；还可选择高素质人员以提高服务质量来吸引消费者参与服务过程。

【案例1-1】

旅游方式的多样化

滨城威海连续多年旅游服务收入持续增长，旅游市场主要呈现以下几个特点。

（1）团队游客仍占据主流地位，客源市场集中。客源市场仍以以上海、浙江、江苏为中心的长三角市场和以北京、天津为中心的京津冀市场为主，约占团队游客总数的58%，省内团队客源保持稳定，约占40%。接待境外团队主要以韩国、俄罗斯为主。

（2）旅游方式彰显个性化。自助游、自由行越来越火爆的同时，自驾车、背包、在线组团、网络邀约游、汽车交友俱乐部等自助旅游形式明显增多。许多来自北京、上海、南京、杭州的游客自行来威海，旅行社只提供接机、订房、设计行程、导游等服务，不参团、不跟团；有的散客直接通过网络预订金海湾、海悦国际饭店等高档酒店，来威海就是休闲度假。以自驾车出游为主的自助游成为假日旅游新趋势，规模越来越大。

（3）游客休闲方式趋向多元化。除了传统的观光旅游外，近郊游、乡村游、文化游、体验游、户外拓展游都深受旅游者青睐。威海市沿海一线的威海新外滩、威海公园、海上公园、国际海水浴场及银滩旅游度假区等开放式景区日均吸引游客均超过万人。仙姑顶、圣经山、铁槎山、巨禺山等山地景点吸引了众多游客前去登山、踏青、观光，接待游客数量均大幅增长。河口胶东渔村、石岛桃源民俗村、孙家幢度假村、乳山大陶家民俗村、老虎山生态园等民俗渔村和农业旅游示范点接待游客数量和旅游收入均翻番增长。

（4）旅游服务凸显人性化，游客满意度提高。威海市开展文明服务、诚信旅游和人性化服务、细微服务等质量建设活动，着重在贴心、细心、用心上下工夫，于细节处塑造文明旅游形象。旅游局向中外游客免费发放旅游交通导游图、宣传折页和维权手册，公布了咨询投诉电话。各景区完善各个引导、警示、公益标识牌设施，增添配套服务设施；部分饭店在黄金周推出了各式温馨服务等。这些措施处处体现了以人为本的精神。

旅游服务具有典型的不可分离性，服务管理者必须认识到这一点，特别是针对旅游方式多元化的特点，应及时调整服务营销策略，提高顾客满意度。

（资料来源：威海晚报·威海新闻网）

3. 品质差异性

服务的品质差异性是指服务的构成成分及其质量水平经常变化，难以统一认定的特性。服务的主体和对象均是人，人是服务的中心，而人又具有个性，人涉及服务方的人员和接受服务的顾客两个方面。服务品质的差异性既由服务人员素质的差异所决定，也受顾客本身个性特色的影响。不同素质的服务人员会产生不同的服务质量效果，同样，同一服务人员为不同素质的顾客服务，也会产生不同的服务质量效果。顾客的知识水平、道德修养、处世经验、社会阅历等基本素质，也直接影响服务质量效果。服务品质的差异性会导致企业形象混淆而危及服务的推广。消费者可能在生活中发现过这样一个有趣的现象：对于连锁或者特许经营的企业来说，如果是销售有形产品，由于统一了企业形象，那么在它的某一家分店，顾客一般觉得差异不是很大，但是如果它提供的是无形的服务，顾客可能就会觉得各分店服务质量存在着优劣不等的差异性，由于这种差异性的存在，提供劣质服务的分店对整个企业带来的负面影响将大大盖过大多数优质服务分店所形成的良好企业形象而产生负面效应。再比如，同一部电影，有的观众觉得非常精彩，而有的观众觉得索然无味；同样一场体育比赛或者其他活动，有人乐而忘返，有人则败兴而归。

服务品质差异性加大了消费者对服务质量评价的风险。这就要求服务营销者通过分解服务步骤，简化服务过程来提高质量预见性；通过使用高职业化的人员提供个性化服务，变可变性为机遇；通过对服务人员的筛选、培训和激励进行投资，开展内部营销；通过用机械设备代替人工，控制生产过程等手段来克服和减少风险。

【案例 1-2】

电信运营商服务的差异

对于一家大的电信运营商来说，在全国有众多的省市区公司，大大小小的市、县、镇、村营业网点，数万家营业厅店，还有服务热线、网上营业厅、自助设备等众多电子渠道，在如此多的客户接触点保持服务的一致性尤为困难。服务的不一致性大约体现在如下方面。

（1）人员方面的差异性。人员的差异主要包括服务态度、服务技能和人员品德与修养方面。顾客经常会遇到这样的情况：在同一家营业厅，前后几次办理不同或同类业务，遇到的营业员的能力就相差很大，服务态度也大相径庭。一位营业员可能会始终保持微笑，而另一位却明显地把不高兴挂在了脸上。一位对业务非常熟练，但另外的几位却可能让顾客白跑。

（2）服务程序和标准上的差异性。服务程序的差异性主要指的是在企业内部，各分支机构有不同的标准，或者有相同的标准，但是标准不详尽或不实用，导致大家对标准的理解不同，从而执行标准也不相同。顾客在办理电信业务时也许会遇到这样的情况：公司的不同窗口给予同一问题的回答相差很大；公司不同的渠道给出的解决方案截然不同等。

（3）服务项目的不连贯性。服务项目的不连贯性指的是企业推出一个服务项目，可是却无法保证持续性地提供给客户，或者客户已经习惯了企业的一些服务，企业却因为节省成本或其他原因取消了这些服务。这种现象多体现在与促销活动有关的服务中，比如，企业曾推出的回收旧手机电池送礼品活动，活动一开始就发现成本太高，于是停掉了活动，改成了抽奖。如此导致很多客户的不满。还有的公司推出了新套餐，但后来接到上级通知取消了，但已经做好办理准备的客户却来办理，再怎么解释客户也会非常不满。

一次做得好并不难，可是要次次做得好却非常难。不管怎样，只要真正做到了以客户为中心，从客户的需求出发来设计和增减服务内容、改善服务态度、改进服务流程，就一定能够为客户提供一致、连贯的高质量服务。

（资料来源：http: //mrpad.blog. sohu.corn，有删改。）

4．不可储存性

服务的不可储存性是由其不可感知性和服务的生产消费的不可分离性决定的。服务的不可储存性也为加速服务产品的生产、扩大服务的规模提出了难题。不可储存性基于服务产品的不可感知形态及服务的生产与消费同时进行，使得服务产品不可能像有形的消费品和工业品一样被储存起来，以备未来出售；而且消费者在大多数情况下，也不能将服务携带回家存放。当然，提供服务的各种设备可能会提前准备好，但生产出来的服务如不当时消费掉，就会造成损失。比如，理发、外科手术、酒店住宿、旅游、现场文艺晚会及其他任何服务，都无法在某一年生产并储存，然后在下一年进行销售或消费。不过，这种损失不像有形产品损失那样明显，它仅表现为机会的丧失和折旧的发生。

服务的不可储存性也是比较有趣的一个特点，一项服务若不在生产的同时销售出去，生产者就会失去服务收益，而消费者对此并不关心；消费者在购买结束的同时，产品的概念已留在消费者的记忆中；往往在服务供不应求时消费者才会意识到服务没有库存的特点，被迫排队等候。

因此，服务不可储存性的特征要求服务企业必须解决由缺乏库存所导致的产品供求不平衡问题，如何制定分销策略来选择分销渠道和分销商及如何设计生产过程和有效地弹性处理被动的服务需求等。通常采用的预定系统、自助服务或者引导需求的时间结构等方式就是基于这一特点所采取的措施。

【案例1-3】

餐饮服务的不可储存性

服务的不可储存性特点是指服务不能储存以备后用的特点。国外服务行业有句行话：世界上最不容易保存的东西一是飞机的座位，二是饭店的客房，三是律师的时间。飞机起飞了有座位空着，一天过去了客房无人入住，律师等候一天并无客户上门，那么这种空着的机位、客房及时间便永远失去了这一天的销售机会。

饭店餐饮服务的不可储存性特点表现在餐饮服务不能被保存储藏以应付将来之需这一点上：虽然仓库可以储藏饭店近期内所需的食品原料，但厨房却不能在一天之内生产一周营业所需的餐饮产品。同样，餐厅服务员由于闲着无事而浪费掉的时光，不可能保存到第二天再使用。同时，由于饭店餐厅的接待能力在一定时期内一般都固定不变，而宾客的需求量却在不断地变化，因而造成了厨房、餐厅应付需求波动的困难，特别是当就餐宾客突然大量增加时，会不可避免地给厨房、餐厅带来压迫感。餐饮服务不可储存的特点告诉我们饭店必须采取措施，主动地改变宾客的需求量，使宾客的需求量尽可能接近饭店现有接待能力，避免因接待能力不足或宾客量不足而引起的损失。

5．不可转让性

服务所有权的不可转让性是指在服务的生产和消费过程中不涉及任何东西的所有权转

移。既然服务是无形的又不可储存，服务产品在交易完成后便消失了，消费者并没有实质性地拥有服务产品。以顾客理发为例，通过理发师的服务，顾客的头发得到了一定修剪和整理，但这并没有引起任何所有权的转移，只不过顾客的感受有了一些变化而已。再比如，消费者到某景点观光旅游，经过游览，消费者或者游客手里除了握着门票或者其他边缘展示物以外，得到的就是留在印象中的景色，即使是手中的门票也是游客在游览前就买好了的，他们没再拥有任何东西，同时旅游景点也没有把任何东西的所有权转让给游客。服务所有权的不可转让性会使消费者在购买服务时感受到较大的风险，如何克服此种消费心理，促进服务销售，是营销管理人员所要面对的问题。目前，很多服务企业逐渐采用"会员制"的方法维持企业与顾客的关系。当顾客成为企业的会员后，他们可享受某些特殊优惠，让其从心理上感觉到就某种意义而言他们确实拥有企业提供的服务的所有权。

【案例 1-4】

漂流瓶营销

随着科技的进步，特别是互联网 Web2.0、Web 3.0 的逐步推广和应用，生产者和服务提供者的营销渠道趋于多元化。漂流瓶曾是远古时期人们穿越广阔大海进行交流的有限手段之一。密封在漂流瓶中的纸条往往包含着重要的信息或者衷心的祝福。发现一个可能从未知领域而来的漂流瓶，对于古代水手而言或许是一种惊喜、神秘、偶然、期待……

而今天，中国腾讯公司推出的 QQ 漂流瓶却成为一些小企业，特别是 C2C 市场上个体生产者产品或服务的一种全新的营销渠道。2012 年秋天，W 先生曾在 QQ 上收到一个漂流瓶，一般对漂流瓶的做法是直接扔回"海"里，而 W 这一次却做了一项非常有意义的尝试：他打开了漂流瓶，并因此从一个卖茶的人那儿买到了他想要的茶叶。出于好奇，作为交换条件，他要求卖茶者提供利用漂流瓶进行营销的更多细节，包括每天扔多少瓶子，回收率是多少；回收的瓶子中，有买茶意向的人有多少，能成为顾客的又有多少，比率有多高及总共卖出了多少茶叶。以下就是卖茶者发过来的邮件原文，我们没有做任何加工，因此信息完整度并不是很高。

"我也不知道我是怎么会想到用漂流瓶来卖我的茶叶的。一开始，我觉得在这样的平台上，买我茶叶的人肯定没有，因为在很多人的脑子里都有这样的观点，网上的东西比较虚假，即使你说得天花乱坠。记得最早开始扔漂流瓶是在 2012 年的 7 月份，那时也是抱着玩玩的心态，每天扔出 12 个，回复的都是问问价格，之后也就没有下文了。到 9 月份的时候，有一个人来问价格，之后就聊些生活当中的事，从而我得知他胃不好，后来聊到买茶叶的事，我说你胃不好，绿茶不适合你喝，他说你是卖茶叶的，应该推销给我喝啊，我说要为你着想啊。喝茶要在身体条件好的情况下再去品味，这样对你来说喝茶就是一种享受，你身体不好，再去喝茶，那是伤害你自己。后来他还是买茶叶了，说要送人。他说我是一个很会为别人着想的人。就这样，他买了 1.5 千克茶叶。后来，每天通过扔漂流瓶，很多人来问价格后加了我的 QQ，然后成了网友，就这样聊着，通过漂流瓶这个渠道，我卖了 12.5 千克茶叶，现在买过我茶叶的人都成了我的朋友，经常会聊天。有一次我问了一个朋友，为什么这么相信我，他说只是想买点茶叶试试自己会不会被骗，可是买了之后出乎他的意料，说我很真诚，很淳朴，他说花 1000 多块钱交个朋友很值得……

在卖茶叶的时候，最怕碰到的就是别人不信任你，可是你却不知道用什么样的最简单的方式让他们相信。其实只要你迈开这一步，就会发现通过漂流瓶还是能卖出一些茶叶的，而且赚到的钱比卖给收茶的人要多很多，因为通过这种方式卖茶几乎没有什么成本。"

古老的漂流瓶被技术异化，不再神奇，相反却成为一条营销渠道，QQ、手机短信、微信……这些移动通信方式都在向顾客传递着有价值的产品或服务信息。尽管漂流瓶的营销成功率还相当低，但谁能对未来做出精确的判断呢？还有什么会成为营销渠道？无人知道。

在上述 5 种特征中，不可感知性是最基本的特征，其他特征都是由这一基本特征派生出来的。这些特征从各个侧面表现了服务与实体商品的本质区别。

了解了服务的 5 个特征，再看看服务与有形产品的本质区别在哪里。从表面上看，服务企业为顾客提供的是服务而不是有形的产品，所以学者们归纳和概括出服务业具有不可感知性、品质差异性、不可转让性、不可储存性、不可分离性等特征。但细究一下，提供服务所涉及的许多因素，如酒店的设施、交通运输工具、金融服务设备等，又似乎具有有形产品的特征。于是，学者肖斯塔克根据产品中所包含的有形商品和无形服务的比重的不同，提出了"可感知性—不可感知性差异序列图"，指出在现实经济生活中纯粹的有形商品或无形服务都是很少见的。这就把服务与有形产品联系起来了。反过来，如果把企业生产的产品看作企业为用户提供某一方面服务的媒介，似乎又可将普通行业看作服务业。也就是说，服务业与普通行业并没有本质的不同，其区别仅仅在于服务业用于为用户提供服务的媒介是无形的，或虽有形但与他人共用。因此，任何一个以盈利为目标的企业都可归属为服务企业，而任何产品都可视为企业向用户提供服务的媒介。所以在学习服务营销的时候，没有必要完全把服务和有形产品割裂开来。

三、服务的分类

在理解了服务的含义和服务的特征以后，有必要理清服务的类型，因为不同类型的服务其营销策略是不能通用的，只有通过恰当的服务分类才能有针对性地制定相应的策略。关于服务分类的主要观点有以下几种。

1. 菲利普·科特勒的分类

依据提供服务工具的不同，服务分为：以机器设备为基础的服务和以人为基础的服务。

依据顾客在服务现场出现必要性的大小，服务分为：必须要求顾客亲临现场的服务和不需要顾客亲临现场的服务。

依据顾客个人需要与企业需要的不同，服务分为：专对个人需要的专一化服务和面对个人需要与企业需要的混合性服务。

依据服务组织的目的与所有制，服务分为：以营利为目的服务、非营利性服务、私人服务和公共服务。

2. 理查德·B·蔡斯的分类

依据顾客对服务推广的参与程度，将服务分为三大类。

高接触性服务：指顾客在服务推广过程中参与其中全部或大部分的活动。

中接触性服务：指顾客只是部分地或在局部时间内参与其中的活动。

低接触性服务：指在服务推广中顾客与服务的提供者接触较少的服务，其间的交往主要是通过仪器设备进行的。

3. 肖斯塔克的分类

按照无形服务和有形商品在整体服务产品中所占的比例不同,服务分为以下几类。

纯有形商品状态:如香皂、牙膏、盐等,产品本身没有附带服务。

附有服务的商品状态:如计算机、家电产品等,附有服务以提高对顾客的吸引力。

附有少部分商品的服务状态:如空中旅行的头等舱,除提供服务外,还附带食品、报纸、杂志等。

纯服务状态:如心理咨询、家政服务等服务者直接为顾客提供相关的服务。

4. 格罗鲁斯的分类

根据提供服务所依靠的资源要素和顾客与服务提供者之间的互动关系,服务分为以下几类。

高接触性服务:这类服务主要由员工与顾客面对面的直接接触完成,依靠的资源主要是服务提供者的技能,顾客与服务提供者之间的互动关系密切而短暂。当然,这类服务并不否认设备的重要性。

高技术服务:这类服务主要是顾客利用自助服务系统、自动系统、网络或其他有形设施完成服务。依靠的资源主要是硬件设备与现代科技,顾客与服务提供者之间的互动关系不密切。当然,这类服务也不忽略人的作用。

间断性服务:这类服务主要是员工与顾客之间只是短暂的互动关系服务。依靠的资源既有服务提供者的技能,也包括硬件设施和现代科技。尽管服务提供者与顾客之间只是短暂的互动关系,但企业应当采取措施将这种间断的关系变成长期持续互动的服务。

持续性服务:这类服务是指客观上需要服务提供者和顾客保持长期接触和互动关系的服务。强调的是服务提供者和顾客之间建立的相对连续不断的交易关系和持续进行服务的过程。

5. 洛夫洛克的分类

洛夫洛克从 5 个角度对服务进行了划分,这种分类被学术界认为是目前比较全面的分类。

依据服务活动的本质,服务分为 4 类:作用于人的有形服务,如民航、理发服务等;作用于物的有形服务,如货运、草坪修整等;作用于人的无形服务,如教育、广播等;作用于物的无形服务,如法律、财产保险等。

依据顾客与服务组织的联系状态,服务分为 4 类:连续性、会员关系服务,如银行、保险、汽车协会等;连续性、非正式关系的服务,如广播电台、警察保护等;间断的、会员关系的服务,如公园季票、年票等;间断的、非正式关系的服务,如邮购、街头收费电话等。

依据服务方式及满足程度,服务分为 4 类:标准化服务,选择自由度小,难以满足顾客的个性需求,如公共汽车载客服务等;服务标准化程度高但服务方式选择自由度小的服务,如宾馆、餐厅的服务等;服务标准化程度不高,但提供者选择余地大,而难以满足个性要求的服务,如教师授课等;服务标准化程度不高,服务方式选择自由度大,服务提供者有发挥空间的服务,如美容、建筑设计、律师、医疗保健等。

依据服务供求关系,服务可分为 3 类:需求波动较小的服务,如保险、法律、银行服务等;需求波动大而供应基本能跟上的服务,如电力、天然气、电话等;需求波动幅度大并会超出供应能力的服务,如交通运输、饭店和宾馆等。

依据服务推广的方法,服务可分为 6 类:

在单一地点顾客主动接触服务组织，如电影院、烧烤店；

在单一地点服务组织主动接触顾客，如出租汽车等；

在单一地点顾客与服务组织远距离交易，如信用卡公司等；

在多个地点顾客主动接触服务组织，如汽车维修服务、快餐店等；

在多个地点服务组织主动接触顾客，如快递服务；

在多个地点顾客和服务组织无距离交易，如广播站、电话公司等。

任务二 服 务 业

服务业又称第三产业，是国民经济中除了第一产业（农业、林业、牧业、渔业）和第二产业（采矿业，制造业，电力、燃气及水的生产和供应业，建筑业）之外的产业。20 世纪中期以来，世界经济结构发生了很大变革，长期占主导地位的制造业在国民经济中的比例日渐降低，各种新兴的服务业蓬勃发展，把全球经济带入"服务经济时代"。随着服务经济的发展，服务业在社会经济中的地位和作用与日俱增，一个国家的服务业水平反映了该国社会经济发展水平及国际竞争力。

一、服务业的分类

1990 年，我国改革开放及经济发展进程加快，服务业的迅速发展使内部分化越来越明显，为适应新的经济形势，1994 年国家统计局在《中国统计年鉴》中首次细分了行业统计，公布我国在业职工人数等指标，并对第三产业作了两级分类，其中共有 11 个二级分类和 51 个三级分类。

21 世纪以来，新一轮信息技术革命来临，我国工业化进入中后期，经济发展进入转型期，服务业发展速度加快。由于信息技术的影响，新兴服务业不断涌现，传统服务业也出现了许多新的特点，为了更好地适应经济发展的新形势，满足经济统计和研究的需要，并与国际产业分类接轨，2002 年国家统计局正式公布了新《国民经济行业分类与代码》，其中包含《第三产业划分规定》，第三产业共有 15 个二级分类（见表 1-1），48 个三级分类。

表 1-1 1994 年与 2002 年《国民经济行业分类与代码》中服务业分类体系与国际比较

1994 年我国服务业二级分类	2002 年我国服务业二级分类	国际标准产业分类
F 地质勘察业、水利管理业	F 交通运输、仓储和邮政业	
G 交通运输、仓储和邮电通信业	G 信息传输、计算机服务和软件业	G 批发和零售贸易；机动车辆、摩托车和私人及家用商品的修理
H 批发和零售贸易、餐饮业	H 批发和零售业	H 饭店和餐馆
I 金融、保险业	I 住宿和餐饮业	I 运输、仓储和通信
J 房地产业	J 金融业	J 金融、媒介
K 社会服务业	K 房地产业	K 房地产、租赁和商业活动
L 卫生、体育和社会福利业	L 租赁和商务服务业	L 公共管理和防卫；强制性社会保险
M 教育、文化艺术及广播电影电视业	M 科学研究、技术服务和地质勘查业	M 教育
N 科学研究和综合技术服务业	N 水利、环境和公共设施管理业	N 卫生和社会工作

续表

1994 年我国服务业二级分类	2002 年我国服务业二级分类	国际标准产业分类
O 国家机关、政党机关和社会团体	O 居民服务和其他服务业	O 社区、社会和私人的其他服务活动
P 其他行业	P 教育	P 有雇工的私人家庭
	Q 卫生、社会保障和社会福利业	Q 域外组织和机构
	R 文化、体育和娱乐业	
	S 公共管理和社会组织	
	T 国际组织	

（资料来源：http：//www.oecd.org/dataoecd/32/25/33982328.pdf.）

二、服务业发展现状

1. 服务业产值增长显著

服务业产值在经济结构中的比重不断攀升，全球服务业呈现快速增长势头，并逐渐成为许多发达国家的主导产业。表 1-2 显示，2002 年美、英、法等发达国家的服务业占 GDP 的比重超过 70%。发展中国家服务业占 GDP 的比重要小得多，但也在 50%上下，并呈快速增长态势。

表 1-2　　　　　　　　　　**不同国家服务业占 GDP 的比重**

国家	1990 年	2002 年
美国	70%	75%
英国	63%	73%
法国	66%	72%
日本	58%	68%
印度	41%	51%
中国	31%	34%

（资料来源：据 2004 World Development Indication 中相关数据整理。）

2. 全球服务贸易飞速发展

服务贸易的飞速发展是经济全球化的必然结果。在经济全球化的背景下，服务贸易在国际贸易中的地位不断提高。1980 年全球服务贸易进出口总额为 7674 亿美元，而 2007 年则增长至近 6.4 万亿美元，年均增长率达 8.1%，明显高于同期全球商品贸易进出口年均 7.3%的增长率。在 1980～2007 年期间，全球服务贸易出口年均增长率达 8.4%，同期全球商品出口年均增长 7.3%，全球服务贸易进口年均增长 7.8%，同期全球商品进口年均增长 7.3%。

3. 服务业结构趋向信息化

电信业发展迅速，与计算机网络相结合构成了信息产业的基础；知识或信息密集型的咨询、金融、技术服务、广告、会计、律师、教育、文艺、传媒等行业发展迅速，也是服务业中发展较快的行业；政府机关等事业单位也增强了信息功能。在整个服务部门，知识或信息密集型行业的地位日益加强。

4. 服务业私有化与业务拆分

大多数国家都倾向于放松对服务业的管制，全球服务业私有化浪潮从英国发轫，政府服务不再是免费午餐，公共服务也不再是政府完全垄断的行业，顾客拥有更多的选择。内部商业化和政府内部不同部门间的独立核算导致服务部门私有化并促进原本属于政府部门的业务外包给私人企业。

与私有化类似，服务业务拆分也受到了很多政府部门和企业的追捧，将公共服务实行拆分可以吸引全球的服务企业加入到竞争行列。在一个国家里，将原本由一个电信商提供的电话服务进行拆分，交由不同的公司经营，加大行业内的竞争，供电和公共交通服务同样如此。服务业务拆分过程中，公共服务所有者与私有运营商之间协议的形式可以是租赁、特许、短期合同及完全的私有化。

5. 注重核心业务能力培养

服务业同样重视核心业务能力的培养，培养核心业务能力最简捷的方法是减小规模，集中企业优势资源，提升核心业务水平。减小规模的方法包括：消除核心业务部门之间的界限，进行有效整合；提升专业化水平，对非核心业务采取外包方式。

很多国家的服务业开始对自己的非核心业务进行外包，服务业务外包并不仅仅是简单地将业务转移给其他国家或企业，而是需要将管理经验等一并转移出去。例如，西方国家最初只是将呼叫中心系统开发放到印度，而后计算机软件开发、建筑设计、会计和财务分析等也转移到印度、东欧和其他一些劳动力比较廉价的国家。

6. 战略合作与联盟

企业之间的合作趋势越来越明显。麦肯锡公司通过建立自己的分公司进行扩张，其他的管理咨询公司也通过扩展国外独立子公司的方式推进自己的国际化进程。新的战略联盟随时都在诞生，业务差异较大的公司更是热衷于通过战略联盟提升自身的核心业务能力。战略合作与战略联盟现象在航空业和电信业更为普遍，不同的航空公司共享飞行编码，使所有企业受益，避免竞争导致的高昂成本。

三、服务业的作用

1. 促进经济增长

一国经济的增长取决于生产要素投入的增加和要素生产率的提高。根据生产函数的理论，一方面，经济增长取决于生产要素投入的增加，即劳动投入的增加和资本投入的增加，另一方面，经济增长还取决于要素生产率的提高，而要素生产率的提高又取决于知识进步（包括技术进步和管理进步）、规模经济等因素。增加要素投入和提高要素生产率都与发展服务业有密切的关系。因此，服务业对经济的增长起到重要作用。

【案例1-5】

服务业的兴起是20世纪最重要的经济现象之一。20世纪之初，美国的婴儿几乎都在家里出生，而现在都出生在医院里。服务业在美国的地位越来越重要，门类越来越全，就业人数越来越多，占GNP的比重也越来越大。20世纪20年代，美国汽车和钢铁工业的兴起，形成了以制造业为主导的现代化经济体系。但20世纪50年代以后，进入所谓后工业化社会，开始转向以服务业为主的经济。从20世纪50年代到现在，美国制造业产值占GNP的比重从40%下降到20%，就业人数所占比重从50%下降到20%以下，而与此同时，美国服务业的这两个比重分别上升到72%以上和75%以上。美国服务业的种类繁多，从金融、保险、通信、批发、零售，到医疗、教育、文化，甚至包括政府的一部分公共开支。有人把服务业看作美国经济的"常青树"。美国近5年多来新增就业岗位1500万，其中近87%是服务业岗位。美国外贸年年有赤字，但其中的服务贸易却年年盈余。美国20世纪90年代初经济发展曾一度放慢，1991年制造业下跌幅度为3.4%，但服务业却没有下滑。近年来，在通货收缩的形势下，美国制成品零售价格的上涨微乎其微，但服务业平均价格的上涨在2.5%以上。这说明美国人对服务业的市场需求是持续旺盛的。20世纪90年代以来，美国人每年用于服务消费的支出占整个GNP支出的比重高达36%。因此，在人们谈论高技术是美国经济的推动力时，不能忘记服务业对美国经济的巨大贡献。

（资料来源：陈祝平：《服务营销管理》，上海，立信会计出版社，2007。）

（1）发展服务业有利于增加劳动投入。服务业是社会就业的主要渠道。许多服务业是劳动密集型行业，吸纳劳动力的能力强。而且服务业范围广、门类多，适合各种就业年龄、各种学历、各种阅历、各种层次的人就业。在中国的许多城市中，服务业就业人数的比重已超过制造业。因此，发展服务业可以直接增加社会就业或劳动投入。此外，增加社会就业或劳动投入，需要提高劳动力市场的效率，因此需要快速发展职业介绍、劳务中介等服务业。

（2）发展服务业有利于增加资本投入。增加物质资本和人力资本的投入都同发展服务业有关。首先，一些服务业本身就具有物质资本密集性，如交通、运输、电信、酒店、电影电视、医疗卫生、环卫、环保等，这些服务业大多数已成为中国物质资本投入的重点行业。其次，增加社会物质资本的投入需要提供更多的与物质资本投入相关的服务，如物资储运、租赁、金融、保险、房地产、投资咨询、会计、审计、律师、技术服务等。最后，增加人力资本需要发展教育、职业培训、职业证书考试、人才中介等直接与人力资本有关的服务业。

2. 有利于知识进步

发展服务业有利于技术进步和管理进步。目前，发达国家的经济已经从大规模投入要素的工业经济转向知识经济和信息经济，即主要靠知识的生产、流通和消费来取得增长的经济。知识的生产、流通和消费都离不开服务业的发展与支持，知识进步和知识经济完全离不开服务业的发展，知识经济在很大程度上就是服务经济。

首先，部分服务业本身就提供知识生产和知识流通服务，如科学研究、技术开发、技术设计、技术咨询、管理咨询、营销策划和市场调研等从事知识生产的服务业，教育、图书情报、传媒、出版等从事知识流通的服务业。

其次，各类产业的知识创新都需要知识或信息（原料）的投入、知识劳动和用于知识生产的物质资本的投入，这就需要服务业提供信息咨询、技术咨询、管理咨询、市场咨询、图书情报、信息网通信、专利或知识产权管理、人才中介、人才培训、技术评估、管理评估、技术创新基金、金融、保险和租赁等服务。

最后，各类产业的知识或信息流通需要中间渠道，这就需要服务业提供信息中介网站、学术组织及人才中介、专利或知识产权管理、高等教育、图书情报、传媒、出版等服务。

3. 促进社会发展

社会发展，除了经济改革和经济增长外，还包括社会生活质量和社会精神文明程度，这两点都与服务业的发展水平有直接的关系。

（1）发展服务业有利于提高社会生活质量。社会生活质量的高低与服务业的发展水平高度相关，如美国人的生活质量比较高，他们的服务消费占到个人生活消费的一半以上，美国人的生活费用大部分用于旅游、餐饮、交通、电信、娱乐、文化、教育、医疗、体育、家庭服务等服务消费上。

（2）发展服务业有利于社会精神文明建设。精神文明是衡量一国社会发展水平的主要尺度之一。发展文艺、教育、科学、传媒、出版等服务业无疑可以直接提高社会的精神文明程度；而医疗卫生、环境卫生、环境保护等服务业的发展也在一定程度上提高社会精神文明程度。不少服务业本身就具有一定的文化色彩，如"旅游文化"、"餐饮文化"、"娱乐文化"以及"商业文化"等。总之，国家精神文明的建设离不开服务业的发展。

四、服务营销学的演变

服务营销学产生于市场营销学，并在市场营销学发展的基础上不断发展和走向成熟。服务营销学成为一门专门的学科，离不开服务营销实践的发展。纵向来看，服务企业的市场营销活动大致经历了 7 个主要阶段，依次是销售阶段、广告与传播阶段、产品开发阶段、差异化阶段、顾客服务阶段、服务质量阶段、整合和关系营销阶段。从上述 7 个阶段的演进中可以看出：服务企业的市场营销越来越关注顾客的实际需求和挽留老顾客，并且注重对各种市场营销手段进行整合。随着服务营销的不断发展，这一领域的学者也对服务营销的理论与实践进行了整理和探索。结果，服务营销学日趋成熟，并成为企业进行服务营销的行动指南。总体来说，服务营销学的演变大致经历了以下三个阶段。

1. 服务营销学的诞生

服务营销学的诞生大致是 20 世纪 60 年代到 70 年代。当时，服务营销学刚刚从市场营销学中脱胎而出，主要研究服务与有形的实物产品的异同、服务的特征及服务营销学同传统的市场营销学研究角度的差异等。在这段时期里，服务营销学还只是处于描述性研究阶段。例如，里根（Regan）指出，美国已经发展到了"服务革命"时代，服务将显著改变消费者的行为，并呼吁学者应该关注服务业。拉斯梅尔（Rathmell）还提出了服务营销不同于有形产品营销，因此应该得到重视，并应该采用非传统的方法研究服务营销问题。

在 20 世纪 70 年代中后期，有关服务营销的研究迅速增加，而且相关研究不再单纯局限于学术界，而是同企业积极合作并开始对服务营销进行全面研究。其中，托马斯（Thomas）、贝特森（Bateson）、贝利（Berry）等人准确地将服务的主要特征概括为：不可感知性、不可分离性、差异性、不可储存性和缺乏所有权。

2. 服务营销学的理论探索与发展

对服务营销学的理论探索主要集中在 20 世纪 80 年代初期到中期这段时间。相关研究主要集中于服务特征如何影响消费者的购买行为，特别是消费者对服务性质、优点与缺点及潜在的购买风险的评估。具有代表性的观点主要有：服务特征极大地影响着消费者的购买行为；可感知性与不可感知性的差异序列理论；根据顾客接触服务生产过程的不同而划分为高接触服务与低接触服务。1981 年，瓦拉瑞尔·A.泽斯曼尔（Valarie A. Zeithamal）在美国市场营销协会的学术会议上发表了题为《顾客对服务与产品的评估过程存在差异》的文章，剖析了"不可感知性"对消费者行为的影响及其对制定服务产品营销战略的特殊意义。根据泽斯曼尔的分析,大部分消费品与工业品都属于可感知性比较高的产品。对于这类产品,顾客很容易对其进行评估并作出购买决策。相反,大部分服务产品则属于不可感知的产品,顾客对它们的特质很难进行事前评价,顾客在购买和使用过程中处于相对被动的局面,消费信心明显不足。由此可见,服务特征极大地影响着消费者的购买行为,服务营销与传统营销存在着很大差异。在普遍形成了服务营销不同于传统市场营销的共识之后,人们又开始为服务营销寻找新的理论支持。在这一过程中,许多学者开始对服务的类型进行剖析。其中,肖思塔克(Shostack)根据产品中所包含的有形商品和无形服务的比重,提出了著名的"从可感知到不可感知的连续谱系理论",从而把服务业与产品制造业联系起来。他指出,在现实经济生活中,纯粹的有形商品或无形服务都是很少见的。在产品制造业中,也存在着服务,甚至可以将产品视为企业向客户提供服务的媒介或载体,这就是服务营销理念的基本原理。类似地,蔡斯(Chase)则根据顾客参与服务过程的程度把服务区分为"高参与服务"和"低参与服务"。尽管不同学者对服务的分类有所差异,但有一点是一致的,即针对不同类型的服务应该采用不同的市场营销战略和战术。

3. 服务营销学的理论突破与成熟

在 20 世纪 80 年代后半期,有关服务营销的研究主要集中在传统的市场营销组合是否能够有效地推广到服务营销当中及服务营销需要有哪些市场营销工具方面。

1981 年,布姆斯(Booms)和比特纳(Bitner)在传统市场营销组合(4Ps)的基础上,又增加了"人员"(people)、"有形展示"(physical evidence)和"服务过程"(Process)三个要素,从而形成了服务营销的 7PS 组合。随着 7PS 的提出和日益获得广泛认同,服务营销理论的研究开始扩展到内部市场营销、服务企业文化、员工满意、顾客满意和顾客忠诚、全面质量管理、服务企业核心能力等领域。可以说,这些领域的研究代表了 20 世纪 90 年代以后服务营销理论发展的新趋势。1983 年,贝利将关系营销引入到服务营销的范畴中。1984 年,肖思塔克剖析了"蓝图技术"(blueprinting)在分析和设计服务及服务生产过程中的作用。其中,"服务蓝图"指正确描绘服务系统的地图,内容包括服务交付的程序、员工及顾客的角色、服务的有形成分等,这一工具有助于参与服务交付的所有人员客观地了解服务信息,而不会因对个人角色有不同观点而造成分歧。类似地,随着关系营销理念的逐渐形成,北欧学派的代表人物克里斯廷·格罗鲁斯(Christian Gronroos)指出关系营销理念是建立在产品和服务的最高价值之上的,关系的存在可以为顾客或供应商与服务提供者创造附加值,并充分证明了企业同顾客的关系对服务企业市场营销的巨大影响。同时,他还把服务质量区分成技术质量与功能质量。其中,服务的技术质量表示服务结果的质量,指服务本身的质量标准、环境条件、网点设置、服务设备、服务项目和服务时间等是否适应和方便顾客的需要;服务的功能质量则表示服务过程的质量,指在服务过程中服务人员的仪态仪表、服务态度、服务程序和服务行为是否有利于满足顾客的需求。后来,拉斯特(Rust)和奥利文(Oliver)又进一步把服务质量划分为三个维度,即服务产品、服务过程和服务环境;潘拉索拉曼(Parasuranman)、泽斯曼尔和贝利则在理论阐述和大量调查研究的基础上指出,顾客主要根据可靠性、保证性、反应性和移情性等 5 类服务属性来评估服务质量,企业可以利用差距分析模型(Gap Analysis Model)来分析服务质量问题的根源,进而找出服务提供者与顾客在服务的 5 个方面所存在的差距。以上述 5 类属性为基础,他们于 1988 年又设计了由 22 个指标组成的 SERVQUAL

服务质量评价方法，较好地解决了服务质量评价的问题。不过，SERVQUAL反映的是顾客对服务过程的整体评价，利用这种方法得到的信息是粗线条的，企业在实践中最好与差距分析模型结合使用。此外，也有学者对服务接触和其他有关服务营销的特殊问题进行了研究，如服务价格如何测定、服务的国际化营销战略、IT技术对服务的生产、管理和市场营销过程的影响等。

可以说，伴随着全球一体化的进程和信息技术的进步，服务营销将不可避免地受到全球营销、数据库营销和客户关系管理等思想的影响，而且在服务营销的理论与实践探索中将更会注重整合营销思想的应用，包括服务营销战略与活动的整合、信息与服务的整合、传播渠道与服务交付渠道的整合、产品和服务的整合等。同时，关系营销、整合营销、网络构建、直复营销、网络营销、品牌营销、文化营销和体验营销等，将会越来越多地应用在服务营销之中，它们构成了当今市场营销时代的新特征。

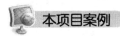 **本项目案例**

中 国 的 家 庭 服 务 业

中国的家庭服务业是以家庭为服务对象，旨在满足家庭生活对劳务的需求，或优化家庭赖以运转的社区环境，对整个家庭运转和家庭发展具有直接、重要公共影响的服务业。从外延上看，家庭服务业包括家政服务业、家外病患陪护服务业、养老助残服务业、部分社区服务业、家庭外派委托服务业、家庭专业（特色）服务业和其他新兴家庭服务业等。发展家庭服务业，促进家务劳动的专业化和社会化，不仅会直接带动内需的扩大、社会的稳定，还可以促进生活方式的转变，甚至形成重要的消费热点。多数家庭服务业以社会弱势群体为主要就业者，以满足社会危困人群及其家庭的服务需求为重点，以帮助中高收入家庭提高生活质量为新增长点，带动中低收入者提高收入水平和消费能力，重点惠及解决民生问题的薄弱环节和潜力领域。发展家庭服务业对于加强基本公共服务，促进收入分配的均等化，对于维护社会公平正义，切实解决人民群众最关心、最直接、最现实的利益问题，还可以发挥特殊重要的作用。因此，近年来，家庭服务业的发展引起了国务院领导的高度重视。2010年9月1日国务院常务会议专门研究部署了发展家庭服务业的政策措施。其后，国务院办公厅又专门出台了关于发展家庭服务业的指导意见。

［资料来源：姜长云．家庭服务业的产业特性，经济与管理研究．2011（3）.］

问题：

（1）家庭服务业包括哪些行业？

（2）发展家庭服务业有哪些作用？

实务自测题

（1）服务具有不同于实体产品的基本特征，请简述两个基本特征并剖析其营销启示。

（2）如何理解服务业的作用？

（3）试述服务营销学的兴起与发展。

 **实训题**

（1）以班里 3～5 个同学为一组，讨论经济社会的发展是如何影响服务和服务业的，请举一个你身边的服务营销的实例来说明。

（2）小组讨论。

国航上海至巴黎的空中客车是直航，座位上配有耳机并可选择多个频道的音乐节目，并配有超薄型电视，可选择 15 个频道的节目（中文字幕）；国航在头等舱和商务舱中推出了机上卧床、自选菜单、不间断播放影视节目等服务项目，乘客满意度大增。此外，国航推出专为 60 岁以上的老年乘客提供的温情服务——提供专座、老花镜、热饮软食、御寒的毛毯及引领如厕、专人护送等敬老服务；推出专为小乘客提供的游戏服务，让孩子开心；为当天生日或者蜜月旅行的新婚夫妇乘客送上最真诚的祝福和精美的纪念品；提供有营养且有当地特色的空中套餐，还考虑不同种族、不同信仰乘客的饮食习惯，为他们提供专门的服务。

1）请同学分组讨论分析国航采取的客户服务营销策略。

2）提出国航的客户服务还有哪些改进之处。

项目二　服务购买行为分析

学习目标

（1）熟悉影响消费者购买决定的因素。
（2）掌握消费者购买决策过程。
（3）了解服务购买决策理论与模型及其应用。

打造网上百年老店靠什么

刚刚过去的 2009 年，互联网电子商务市场异常火爆。易观国际日前发布的《中国网上零售市场趋势预测 2009—2012》显示，2009 年中国网上零售市场规模超过 2500 亿元，B2C 市场增速高于 C2C。

"要想经营一家网上百年老店，购买者的回头率对于 B2C 或 C2C 来说都是至关重要的。"天极传媒集团副总裁接受采访时强调说："电子商务网站要在众多竞争对手中脱颖而出，必须努力提高用户的体验和感受，提供更便捷、更优质化的服务。"据了解，在保证内容与服务的专业性、灵活度的基础上，天极网已经开始由垂直门户网站向电子商务网站转型。天极传媒集团副总裁指出："每天有上百万网民到天极网查阅各类咨询信息，我们会根据不同用户的不同个性行为，提供不同的内容，这是我们基于用户体验进行优化的改变。在充分整合自身优势之后，垂直门户网站可以为消费者提供全方位的 IT 服务。"

互联网彻底改变了人们的生活方式。目前，我国网民人数已经达到了 3.6 亿，网络购物用户的所在地域已经迅速向二三线城市扩展。网上购物蕴含的巨大商机吸引更多的企业杀入电子商务领域，短兵相接的激烈拼争难以避免，究竟谁能站住脚跟，争抢到更多的客流？相信电子商务企业与传统的商业相比，需要的是更好的服务与实实在在的口碑。

（案例来源：张磊. 打造网上百年老店要靠啥. 中国消费者报. 2010）

商业银行的营销是典型的金融服务营销，通过以上案例可以看出，商业银行的市场细分已经非常深入了，市场定位也越来越精确。特别是各个商业银行的私人银行业务，其目标市场就是拥有大量财富的人群，私人银行的营销必须正确把握该阶层人群的购买动机和购买行为特点才能开发出满足目标市场消费者需求的服务。所以正确了解服务市场消费者的需求特点和购买行为特点，对于制定企业营销策略就很重要了。

任务一 影响消费者购买行为的因素

服务购买者的购买行为和购买决策在很大程度上受到文化、社会、个人等因素的影响，下面分别阐述这几个因素对消费者服务购买决定的影响。

一、文化因素

文化是指人类在社会发展过程中所创造的物质财富和精神财富的总和，是根植于一定的物质、社会和历史而形成的特定价值观念、信仰、思维模式、宗教、习俗的综合体。每一个人都在一定的社会文化环境中成长，通过家庭和其他主要机构的社会化过程学到和形成了基本的文化观念。文化是决定人类需要和行为的基本因素，文化的差异引起消费行为的差异，表现为衣食住行、婚丧嫁娶、建筑风格、节日、礼仪等物质和文化生活等各个方面的不同特点。分析文化因素，还要注意亚文化的存在。所谓亚文化就是每个文化都包含着能为其成员提供更为具体的认同感和社会化的较小群体，在我国主要包括以下几种。

（1）地域亚文化。同一国家内处于不同地理位置的各个地区有着不同的文化和生活习惯。我国幅员辽阔、人口众多、地形多变。南北之间、城市和乡村之间、沿海和内地、山地和平原居住的人们，在经济水平上有很大的差异，在生活习惯、口味和爱好上也有很大的不同，他们的消费行为、购买行为往往受到以上因素的巨大影响。

（2）民族亚文化。每个国家都存在不同的民族，每个民族都具有独特的风俗习惯和文化传统。我国有 56 个民族，每个民族有着不完全一样的文化，有一些连语言和文字都是不一样的。不同民族风俗不同，饮食、服饰、节日、礼仪都具有差异性。这样，在不同的民族亚文化中，购买的动机和行为也是不一样的。

（3）宗教亚文化。宗教是一种社会行为，它包括信仰、宗教组织、祭礼、文化（宗教建筑、宗教绘画、宗教音乐）等方面的内容。一种成功的宗教能够为广大民众所接受，并且对某一时代人类的社会发展形成较大的影响。世界上除佛教、伊斯兰教和基督教外，在我国还有道教等群体存在。每个国家都存在不同的宗教，每种宗教都有自己的教规和戒律。不同宗教的文化偏好和禁忌十分严格，会影响到该文化中消费者的购买行为和购买决定。

除了亚文化对消费者购买决定的影响，还要注意社会阶层对此的影响。一切社会都存在着社会层次。社会阶层是社会学家根据职业、收入来源、教育水平、价值观和居住区域对人们进行的一种社会分类，是按层次排列的、具有同质性和持久性的社会群体。同一社会阶层的人拥有相类似的价值观、兴趣和行为，在消费行为上相互影响并趋于一致。

二、社会因素

1. 家庭

在现代社会中，消费者往往以个人或家庭为单位购买产品或服务，家庭成员和其他有关人员在购买活动中往往起着不同作用并且相互影响，成为社会上最重要的消费者"购买组织"。在服务购买决定中家庭的角色类型有以下几种。

（1）各自做主型。也称自治型，指每个家庭成员对自己所需的产品或服务可独立做出购买决定，其他成员不加干涉。

（2）妻子支配型。家庭购买决定权掌握在妻子手中。

（3）丈夫支配型。家庭购买决定权在丈夫手中。

（4）共同支配型。大部分购买决定由家庭成员共同协商做出。家庭的购买决策类型会随着社会政治经济状况的变化而变化。由于社会教育水平提高和妇女就业增多，妻子在购买决策中的作用越来越大，许多家庭由"丈夫支配型"转变为"妻子支配型"或"共同支配型"。

在研究家庭对购买决定的影响中，还要考虑以下几个问题。

（1）该服务是供个人还是全家共同享用。

（2）购买行为是由个人还是全家共同完成。

（3）该产品或服务的购买是否影响家庭其他用品或服务的购买。

（4）家庭成员对于购买该产品或服务是否存在异议。

（5）若该商品或服务由多个家庭成员共同使用，是否需要改进。

2. 相关群体

相关群体是指能够影响消费者购买行为和决定的个人或集体。相关群体对服务消费者的看法、态度、偏好、行为具有直接或间接的影响。相关群体可以分为成员群体和参照群体。一个人所属的对他有直接影响的群体叫做成员群体。其中有的是首要群体，即成员有经常性的、但非正式的相互影响，例如家庭、朋友、邻居和同事。有的是次要群体，相对来说更正式，但对成员的影响要少一些，包括宗教团体、行业协会、工会等组织。

参照群体是指在一个人的态度或行为形成过程中起着直接或间接比照作用的，或仅供参考的群体。人们常常受他并不属于其中的参照群体的影响。比如一个喜欢打篮球的少年特别崇拜 NBA 球星，他将自己认同于这个群体，而这些球星所做的广告就会极大地影响他的购买行为甚至购买决定。

相关群体对消费行为的影响表现为三个方面：一是示范性，即相关群体的消费行为和生活方式为消费者提供了可供选择的模式；二是仿效性，即相关群体的消费行为引起人们仿效的欲望，影响人们的商品选择；三是一致性，即由于仿效而使消费行为趋于一致。相关群体对购买行为的影响程度视产品类别而定。据研究，相关群体对汽车、摩托、服装、香烟、啤酒、食品和药品等产品的购买行为影响较大，对家具、家电等影响较小。

3. 角色和地位

每个人的一生会从属于许多群体，如家庭、公司、社团及各类组织。一个人在群体中的位置可用角色和地位来确定。角色是周围的人对一个人的要求或一个人在各种不同场合应起的作用。比如，某人在孩子面前是父亲，在妻子面前是丈夫，在公司是经理。每一种身份都伴随着一种地位，反映了社会对他的总评价。消费者做出购买选择时往往会考虑自己的角色和地位。企业可以根据消费者的需求，将服务设计为专为某种角色和地位的人群的关联服务。

三、个人因素

服务购买者做出决定还受到个人因素的影响。例如，消费者的经济条件、生活方式、心理因素等。

1. 经济因素

经济因素指消费者可支配收入、储蓄、资产和信贷的能力。经济因素是影响购买行为的首要因素，决定着能否发生购买行为及发生何种规模的购买行为，决定着购买服务的种类和档次。

世界各国消费者的储蓄、债务和信贷倾向不同。比如，日本人的储蓄倾向强，储蓄率为18%，而美国仅为6%，结果日本银行有更多的钱和以更低的利息贷给日本企业，日本企业有较便宜的资本以加快发展。美国人的消费倾向强，债务——收入比率高，贷款利率高。营销人员应密切注意居民收入、支出、利息、储蓄和借款的变化，对价格敏感型的产品和服务更为重视。

2. 价值观和生活方式

不同的人往往在看待事物时产生不同的观点和喜好，不同的价值标准和生活习性会造成消费者购买行为和购买决定的差异。其中，个性也占到了很大的比例。个性是指消费者带倾向性的、本质的、比较稳定的各种心理特征的总和，包括消费者的气质、性格、能力等方面。不同个性的消费者在购买行为中表现出的特征是有很大差异的。例如，外向型消费者在购买时热情高、喜欢提问，情感体现于面部，主动与营业员交流信息，在做出购买决定时也比较爽快；相反，内向型消费者在购买时行为稳重，喜欢自己体验、自己判断，不愿与人交流，不轻信于别人，在做出购买决定时往往也很慎重。

3. 心理因素

心理因素也是影响服务消费者购买决定的主要因素。因此对服务消费者心理过程和个性倾向的分析将有助于服务营销。

（1）消费者对服务产品的认识过程。消费者对服务产品的认识过程是从感性认识阶段到理性认识阶段，最后到注意阶段，也就是购买决定阶段。具体来说，消费者在选购服务产品之前，都是通过视觉、听觉等对服务产品的个别特性进行感知。比如，外出旅游，消费者会从同事或朋友中打听有关旅行社的信息，或通过网络进行相关信息查询，从而获得对旅行社的基本认识。随后消费者会深入了解旅行社的服务态度、服务水平、服务能力等，这样对旅行社的理性认识越来越完整、清晰。最后，当某种服务产品与消费者的消费需求相一致后，消费者的注意力就会较长时间地保留在所选定的服务产品上。此时，服务营销起着相当重要的作用，有效率的服务营销活动就可能将消费者的服务需求转化为现实的购买决定。

（2）消费者对服务产品的情感过程。在现实生活中，消费者的购买决定并不都是理性认识的结果，在许多情况下，消费者的购买决定还受到情感因素的左右。服务产品带给消费者的情感体验有积极性的心理体验和消极性的心理体验。这样的情感体验与提供服务产品的条件、服务行业的特点、服务提供者的表情与态度、服务消费者的心理准备等有很大的影响。提供服务产品的环境给予消费者的不仅仅是第一印象那么简单，有时消费者会通过环境产生联想，联想到服务产品的质量、服务产品提供者的能力等，服务产品的特点是本产品有别于其他产品的地方，也是消费者选购本产品的原因之所在；服务提供者的态度是服务质量的核心之一，服务企业不仅要讲究信誉，而且要注意服务态度，给消费者留下良好的印象，促使其作出购买决定；服务消费者的心理准备是指消费者对服务产品的接受程度。比如，银行要对存取款业务收取手续费、对借记卡收取年费，这对于绝大多数消费者来说都缺乏心理准备，所以银行对推行该项业务应采取谨慎的态度。

（3）服务消费者的个性倾向分析。服务消费者的个性消费心理会对消费者的消费决定产生影响。具体来说有以下几点。

1）求质量的心理。有关调查显示，有52%的消费者在购买商品时把质量放在首位。服务消费者也不例外，他们在购买服务产品时，也是将服务产品的质量放在其购买决策的首位。比如，消费者在选购医疗服务时，医生的专业能力、业务水平、工作态度、医疗设备的先进性等都会影响到服务的质量，质量便成为影响消费者做出购买决定的主要因素。

2）追求方便的心理。从某种程度上说，享受服务就是享受方便。所以服务产品提供者应本着方便的原则，才会获得更多消费者的信赖和支持。比如，在电脑市场，品牌机的价格远远超过组装机的价格，可消费者还是愿意多掏钱购买品牌机。便捷的服务就是其中的原因之一。如购买联想计算机后，如果出现了问题，只要打一个电话，维修人员就会以最快的速度上门为用户排忧解难，而组装机却不会有这样的服务。越是能享受到方便的服务越会受到消费者的青睐。

3）追求安全的心理。安全第一，这是服务消费者共同的心声。没有安全保障的服务，许多消费者宁愿选择放弃。比如，春运超载、超速的客车被严格禁止，就是为了确保旅客的旅途安全。

4）追求价廉的心理。调查显示，27%的顾客以价格低廉的商品为购买目标，在这些顾客中，以中老年人和低收入人群为主。在同类型服务的选择中，价格低廉将成为他们做出购买决定的主要因素。

5）追求信誉的心理。信誉是服务企业的生命，大部分消费者对应该享受的服务并不太熟悉，所以在选购服务产品时，大都会选择有较高信誉的服务提供商，以此来保障自己的合法权益。比如，旅游过程中经常有宰客现象，为了防止自己在旅游过程中被宰，通常消费者都会选择一家有良好信誉的旅游公司出行。信誉度高的服务将会受到消费者的青睐。

【案例 2-1】

把握女性消费心理，创造无限商机

在现代社会，谁抓住了女性，谁就抓住了赚钱的机会。要想快速赚钱，就应该将目光瞄准女性的口袋。无论是传统店铺、网络店铺，在市场销售中，应当充分重视女性消费者的重要性，挖掘女性消费市场。

女性费者一般具有以下消费心理。

（1）追求时髦。俗话说"爱美之心，人皆有之"，对于女性消费者来说，就更是如此。不论是青年女子，还是中老年女性，她们都愿意将自己打扮得美丽一些，充分展现自己的女性魅力。尽管不同年龄层次的女性具有不同的消费心理，但是她们在购买某种商品时，首先想到的就是这种商品能否展现自己的美，能否增加自己的形象美，使自己显得更加年轻和富有魅力。例如，女性消费者往往喜欢造型别致新颖、包装华丽、气味芬芳的商品。

（2）追求美观。女性消费者还非常注重商品的外观，将外观与商品的质量、价格当成同样重要的因素来看待，因此在挑选商品时，她们会非常注重商品的色彩、式样。

（3）感情强烈，喜欢从众。女性一般具有比较强烈的情感特征，这种心理特征表现在商品消费中，主要是用情感支配购买动机和购买行为。同时她们经常受到同伴的影响，喜欢购买和他人一样的东西。

（4）喜欢炫耀，自尊心强。对于许多女性消费者来说，之所以购买商品，除了满足基本需要之外，还有可能是为了显示自己的社会地位，向别人炫耀自己的与众不同。在这种心理的驱使下，她们会追求高档产品，而不注重商品的实用性，只要能显示自己的身份和地位，她们就会乐意购买。

任务二　服务购买及其决策过程

一、服务购买决策过程

1. 购前阶段

购前阶段是指消费者购买服务之前的一系列活动。当消费者意识到有某种服务需求时，这一阶段就开始了，随着这种需求不断增强，消费者开始着手准备购买。这时，消费者会从各种渠道搜集有关信息，他们首先会回忆以往所了解或者体验到的有关知识，试图从中找到解决办法，同时向亲戚、朋友和邻居征求意见和建议，或者翻阅报纸杂志、向专家咨询等，最后将确定出最佳的选择方案。

以一个顾客选择餐馆吃午饭为例。他面临的第一个问题是"在什么场合下吃饭"，无疑，不同的餐馆适合不同的顾客。他单独一人吃与同朋友一起吃可能有不同的要求。如果一个人吃饭，像麦当劳、肯德基一类的快餐店也许就可以了；而如果是和朋友一起，则会选择较好一些或者是上档次的餐馆。吃饭的场合确定下来之后，紧跟的问题是"哪些餐馆可以选择"。从理论上讲，顾客可选择的餐馆有很多，而事实上，他通常根据以往的经验和知识只选择有限的几家。不过，究竟他会选择哪一家还要考虑一系列其他因素。

2. 购买阶段

经过购买前的一系列准备，消费者的购买过程进入实际购买阶段。对于有形产品而言，过程通常包括购买、使用和废物处理等不同过程，然而，由于服务具有生产和消费同时进行的特点，消费者购买服务的过程也就是服务生产的过程。在这一过程中，顾客不是同其直接消费的物品打交道，而是表现为同服务提供人员及其设备相互作用的过程。有形产品的使用是完全独立于卖方影响的，至于消费者何时使用、怎样使用及在哪里使用都是他们自己的事，同产品的提供者没有任何关系。对于服务来讲，则有着不同的情形。

服务生产与消费同时进行的特征意味着服务企业在顾客享用服务的过程中将起到重要作用。离开服务提供者，服务的过程是无法进行的，因为服务提供者同顾客一道构成了服务过程的两大主体。同时各种服务设施的作用也不容忽视，这些设施是服务人员向顾客提供服务的工具，它们给顾客的印象还将直接影响到顾客对企业服务质量的判断。

此外，由于服务传递过程的延长，顾客对产品的评价不单单是在购买之后的阶段，而在过程中就已经发生。

3. 购后评价阶段

让顾客满意是企业营销过程的最终目的，而顾客的满意度则来自于他们对服务质量的评价。在服务质量一章中，将研究影响顾客评价服务质量的各种因素，顾客对服务质量的判断取决于体验质量和预期质量的对比，而预期质量受市场沟通、企业形象、顾客口碑及其需求的影响。

从购买过程的层面上看，服务的过程有别于有形产品的过程，因为后者一般包括购买、使用和处理三个环节，而且这三个环节的发生遵循一定的顺序并有明确的界限。比如，顾客从超级市场购买一瓶洗涤剂，在洗衣服时使用，当所有的洗涤剂用光之后就把空瓶子扔掉。而服务的过程则有些不同：一方面，在服务交易过程中并不涉及产品所有权的转移，因此，服务的过程也就没有明显的环节区分，这些所谓的环节都融合为顾客与服务人员互动的过程；

另一方面，服务不可感知（无形性）的特点，使得服务处理的过程同消费者体验的整个服务过程都没有关系。

所以，服务的购后评价是一个比较复杂的过程。它在顾客做出购买决策的一刹那间就开始了，并延续至整个过程。顾客的评价不仅受到前述因素的影响，而一些来自社会和环境方面的因素也将起到很大作用。从某种意义上说，顾客的评价如何将取决于企业是否善于管理顾客与顾客、顾客与员工、顾客与企业内部环境及员工与内部环境之间的关系。

【案例 2-2】

"奢华舒适的定义所有的人未必相同，但是仅仅一个小的细节就能体现。我们强大的客户管理系统可以做到记录顾客的每一个细节，这一点我们一直不遗余力。在我们的高端品牌里面，你待的每一天，每一分钟，我们都会进行追踪服务，我们会研究客人如何更好地使用房间，以及如何在客人下一次到来的时候重新定义房间的使用功能。"Edwin Fuller 相信酒店的水平取决于"一个左撇子的客人进入餐厅后，服务员能否通过观察，正确地把餐具放到该放的位置上"。

事实上这种"近乎完美的虚幻梦想"并非遥不可及：在抵达酒店以前，客人会提前 5 天收到人性化的信息，内容包括旅行目的地的天气、交通、购物、特色餐饮及地图服务；客人可以在网上预订 Spa 水疗护理和送餐服务，到店就有可口的菜肴送上，因为店家了解"一个舒服的胃对旅途的重要性"。

"万豪不断面临一些细节服务的挑战，宝洁的一个产品一年就会更新一次，而对于酒店业而言资本投入就需要五到七年才能进行更新和升级。所以对拥有将近 50 万间客房的万豪来说，实施全球标准一致在外界看来并不是容易的事情，但是我们说到做到。"Edwin Fuller 透露万豪每年会更换将近 50 万套床上用品来保证客人一定能酣然入梦，无论是床单被罩，还是枕套，无论是织物面料，还是加工精度，万豪都要求不容许"一针一线"的马虎，为了了解顾客对新床单的态度，万豪甚至对新被褥的舒适程度做深入细致的顾客调研。

"每一个品牌的床都不尽相同，我们必须知道客户需要什么，需要什么样的体验，然后我们实施于整个系统，以满足他们的需求。我们现在已经是换了全球 2860 家 90%的床和 95%的床垫了，多用的织物几乎可以环绕地球一周，这是不小的投资。"Edwin Fuller 说万豪一直在竭力完善服务细节和内容，客人只要来过万豪旗下的品牌酒店，相关差异细节将会被有效记录，以便下次做更为完善周到的服务。"我们不会放过顾客服务的任何细节，也从不认为这些事情是小题大做，一丝不苟、严肃认真的服务将会准确无误地传达出去，甚至万豪的供应商都会感觉到这一点。"

在顾客服务方面，万豪创始人 J. Willard Marriott 堪称典范，在世的时候，他总是对万豪酒店的各个细节非常挑剔，无时无刻不在考虑酒店的经营发展问题，脾气暴躁的他把顾客服务当作比生命还重要的事情，据说他临终遗言是"看来我们这里是没有好玉米了！"，他临终抱怨供货商提供给万豪的玉米没有他想象中的好，"去关心你们的员工，你们的员工就会去关心你的顾客"，J. Willard Marriott 经常告诫公司的管理层和员工，这同时也是万豪的公司文化。万豪是如此地擅长酒店业餐饮、客房、会议服务及人员等全方位服务，以至于有些酒店在万豪品牌进入以后，在硬件没有任何改变的情况下，入住率可以以高达 50%的增长速度猛增。

为了更好地赢得顾客回头率，万豪出台了类似航空折扣奖励制度，经常入住万豪的顾客可以享受到诸如免费升级豪华房间、礼品赠送和现金或折扣返券等等。为了把这项活动进行得更加彻底，保持顾客最大回馈力度，万豪甚至取消了所有的广告推广计划。

（资料来源：《世界营销评论》，2006 年 12 月 14 日．）

二、服务评价

消费者购买服务产品一般是理智行为，即购买前要对有关信息进行搜集、评价、比较和选择。这个全过程与购买有形产品没有什么区别，但二者在依据条件和具体评价程序及把握上存在着明显的差异。总的说来，对服务产品的评估较之对有形产品的评估复杂而困难，这是由服务产品的不可感知性决定的。

1. 服务评价的依据

区分消费者对服务过程和有形产品评价过程的不同，主要依据以下三个特征。

（1）可寻找特征。可寻找特征是指消费者在购买前就能够确认的产品特征，比如价格、颜色、款式、硬度和气味等。像服装、家具和珠宝等产品有形、有质，具有较强的可寻找特征；而像度假、理发、餐饮则不具备可寻找特征而只具备经验特征。

（2）经验特征。经验特征是指那些在购买前不能了解或评估，而在购买后通过享用该产品才可以体会到的特征，如产品的味道、耐用程度和满意程度等。如饮食只有品尝后才知其味，理过发后才知道理发师的技术和服务水平，听过课后才了解教师的水平和能力。

（3）可信任特征。可信任特征是指消费者购买并享用之后很难评价，只能相信服务人员的介绍，并认为这种服务确实为自己带来期望所获得的技术性、专业性好处的服务特征。比如，诉讼寻找律师，投诉者无法判断律师的服务水平，只能听信律师的分析，其他技术性、专业性服务，如家电维修、汽车修理、保健等都具有这类特征。消费者对从有形产品到无形服务的评价过程有一个从易到难的变化序列。对有形性特征较为明显的商品，如衣服、珠宝、家具等有较多的可寻找性特征，消费者易于对这类产品进行评价；而对汽车、餐饮、旅游、美发等部分是有形产品、部分是无形服务的消费对象，其感知性逐步降低，不具备明显的可寻找特征，消费者购买时只能按照经验特征估计产品的质量；而对法律咨询、汽车维修、医疗服务等纯粹是不可感知性的服务产品，消费者评价此类产品时需要依赖其可信任特征的考察，才能辨别产品的优势。

2. 产品与服务评价过程的差异

消费者购买产品和服务的评价过程的差异性主要表现为以下几方面。

（1）信息搜寻。消费者购买有形产品通常从两类渠道获取信息：一是人际渠道；二是非人际渠道，即产品本身、广告、新闻媒介等。消费者购买服务产品则更多依赖于人际渠道，原因有以下三点。

1）大众媒体多适合于传递有关有形产品可寻找特征方面的信息，服务产品多为经验特征和可信任特征，只适合于消费者向社会相关群体获取。

2）服务提供者往往是独立机构，它们不会专为生产者产品作经验特征的广告，而生产商与中间商所采用的联合广告往往侧重于产品本身的性能、质量，而不会专门为服务做广告。

3）消费者在购买服务之前很难了解到服务的特征，为了避免错误购买，乐意接受相关群体口头传播的信息，以为这样的信息可靠性强。

服务信息的收集并不完全排斥非人际来源，如音像、电视、电影、戏剧等文化服务，广告及其他新闻媒体的宣传往往是消费者采取购买行动的重要原因。

（2）质量标准。在购买有形产品时，消费者可以凭借产品的款式、颜色、商标、包装和价格等多种标准来判断产品的质量；而购买服务时，消费者只局限于价格和各种服务设施等方面。在管道维修、楼房管理、草坪剪修等服务行业，消费者在购买服务之前只能获得价格方面的信息，只能通过价格的高低来判断服务的质量；而对于理发、法律咨询和健身等服务，消费者则要根据有形的服务设计，包括办公室、场所、人员及其设备等来判断产品质量。服务质量判断标准的单一性或连带性容易造成假象，对消费者形成误导。在许多情况下，服务质量不一定与价格成正比关系，服务场所的设计和设备也不一定形成良好的服务质量。

（3）选择余地。消费者购买服务的选择余地较之购买一般品小，这是由以下原因造成的。

1）服务品牌单一，它不像零售店陈列的商品那样琳琅满目。

2）在同一个区域中，限于需求的有限性，不可能同时有很多的提供同种服务的不同企业可以选择，如银行、干洗店、画廊等都很有限。

3）消费者在购买服务前所获得的相关信息也是有限的，这也限制了选择余地。

（4）创新扩散。创新扩散的速度取决于消费者对创新特征的认识，创新特征包括相对优势、兼容性、可沟通性、可分离性和复杂性。一般而言，一个创新产品比现有产品具有较高的比较优势和兼容性，并且容易演示和介绍，其扩散速度就会快；反之，一个产品的结构和性能较为复杂、难以操作，则它的扩散速度就会慢一些。由于服务具有不可感知的特征，很难被演示、讲解和相互比较。而且每一个消费者对同一服务的看法和感受又各不相同，所以服务比较复杂、难以沟通。再者，新的服务可能同消费者现有价值观和行为不可兼容，因为许多消费者可能已习惯于自我服务。

（5）认知。消费者购买商品和服务都要承担一定的风险，相比之下，消费者购买服务所承担的风险更大，消费者对服务的认知更难，原因为以下几点。

1）服务的不可感知性和经验性特征，决定消费者在购买服务之前所获得的有关信息较少，信息越少伴随的风险会越大。

2）服务质量没有统一性标准可以衡量，消费者在购买产品过程中的不确定性增强，故而风险更大。

3）通常情况下，服务过程没有担保和保证可言，即使顾客在消费过程中或消费后感到不满意，也会因为服务后果的不可逆转性而无法重新更改或退换。

4）许多服务都具有很强或较强的技术性或专业性，有时即使在享用过服务之后，消费者也缺乏足够的知识或经验来对其进行评价。

（6）品牌忠诚度。消费者购买服务较之购买有形商品对品牌忠诚度更高。这取决于这样几个因素：转移品牌的成本；替代品的适用性；购买难易程度；以往的经验。消费者购买服务受获取服务信息困难程度的影响，难于全面了解到有关替代品的情况，对替代服务能否比现有服务更能增强满意度亦无把握，因而不如仍选择原有的服务。同时，消费者在其转移对服务产品品牌的选择时也会增加更多的费用支出，例如，病人到第一家医院看病可能首先要对身体进行系列检查，如果中途想换另一家医院，那家医院可能又要重新作一次身体检查，这样，消费者增加了不必要的开支。而且，消费者知道，购买服务将要承担更多的风险，他们当然不会轻易转换品牌，而只能忠实于原有服务品牌。在服务过程中，消费者往往心存由于老顾客的身份而获取更多优惠的侥幸。服务提供者要充分利用消费者的这种心理来稳定老顾客，与顾客建立良好的合作关系。

（7）对不满意的归咎。消费者对购买的商品不满意，通常不是归咎于中间商，就是归咎于生产厂商，一般不会归咎于自己。但是，若购买服务则不然，由于顾客在很大程度上参与服务的生产过程，消费者会觉得自己对服务后果的不满意负有一定的责任，或是自悔选择对象不当，或是自责没给服务提供者讲清要求，或是为没能与对方配合好而自咎。服务质量既是服务提供者的事，也取决于消费者的认同与看法，这为企业引导和调动消费者配合完成服务过程提出了更高的要求。

任务三　购买服务的决策理论与模型

在服务购买前的选择阶段和消费后的评价阶段，消费者必须借助一些模型或者方法进行决策。购买服务的决策理论包括风险承担论、心理控制论和多重属性论。这些理论是西方学者于20世纪60年代提出来的。这些理论为服务营销决策和消费者购买服务的决策行为提供了理论依据。由于在这些理论模型中，既有它们的强处，又有它们的弱点，因此它们应该被看作是互补的而不是互斥的。例如，风险承担论和多重属性论侧重于消费者购买前的选择过程，而心理控制论等在试图了解消费者是否满意时，则更有说服力。在营销实践中，把不同的理论和观点有机地结合起来，管理者的洞察力就可以更加有效地逐步被培养出来。

一、风险承担论

所谓风险承担论，就是用风险认知的概念来解释消费者购买行为。其核心理论就是消费者的行为举止在某种意义上本身就包含着风险，即消费者的任何消费活动都会出现这样的一些结果——一些不可能预见并且还很有可能是令人不愉快的结果。而这种后果则由消费者自己承担。消费者在购买服务的过程中较之购买商品具有更大的风险性，因此，消费者在进行购买服务的决策中要尽可能降低风险、减少风险、避免风险。

1. 风险的种类

消费者作为风险承担者要面临四个方面的风险，即财务风险、绩效风险、物质风险和社会风险。

（1）财务风险是指由于消费者决策失当而带来的金钱损失。

（2）绩效风险是指现有服务无法像以前的服务一样能够达到顾客的要求水准。

（3）物质风险是指由于服务不当给顾客带来肉体的伤害或随身携带的用品的损害。

（4）社会风险则是指由于购买某项服务而影响到顾客的社会声誉和地位。

风险承担论认为，购买服务的风险大于购买商品的风险，原因出于服务的不可感知性、不可分离性和服务质量标准的难以统一等。消费者在购买服务时，一要有承担风险的心理素质；二要有规避风险的意识。

2. 风险的规避

消费者规避风险或减少、降低风险主要采取以下策略。

（1）成为特定品牌或商家的忠实消费者。根据自身经验，消费者对购买过程中满意的服务品牌或商家不随意更换，不轻易去否定或背离自己认为满意的服务品牌或商家，不贸然去承受新的服务品牌带来的风险。

（2）考察服务企业的美誉度和信誉度。优质服务企业往往会形成好的口碑，口碑是社会消费群体对企业服务的评价。好的口碑即是企业信誉度和美誉度的体现。消费者无法去测定企业的信誉度和美誉度，但可借助消费群体的口碑去判断其服务风险的大小。好的口碑，尤其是从购买者的相关群体获得的信誉，对购买者具有参考价值和信心保证。

（3）听从舆论权威的引导。舆论权威通常是一个群体中能够给人以较好意见的人。舆论权威是具有相关知识、对社会消费行为负有责任感，并在社会消费活动中有影响力的专家。听从舆论权威的引导意见有助于消费者减少、降低购买服务的风险。

风险承担论一方面客观地正视了消费者购买服务的风险性的事实，另一方面明确地为消费者规避、减少、降低风险提供了依据。这一理论为密切服务企业与消费者的关系，化解在服务购买过程中可能出现的矛盾具有理论指导意义。

【案例 2-3】

美 容 的 风 险

2008 年 11 月，平湖消费者钱某向平湖市消费者协会投诉，诉其在平湖某美容店中的不幸遭遇，要求经营者进行伤害赔偿。

钱某于 2007 年 11 月在平湖市某美容健康瘦身馆做脸部美容，店方为其提供了"ALLEN防敏新形象"产品一套，价格 300 元，另推荐其购买了保湿凝露和化妆水各一瓶，价格 300 元，共计美容费 600 元。但让人意想不到的是，钱某使用该产品后不但没有改善肌肤，脸部反而发生了严重过敏，多次去医院诊疗后得以治愈，先后共花去医疗费 8000 多元。在与经营者多次交涉无果的情况下，钱某向平湖市消协投诉。

平湖市消协受理后，分别多次做双方和解工作，最终促成双方达成协议，由经营者一次性赔偿消费者 7700 元整。

"消协"点评：作为一个专业美容院，理应知道美容化妆品不可能适应所有人群，因此在为消费者服务之前应该按产品说明给消费者做小面积测试，如果疏忽大意没做或知道而故意不做，导致消费者受到伤害的，理应承担责任。

（资料来源：市场导报，2009-03-13）

二、心理控制论

心理控制论是指现代社会中人们不仅是为满足基本的生理需求，而要以追求对周围环境的控制作为自身行为驱动力的一种心理状态。这种心理控制包括对行为的控制和对感知的控制两个层面。

1. 行为控制

行为控制表现为一种控制能力。在服务购买过程中，行为控制的平衡与适当是十分重要的。如果控制失衡就会造成畸形，损害一方利益。如果消费者的控制力强，则服务企业的经济地位势必受到损害，因为消费者讨价还价能力强，则意味着企业利润的相对减少；如果服务人员拥有较多的行为控制权，则消费者会因为缺乏平等的交易地位而感到不满意，对于服务企业而言，其经营效率会随之下降。

在服务交易过程中，并不只表现为行为控制这一个层面，还要从深层次的认知控制加以分析。服务交易过程中的行为控制是交易双方通过控制力的较量和交易，以消费者付出货币和控制权而换得服务企业的服务为目标。交易双方都在增强自己的控制力，在彼此趋近于平衡的状态下取得成交。但由于交易双方对服务质量标准认知的不一致性，导致交易双方对交易结果难以获得十分满意的最佳感受。

2. 感知控制

感知控制是指消费者在购买服务过程中对周围环境的控制能力的认知、了解的心理状态。消费者对周围环境及其变化状态感知控制越强，则对服务的满足感越强，对企业的满意度也就越高。

服务交易过程既是交易双方行为控制较量的过程，又是感知控制竞争的过程。从本质上讲，服务交易的成败，顾客满意度的高低，主要取决于服务企业对感知控制的能力和举措。企业服务人员的感知控制能力与其工作的满意度具有正相关关系，也与消费者的满意度具有同样的正相关关系。

心理控制论尤其是感知控制对于企业服务和服务企业具有重要的管理意义。这一理论要求企业在服务交易过程中，应该为消费者提供足够的信息量，尽可能让购买者对服务提高认知度，使购买者在购买过程中感觉到自己拥有较多的主动权和较大的控制力，充分地了解服务过程、状态、进程和发展，以减少风险忧虑，增强配合服务过程完成的信心。例如，民航服务活动中，如若飞机误点，航空公司应该及时解释飞机为何误点、何时起飞、食宿安排等相关问题，以便乘客能提高认知控制能力，减少埋怨，配合服务。

【案例 2-4】

预 付 消 费 的 麻 烦

2008 年 2 月和 7 月，王女士、刘女士、庄先生等 20 多位消费者分别来嘉善县消费者协会投诉，诉其不幸掉入预付式消费陷阱。

2008 年 2 月在"爱情故事"理发店购买预付卡 700 元，次月去消费时发现该店已经转让给他人，老板的电话已停机，经查"爱情故事"理发店还没有办理营业执照就快速转让他人；刘女士等 11 人在"香圆浴足休闲中心"购买消费券，总价值 4005 元，该休闲中心 7 月 7 日突然关门，经查该休闲中心 2008 年 7 月 2 日已办理注销，联系被诉方负责人电话，无人接听；2008 年 7 月 22 日，庄先生等 20 多位消费者投诉"魏塘镇金丝鸟舞厅"，诉称该舞厅 7 月 18 日上午正常营业并出售预付卡，下午突然关闭，无任何告示。

对于以上发生的消费投诉，嘉善县消协帮助消费者查找经营者，但许多经营者都施展起"隐身术"，最后只有找到舞厅经营者，在场地收回和舞厅关闭后，协商退还部分消费者的一部分预付款。在后来的消费者投诉中，消协再也无法联系对方。

消协点评：消费者通过向商家预先付费，购买档次不同的"会员卡"，便可在以后的消费中享受不同程度的折扣优惠。但是，由于目前还没有相关法律、法规对预付费式服务进行监管，造成个别不法经营者得到预付金后关店走人，消费者投诉后无法切实维护自己的权益。消费者选择此类消费方式千万要慎重，宜尽量避免预付式消费。

（资料来源：市场导报，2009-03-13）

三、多重属性论及其模型

多重属性论是指服务业除具有明显性属性、重要性属性及决定性属性等多种属性之外，同一服务企业由于服务环境和服务对象的差异性，其属性的地位会发生变化。明显性属性是引起消费者选择性知觉、接受和储存信息的属性；重要性属性是表现服务业特征和服务购买所考虑的重要因素的属性；决定性属性则是消费者实际购买中起决定作用的明显性属性。服务的这三重属性是依次递进的。决定性属性一定是明显性属性，但对某服务而言不一定是最重要的属性，重要的属性不一定是决定性的属性。

例如，旅馆的多重属性分别如下。

（1）旅馆的明显性属性，店址、枕边放一枝花、商号和建筑物特征等。

（2）旅馆的重要性属性依次为安全、服务质量、客房及浴室的设备、食品及饮料的质量、价格、声誉、形象、地理位置、环境安静程度、令人愉快舒适的物品、餐馆服务、额外享受、保健设施和建筑物艺术风格。

（3）旅馆的决定性属性可能为服务质量、安全、安静程度、预订服务、总服务台、客房及浴室的状况、形象、令人舒适愉快的物品、高档服务、食品与饮料的价格及质量、地理位置、声誉、建筑艺术、保健设施和客房特点等。

决定性属性是决定消费者选择结果的那些属性，这些属性与消费者偏爱和实际购买决策关系最为密切，尽管决定性属性不一定是最重要的属性，但它必须是区别于同类企业的属性。安全是民航服务中最重要的属性，但对每个乘客来说，安全并不是决定乘客选择哪个航运公司的决定原因。

服务的决定性属性是选择服务企业的最主要属性，其权重高，重要性属性是消费者选择服务的重要因素，其权重虽略低于决定性属性，但不能拉开过大距离。消费者对服务的选择就是依据多重属性论对服务属性进行综合考察而得出最佳选择，从而建立多重属性模型。

服务的多重属性模型又称消费者对服务的期望值模型，可用下式来表示。

$$A_{jk} = \sum_{i=1}^{n} W_{ik} B_{ijk}$$

其中，A_{jk} 代表 k 消费者对品牌 j 的态度；W_{ik} 代表 k 消费者对 i 品牌属性给予的权重；B_{ijk} 代表 k 消费者对 j 品牌所提供的 i 属性的信念强度；n 代表属性数。

多重属性模型可用来测算消费者所选择的服务对象的综合服务能力或服务质量，具体测算办法如下。

（1）初步选取若干个条件基本接近的服务对象，假定为 A、B、C、D、E 5 家服务公司。

（2）根据各属性在服务交易中的重要程度分别给予权数，各权数的总和应为 1。

（3）通过调查，让消费者给这几个服务对象分别予以评估，评分按 100 记。

（4）根据评分结果，对 5 家公司的综合能力或综合服务质量进行计算。

（5）将 5 家公司的计算结果进行比较，从而决定选取积分最多的企业作为选择对象。例如，某乘客决定进行国际旅游，要对所熟悉的 5 家航空公司状况进行比较，即可采用此法，为简便起见，列表示意，见表 2-1。

表 2-1　　　　　　　　　　　　　　五家航空公司多重属性模型

公司属性	A	B	C	D	E	权重
安全性	100	100	90	80	90	0.5
正点程度	100	80	70	60	80	0.2
价格	90	90	100	100	90	0.1
机型	100	100	90	80	70	0.1
空姐仪表	90	90	100	60	100	0.1

根据表 2-1，可以计算出消费者对每一家航空公司的评价，具体计算如下。

$$A＝100×0.5+100×0.2+90×0.1+100×0.1+90×0.1＝98$$
$$B＝100×0.5+80×0.2+90×0.1+100×0.1+90×0.1＝94$$
$$C＝90×0.5+70×0.2+100×0.1+90×0.1+100×0.1＝88$$
$$D＝80×0.5+60×0.2+100×0.1+80×0.1+60×0.1＝76$$
$$E＝90×0.5+80×0.2+90×0.1+70×0.1+100×0.1＝87$$

测算结果，A 航空公司综合评分高，应为首选对象。

 本项目案例

诺顿：百货业的服务典范

诺顿百货公司成立于 1963 年，由 8 家服装专卖店组成，最先崛起于太平洋西北岸，后席卷美国加利福尼亚州最繁华的地区，目前正在朝美国东海岸进军。

诺顿公司自创建伊始，一直把经营重点放在皮革与女装上，并确定了靠服务取胜而不是靠削价取胜的竞争策略。前来购买的顾客绝不会发现，上周花 200 美元买来的衣服，现在只卖 120 美元。诺顿非常注重店内的气氛，有许多店面的大厅都安排穿正式礼服的钢琴演奏家演奏典雅的背景音乐。

顾客要求退货，大多数商店会找出各种理由拒绝，包括看原来的发票，说明退货的理由，并且拒退已使用过的、售出已久的或打折的商品。诺顿公司的政策是，只要顾客提出退货要求，就准予全额退货或换货。该公司有位兼职店员在网球俱乐部中听到一位女士抱怨两年前在该店购买的一件毛衣，这位兼职店员坚决请她到店里退货，虽然这位女士已把毛衣送给了一位朋友。

对诺顿的员工来说，这种行为可说是家常便饭。他们会替要参加重要会议的顾客熨平衬衫；会为试衣间忙着试穿衣服的顾客准备饮食；会帮顾客到别家商店购买他们找不到的货品，然后打七折卖给顾客；会拿着各种可供选择的衣服或皮鞋到懒得出门或不能抽身到店里购买的顾客那里；会在天寒地冻的天气里替顾客暖车，以便他们能在店里多买些东西；会替准备赶赴宴会的顾客紧急送去衣服；他们甚至会替把车子停在店外的顾客付罚款单。

诺顿公司在不慎冒犯顾客时，会不惜一切代价来弥补。有位企业主管对该店的名声感到怀疑，特别选在出差旅行前拿了两件西装到该店修改。在他要赶往机场时，该店还没有把西装改好，他心想该店的服务还不够完美。但等他到达了另一个城市的旅馆时，发现有一个他

的快递包裹，里面正是已改好的西装，还附有三条价值 25 美元的领带，以表示歉意。

在诺顿公司，每位店员都有一本个人笔记本，里面记着顾客的各种资料：姓名、地址、衣服尺寸、型号、颜色偏好，甚至还记有顾客及其家人的生日。有了这些资料之后，每当有了某位顾客喜欢的商品时，店员都会打电话通知；或在生日来临时，建议他选购什么礼物。在顾客来店里购买衣服时，店员也可以参照这本笔记本，建议他到其他部门购买什么尺寸、颜色及形式的搭配。完成这笔生意后几天，店员会给顾客寄去一封感谢函，同时查看当初承诺的每一件事是否都做到了。

诺顿的成功并没有独特的诀窍。诺顿公司能够向顾客提供完美无缺的服务，其原因在于高层领导的重视。总裁约翰先生像其他员工一样，在高峰时间从楼梯走上走下，不占用可以多容纳一位顾客的电梯空间。公司只有在两种情况下才会解雇员工——服务顾客不尽心和盗窃。该公司商品失窃率在同行中是最高的，但并未因此加强防窃措施，原因是它认为在衣服上挂几个电子防窃标签，限制顾客可以试穿的衣服件数，对顾客来说是一种污辱。

诺顿公司极为重视直接向顾客提供服务的一线店员。他们认为，店员是公司最重要的人，因为店员要直接向顾客提供服务。他们不用"店员"这个地位不高的称呼，而改用"销售代表"这种头衔。对第一线员工的重视还表现在诺顿公司的组织图上，它是倒立的金字塔。最顶端是为数众多的顾客，然后是销售人员，再往下是采购和部门经理、商店经理、地区经理，最下层是高层主管——五人委员会。在诺顿公司，管理人员的工作职责是支援一线的员工和为其排除工作障碍，而非发号施令。该公司采取高度分权的方式，一线员工享有极大的职权。销售员对采购决定有极大的影响力，若非如此，采购员与部门主管需要花一半时间在销售现场跟顾客沟通。

诺顿公司在管理上实行铁腕控制。只要有一位顾客对员工的服务态度有所抱怨，该员工的事业前程就可能从此黯淡无光。几乎所有销售代表的工资中都有一大半是奖金，这使得他们不得不竭力服务好顾客。公司大约 25% 的新进员工干不到一年就辞职，另有 25% 被开除。诺顿公司有一套明确的规范和禁忌，包括嚼口香糖、偷盗、强迫顾客购买等。表现良好的员工都容光焕发，精神抖擞，待人友善，充满吸引力。

总之，诺顿公司靠以服务顾客为核心而在商战中取胜，他们坚持服务顾客的宗旨，而且几十年始终如一。

（资料来源：http://www. marketingl10.com/html /show-10-930-1.html.）

讨论

（1）诺顿百货如何面对不同的消费行为表现？

（2）诺顿百货如何通过分析顾客购买行为来提高顾客满意度？

（3）有哪些因素导致诺顿百货的成功？

实务自测题

（1）服务消费的常见心理有哪些？

（2）服务评价的依据是什么？产品与服务评价过程的差异有哪些？

如家——成功源于了解顾客的消费行为

酒店业中的商务旅客市场在整个市场中占据了很大的份额。随着企业管理机制的完善，许多商务人士差旅费用被控制在平均一天 300 元以内。与过去的"吃公家，喝公家"的观念不同，商务人士的消费需求出现了很大的转变。

现在的商务人士在满足工作要求的基础上，不再盲目追求档次，而强调实用性。自助旅游的游客也多了起来，但却很难找到合适的住处，这是因为酒店的档次结构不够合理：一方面高星级酒店林立、设施豪华、价格昂贵；另一方面，一些小型旅馆、招待所服务质量、卫生条件差，使大多数普通商务人士和游客感到不便。由此出现了酒店行业所提供的服务与消费者需求脱节的情况。如家正是在这种混沌的市场环境中应运而生的。如家是首都旅游国际酒店集团和携程旅行服务公司创办的。它拥有得天独厚的硬件条件，为其进入经济型酒店市场打下了坚实的基础。所谓的经济型酒店的形式，在最大限度上适应了现代中国人讲究实惠的观念，经济型酒店定位于普通消费大众，价格适中、基本设施齐全、干净、经济、温馨。相对于传统的星级酒店以及一般招待所，这一新生的酒店业态所提供的服务更加能够满足消费者的消费需求。

通过对顾客长时间的观察，如家发现商务旅客一般来说并没有时间去使用酒店会所、游泳池等配套设施。由于差旅费的限制，他们甚至连餐饮都是去酒店附近的小餐馆吃。酒店，仅仅是他们暂时性的休息场所。只要价格合理，休息环境干净舒适，他们就已经很满意了。由此，在如家旗下的酒店中，一概都没有任何多余的配套设施；在其中一些酒店里，甚至连餐厅和商务中心都被省去。同时，如家十分注重酒店的选址，酒店附近一定会有餐馆及火车飞机订票点。通过这样的选址，如家成功地把一些占用酒店面积很大的配套项目转移给酒店周围的商家，一方面降低了企业的经营成本，另一方面也满足了顾客节省的需要。而客房设计则是如家最精髓的地方。客房内不但空调、电视、电话、磁卡门锁、标准席梦思床具、配套家具、独立卫生间、24 小时热水等设施一应俱全，并且在整体格调的设计上颇费心思，以求营造一种温馨和谐的气氛。

如家的成功，在于其对顾客消费行为与需求的重视。了解顾客的消费行为成为服务提供者设计服务目标与流程的前提。

讨论：

（1）如家定位的经济型酒店的主要目标客户有哪些？这些目标客户的消费行为特征是什么？

（2）如家是如何提供让顾客满意的服务的？

（3）如家的竞争对手有哪些？它是如何领先竞争对手的？

以 3～5 个人分成一组，根据案例来分析以上三个问题，讨论完毕之后，由小组代表发表讨论结果，然后由老师进行评价并综合分析。

项目三　服务市场细分、目标市场选择与市场定位

学习目标

（1）了解服务市场细分的概念。
（2）了解服务市场细分的依据。
（3）掌握服务目标市场战略。
（4）掌握服务市场定位的步骤和方法。

导入案例

香格里拉酒店集团的服务营销策略

香格里拉酒店集团旗下拥有两个品牌：香格里拉和商贸酒店，形成了高档、中高档酒店搭配的品牌系列。香格里拉品牌的市场定位是五星级酒店市场，主要有城市型五星级酒店和度假型五星级酒店两种产品类型；香格里拉品牌以其景致典雅、舒适优雅的客房，"殷勤好客亚洲情"的卓越服务而在世界酒店业赢得了豪华酒店典范的良好品牌形象，获得了无数业界荣誉和顾客的赞誉。香格里拉品牌标识采用高耸入云的山峰倒映在澄清的湖泊上，秉承香格里拉优美名称的深切含意，配以融合现代化及亚洲建筑特色的"S"标志，象征着香格里拉以亲切、和谐及自然美的精神为顾客服务的宗旨。

在香格里拉品牌取得市场成功以后，为了更好地细分市场，香格里拉酒店集团于 1989年推出了"商贸酒店"品牌，它定位于四星级商务酒店，以适中的价格为商务旅客提供完备的设施和优质的服务。商贸酒店品牌标识以中国五千年商业文化的精髓——印章作为标志，象征商贸酒店以商业旅客为尊，提供高级廉宜的商住服务的精神。

典型的商贸酒店品牌与香格里拉酒店品牌相比，不仅具有价格上的明显优势，商贸酒店品牌比同一城市的香格里拉酒店品牌的价格低 30%至 60%，对那些比较关注价格的中档旅游市场十分有吸引力，而且商贸酒店的房间、酒吧、餐厅等主要辅助设施也与香格里拉酒店品牌相同，且提供同样水平的标准化服务。同时，商贸酒店还设立了"地平线国际俱乐部"，为会员提供俱乐部楼层特快入住和结账手续；豪华客房内设有私人传真机、办公桌，并提供个人语音留言邮件服务；免费熨衣服；免费饮料等特别服务。正是由于商贸酒店品牌的价格优势及优质的服务使其获得了良好的市场声誉。商贸酒店品牌与香格里拉酒店品牌同时扩张，在开设香格里拉酒店的城市同时开设商贸酒店，以形成高档、中高档酒店品牌互补产品系列，满足不同细分市场需求。截至 2005 年底，在香格里拉酒店集团经营管理的 47 家酒店中有 7家为商贸酒店。

（案例来源：马勇，陈雪钧. 香格里拉酒店集团旗下品牌. 搜狐旅游 http://travel.sohu.con

20080320/n255813728.shtml）

任务一　服务市场细分

一、市场细分的含义和理论基础

市场细分是 20 世纪 50 年代由美国著名市场营销学家温德尔·史密斯（Wendell Smith）率先在其发表的《市场营销策略中的产品差异化与市场细分》中提出的，随后受到了国际市场营销界的广泛重视与普遍运用。市场细分是企业定位的前提，是营销战略规划的重要方面，无论是进入市场前的准备，还是制定具体的营销策略，都需要对整体市场进行细分。

市场细分对于服务企业具有重要意义，随着服务市场上新竞争对手的不断加入和服务产品项目的增多，企业之间的竞争日益加剧，市场细分有助于企业投资于能够给其带来经济利益的领域，从而避免因盲目投资而造成的资源浪费。同时，即使在较为成熟的行业里，市场机会仍然存在，市场细分也有助于企业通过产品的差异化建立起竞争优势。

市场细分就是根据消费者明显不同的需求特征将整体市场划分成若干个具有不同需要、性格或行为的消费者群体，并针对每个购买者群体采取单独的产品或营销组合战略，从而使顾客需求得到更为有效的满足，并达到留住顾客和提高顾客忠诚度的目标。市场细分理论的提出主要基于如下三个理论基础。

1. 消费者需求的异质性

由于人们所处的地理条件、社会环境不同，所接受的文化教育、技术培训不同，自身所特有的心理素质、价值观念不同，因而他们对商品的需求也不一样。而且随着科学技术和社会经济的发展，市场的供给越充裕，人们的生活水平越高，市场细分的必要性也就越大。也就是说，只要存在两个以上的顾客，需求就会有所不同。购买者的需求差异是绝对的，它为市场细分提供了可能。

2. 消费者需求客观上存在着同质性

由于在同一个地理条件和社会环境下，总有一些人接受相同的文化教育和技术培训，并具有类似的心理特征和价值观念，因此，市场上总有一些购买者的需求会表现出相同的趋势。购买者需求的同质性是相对的，它使市场细分从可能变为现实，因为需求上的同质性使购买者在市场上聚合成一个个不同的群体。

3. 企业资源的有限性和为了进行有效的市场竞争

市场细分的背景还在于买方市场的全面形成和卖方竞争的日益激化。就目前市场而言，有厚利可图的市场越来越少，现代企业由于受到自身实力的限制，不可能向市场提供能够满足所有需求的产品或服务。每个竞争者只有依靠进一步的市场细分来发现未满足的需要，捕捉有利的营销机会，才能在激烈的竞争中求得生存和发展。因此，企业资源的有限性和进行有效竞争是市场进行细分的外在要求。

市场细分是现代企业从事营销活动的重要手段。市场细分有利于营销者发掘最佳的市场机会，有利于按目标市场的需要开发、改进和生产产品，有利于针对目标市场制定适当的营销组合策略，把企业有限资源集中用在目标市场上。

二、服务市场有效细分的条件

细分一个市场有许多方法。然而，并不是所有的细分都是有效的。例如，可以根据服务购买者头发颜色的不同，将他们分为淡黄色头发的顾客和浅黑色头发的顾客，但是购买服务与头发的颜色无关。再者，如果所有的服务购买者每月都购买相同数量的服务产品，并且认为所有的服务产品都是相同的，只愿意支付同一价格。那么，从营销观点来看，这个服务市场细分的必要性将很小。即便将市场进行细分，也毫无意义。通常情况下，要使细分后的市场有效，必须具备以下几个条件。

1. 可衡量性

可衡量性是指用来划分细分市场大小和购买力的特性程度等，是能够加以测定的。这就需要有一些标准，能明确辨别谁在细分市场之内，谁在其外，以此来衡量潜在需求。同时，顾客具有的特征信息易于获取和衡量，如顾客的偏好，对服务、价格、广告宣传等的反应等。

2. 可盈利性

可盈利性是指细分市场的规模要达到足够获利的程度。一个细分市场应该是值得为之设计一套营销规划方案的尽可能大的同质群体。具备一定的购买力，企业可从中获得利益。细分市场的规模要大到足以使企业有利可图的程度。这里要把实际的需求和潜在的需求加以区分。

3. 可达到性

可达到性是指有效地到达细分市场并为之服务的程度。市场细分部分必须是企业有可能进入并占有一定份额的，否则没有现实意义。例如，细分的结果发现已有很多竞争者，自己无力与之抗衡，无机可乘；或虽有未满足的需要，有营销机会，但缺乏原材料或技术，货源无着，难以生产经营，这种细分也是没有现实意义的。

4. 可行动性

可行动性是指为吸引和服务细分市场而系统地提出有效计划的可行程度。细分市场应该是通过成本合理的营销组合能够达到的或能够进行沟通的。企业也要能够比较方便地进入细分市场。比如一家银行要针对某细分市场做广告，该细分市场上的购买者就应该达到一个特定的数量，以抵消其做广告的费用。

三、服务市场细分的依据

1. 按地理环境因素细分

根据消费者工作和居住的地理位置进行市场细分的方法，即按不同的地理单位，比如国家、省、区、县等进行细分。由于地理环境、自然气候、文化传统、风俗习惯和经济发展水平等因素的影响，同一地区人们的消费需求具有一定的相似性，而不同地区的人们又形成不同的消费习惯与偏好。因此，地理因素得以成为市场细分的依据。由于这种方法比较简单明了，为许多服务企业所偏爱。比如，肯德基在上海首先推出了花式早餐粥及为消费者量身定做的早餐组合套餐，而在北方城市推出了"寒稻香蘑饭"。肯德基按地区安排它的市场营销计划，使其产品更具有地方性，广告、推广和销售等工作也更适应各地区顾客的需求。

2. 按人口和社会经济因素细分

人口因素包括年龄、性别、家庭人数、生命周期等。人口统计变量是区分顾客群最常用的依据，因为顾客的欲望、偏好和使用频率等经常与人口统计变量密切相关，而且人口统计变量也比其他类型的变量更容易衡量。比如，美国的一些银行根据顾客的生命周期划分市场，它们把顾客生命周期分成单身、年轻满巢（即年龄在 40 岁以下，至少抚养一个孩子）、中年满巢（年龄超过 40 岁，至少抚养一个孩子）、年老空巢就业（年龄超过 60 岁，仍就业，但孩子独立）和年老空巢退休等几个阶段。由于处于生命周期不同阶段的顾客其需求有很大差异，银行可以借此寻求目标市场，提供适合顾客需求的服务。

社会经济因素则是指收入水平、教育程度、社会阶层和宗教种族等变量。一个人的教育背景、职业与收入、社会地位等变量之间存在着直接关系。一般来说，一个人的受教育水平越高，就越可能获得较高的地位和收入。近年来，按职业进行市场细分的方法正得到一些企业的重视。另外，诸如社会阶层、住所的类型、家庭所有权等细分变量也被一些公司所采用，如顾客对住所的类型的关注对那些房屋租赁公司有很大的现实意义。

3. 按消费心理因素细分

影响顾客购买行为的心理因素，如价值观念、生活态度、生活方式、个性和消费习惯等都可以作为市场细分的依据，尤其是当运用人口和社会经济因素难以清楚地划分细分市场时，结合考虑顾客的心理因素，如生活方式的特征等将非常有效。比如，人们形成和追求的生活方式不同，消费倾向也不同，那么他们需要的服务也就不同。常见的心理细分会把具有共同个性、兴趣、心智特征的顾客归纳为某一个整合群体。许多服务企业已越来越倾向于采用心理因素进行市场细分。

【案例 3-1】

一份对北京、上海、广州三大城市白领人群所做的调查显示，80%以上的人认为自己时常感到不快乐；70%左右的人在人生的不同时期感受到了抑郁的苦涩，其中有一些正在抑郁症的深渊里越陷越深。白领人士的疲劳大多属于脑力疲劳或者心理疲劳，工作的繁忙使他们无暇顾及户外活动和体育锻炼，很少与朋友来往，承受着工作、情感和生活上的压力，甚至有些人成为心理咨询室的常客。根据该旅游主体的特点，旅游企业可以围绕"豪华、舒适、放松"的主题安排景点、心理训练活动等；也可以组织针对单身白领的"愿白领能找到终生伴侣"的以祝愿为主题的旅游，年轻的白领释放工作和生活中的压力，广交天下好友等主题的旅游活动。旅游目的地选择以秀美、旷远之境为主，激励人们勇于创造和敢于超越的精神，使人解脱忧烦，心胸开阔，像浩渺的水面、苍茫的原野、居高而望的群峰等，如黄山"四绝"、桂林的山水、塞北坝上草原等。2006 年上海曾流行"白领游高校重温毕业"，寻找当年刚毕业参加工作时的"壮志凌云"，摆脱对工作的"机械感"。

[资料来源：张亚卿等. 心理旅游的市场细分研究 [J]. 山东师范大学学报，2008（6）.]

4. 按消费行为因素细分

复杂的消费行为也是市场细分所要面对的问题，同时，它也可能成为市场细分实现的依据。包括购买时机、使用状况、使用频率、忠诚程度、促销反应及态度等。

（1）购买时机。按顾客购买和使用产品的时机进行分类。例如，某些产品和项目专门适用于某个时机（春节、中秋节、圣诞节等），企业可以把特定时机的市场需求作为服务目标。如旅行社可以专门为某个时机提供旅游服务；文具店可以在新学期开始前专门为学生准备学习用品等。

（2）使用状况。按使用状况进行细分就是根据顾客对产品的使用方式及其程度进行细分。据此顾客大体上可以被划分成从未使用者、曾经使用者、准备使用者、首次使用者、经常使用者、偶尔使用者等几个细分市场。服务企业往往关注那些经常使用者，因为他们的使用次数比偶尔使用者要多得多。所以，许多快餐店愿意为那些经常光顾的顾客提供快速服务，价格也较为低廉。银行则对各种使用者都表示关注：一方面，它们希望了解那些经常使用者的特点、行为和身份等，以不断吸引其购买服务；另一方面，又会采取一些措施来刺激那些偶尔使用者，促使其向经常使用者转变。

（3）使用频率。采用这种细分标准可以先将顾客群体划分为使用者和非使用者，然后再把使用者划分为小量使用者和大量使用者。

（4）忠诚程度。顾客的忠诚度包括对企业的忠诚和对品牌的忠诚，也可作为细分依据。比如按品牌忠诚不同可将顾客分为单一品牌忠诚、多品牌忠诚和无品牌忠诚。

（5）促销反应。这是根据顾客对促销活动的反应进行市场细分的方法。显然，不同的顾客对于诸如广告、销售推广、室内演示和展览等促销活动的反应是各不相同的。比如，喜欢企业向其邮寄产品目录的顾客可能喜欢使用信用卡，并对其他邮寄品也有较高的反应率。由此，服务企业可采用直接邮购的方式与这类顾客沟通，并建立起较好的顾客关系。一旦顾客对某个服务企业表示忠诚，那么即使他们偶尔对企业的服务不满意，通常也不会轻易改变这种忠诚。有研究表明，在银行业，尽管顾客对企业提供的服务常常感到不满意，但仍有75%的顾客会忠诚于该企业。所以，有些银行的营销部门指出，顾客可能会改变生活伴侣，但不会改变银行。

5. 按顾客受益因素细分

顾客之所以购买某项服务是因为他们能够从中获得某种利益。因此，可以根据顾客在购买过程中对不同利益的追寻进行市场细分。这种方法与前面几种方法不同，它侧重于顾客的反应，而不是产品的购买者本身。比如，不同的顾客希望从不同的银行那里得到不同的利益：一部分希望能从声誉较好的银行那里获得全面、整体性的服务；一部分则希望获得低利息的优惠贷款；还有人希望在私人银行进行高利率储蓄。一家银行可以根据自身的资源状况，选择其中的一个或两个细分市场进入，提供独具特色的服务。服务的特点使得利益细分的方法几乎适用于所有的服务企业。

按顾客受益因素细分市场，首先，必须了解顾客购买某种产品所寻求的主要利益是什么；其次，要调查寻求某种利益的顾客是哪些人；最后，还要了解市场上的竞争品牌各自适合哪些利益，以及哪些利益还没有得到满足。

6. 按服务要素细分

根据顾客对企业服务的反应进行细分。虽然从某种意义上说来它可以归入利益细分，但是仍有单独论述的必要，因为通过了解顾客对企业服务中不同要素的看法及反应，将有助于企业设计更合理的服务组合。

利用服务要素进行市场细分时，通常要考虑如下三个问题：①是否存在拥有同种服务要求的顾客群体；②企业能否使自己的产品差异化；③是否所有的产品都需要同一水平的服务。

彼得·吉尔摩（Peter Gilmour）对设备供应行业进行了研究，以了解不同细分市场对售后服务、电话订货效率、订货的便利程度、技术人员的能力、送货时间、送货可靠性及资料的提供等9种顾客服务的反应。结果表明，不仅购买者和供应商对这些服务重要性的看法有所侧重，而且购买者之间对这些服务重要性的看法也有很大区别。因此，通过测定购买者对不同服务重要性的看法，供应商将能更加有的放矢地为不同的细分市场提供最佳服务，满足购买者的愿望和要求。

四、服务市场细分的步骤

服务市场细分一般包括三个步骤：市场调查研究并确定相关市场、确定最佳细分变量、细分市场。

1. 市场调查研究并确定相关市场

所谓相关市场是指企业向其推广服务产品的目标顾客群。如某家投资银行将资产超过 100 万的人士作为自己的目标顾客；某家酒店则瞄准商务人员市场等。为确定企业的相关市场，服务营销者要与消费者进行非正式的接触，并将消费者分成若干个小组，以便了解他们的动机、态度和行为，进而通过问卷调查向消费者收集相关的市场资料，如服务产品的知名度、服务产品的使用方式、对该服务产品所属类别的态度等。在了解这些信息的基础上，企业必须对自身的资源状况作出分析，明确自己的优势和劣势，然后确定企业服务产品线的宽度、顾客的类型、地理范围等营销要素。

2. 确定最佳的细分变量

前面我们介绍了很多可以用来细分服务市场的变量，实际上，企业在选择细分市场的依据时，并不能照搬这些标准，而必须对其进行甄别或有所创新。所以企业必须确定最佳的细分变量。

一般而言，在确定最佳细分变量时，首先要把各种潜在的、有用的标准都罗列出来。在列出这些标准之后，要对其重要性做一评估，选择出那些被认为是重要性的标准。同时，还需要对那些重要的标准再做进一步的详细划分，以确定最佳细分变量。一般而言，一项好的或合适的细分变量应具备以下三个特征。

（1）恰当性。这是好的细分标准必须具备的第一个特征。这意味着它必须与消费者对指定的产品或服务的行为与态度有密切的联系，或者说，它所定义的所有细分市场必须在对指定产品或服务的行为和态度中显示出各自鲜明的区别。

（2）测量的可能性。一项合适的标准应当是易于测量的，或者至少是可识别的。如细分标准中人口统计、地理等标准总体上符合这一条件，而个性和心理因素则不太容易测量。如焦虑可以作为细分人寿保险市场的标准，但却很难获得关于特定的人群中有多少是焦虑的、多少人是沉着的统计资料，而且也难以从调查中获得相关的统计。

（3）实际操作价值。合适的细分标准应具备的第三个特征是对市场营销人员有实际用途，引导他们向某个或某些特定的细分市场努力；或者使他们根据不同的细分市场,确定不同的营销组合。

3. 细分市场

在这一阶段，服务营销者按照确定的细分标准，将消费者划分成不同的集群，然后根据主要的不同特征给每个不同的细分市场命名。

最后需要强调的是，由于细分市场是不断变化的，所以市场细分的过程必须定期反复进行。在这个过程中，要密切关注市场出现的一些新变化、新特征，尤其应当关注新的服务类型的出现，及其对本企业市场的影响，以便及时调整营销策略。

【案例 3-2】

证券客户市场细分的变化

证券客户市场也可细分为零售个人顾客市场和公司顾客市场。2002 年以来，证券市场出现了按客户业务量细分市场的新方法，客户的划分更加接近证券金融企业实际并且更加有效了。

在券商中，证券客户的分类开始出现了一些新的变化，比如招商证券公司将其客户划分为核心客户、普通客户、网上交易客户等，可以视作中国券商在客户营销方面一个不小的进步。

按照以往的常规做法，券商习惯将客户按照其托管市值或者资金量的大小细分为大、中、散户等几种类型的市场和客户，并让他们用不同的企业资源。调查显示，"大户"们享受到的服务包括折扣优惠、专用办公室、健身设施、旅游活动、财经报刊、免费的午餐等。"中户"可以拥有自己的机器、能够参与公司的激励活动、获得免费的午餐等。"散户"一般可以获得浏览公共信息、座位、饮用水、自助终端等基本服务。

这种基于客户市场细分的客户分类管理和服务策略，曾经一度非常有效。但自从证券交易佣金下调和股票市场进入熊市，券商的营销压力陡增。为了降低成本，一般的做法是：减少散户大厅，减少对散户的服务项目，并尽量鼓励现场客户转变为非现场客户。因为沿袭传统经营思想，大户和中户的资金量大，只要留住他们和吸引更多同样的人来，就会使交易量有保证。

但是，调研结果显示，从不同的经营主体来看，为营业部创造利润并不是"有大户就有利润"这么简单。根据某证券会司上海漕宝路营业部的统计，中户占用了营业部50%以上的资源，但创造的利润占到总利润的10%，散户占用的资源不足30%，却创造了超过40%的利润。显然，单纯以客户资金量的多寡来规定客户服务标准，已经明显缺乏科学根据。与此同时，随着非现场交易被越来越多的投资者认可，这种传统"大、中、散"的标准也必将面临新的挑战。按照某些网络交易准则，客户不分大小，交易佣金标准是统一的，相关服务未见有何区别。那么，非现场交易客户的服务标准该如何规定？

所以，券商的市场细分不是一成不变的，要根据市场的变化及时变化，在细分市场的基础上，做好客户的分类营销管理。

（资料来源：www.sina.com.on，2004-06-10.）

五、对细分市场进行评估

在评价某一个细分市场的时候，企业应当必须考虑三个方面的因素：这一细分市场的规模和发展趋势、细分市场的吸引力及企业的经营目标和资源。

1. 细分市场的规模和发展趋势

对于一个细分市场来讲，那些规模适度、发展规律的细分市场比较具有吸引力。一个市场的潜力是由潜在消费者及其购买力、需求弹性等因素构成的。通常，大型市场较为有吸引力，因为大型市场更加容易获得规模经济。同时，市场容量并不是越大越好。有些市场看似很大，但是却已经趋于饱和。比如此前的寻呼机市场和小灵通市场，虽然用户的绝对数曾经很大，市场看似很大，但是在用户最多、市场最大的时候进入市场竞争的企业几乎都难以避免遭到市场的淘汰。

2. 细分市场的吸引力

波特认为，一个市场是否具有吸引力，取决于行业现有的竞争程度、潜在的进入者、替代服务产品、服务的购买者和供应商这5个方面。竞争程度指的是实际的竞争激烈程度和竞争的质量，而不是单纯指竞争者的数量。判断潜在的进入者是否会进入市场时，不仅要判断市场的吸引力有多大，还要考虑市场对潜在进入者的进入壁垒。另外，替代服务产品、购买者和供应商的议价能力等都会影响服务细分市场的吸引力。

3. 企业的经营目标和资源

对于服务企业来讲，要使一个细分市场成为企业的目标市场，除了其应当具备适度的规模、良好的发展趋势和具有吸引力以外，企业还必须考虑自身的经营目标和资源。如果某个细分市场不符合企业长远的发展目标和规划，即使这个细分市场具有很大的吸引力，企业也不应轻易进入。因为一个不符合长远发展目标的细分市场会扰乱企业的发展规划，在一定程度上还会降低企业在消费者心中的形象。

任务二　目标市场选择

一、目标市场概述

1. 目标市场

目标市场是指企业对市场进行细分后，经过选择决定进入的一个或一些分市场，企业要把它们作为经营对象和服务对象。企业只有选择了适合自己经营、市场潜力较大的目标市场，才能围绕目标市场有针对性地开展营销活动，保证企业的生存和发展。没有目标市场，企业的经营活动就是盲目的，无明确对象的，必然事倍功半，甚至竹篮打水一场空。有些企业投入巨资做广告、搞宣传，结果销售量很不理想，常犯的错误就在于没有明确的目标市场，不知目标顾客是谁，他们到底需要怎样的产品和服务，怎样的销售方法才有效。另一种情况则是选错了目标市场，进入了一个无法发挥自己优势、不适合本企业经营的领域，结果步履维艰，最终走向失败。应该说，正确选择目标市场是企业制定经营战略的首要内容和基本出发点，是十分关键的一个环节。

2. 影响企业目标市场选择的因素

从近年来各类企业的营销实践中，可以归纳出影响企业选择目标市场决策的因素。

（1）必须依托于企业的资源和实力。细分市场的目的，是企业从中找出有利可图的市场。无利可图的细分市场，当然不应被企业选作进攻的目标。那么，是不是任何有利可图的市场都是企业应当选作进攻的目标呢？回答是否定的，企业是否进人这样的市场，还必须考虑到企业自身的资源和实力。

（2）预测细分市场的规模和销售增长率。细分市场的规模也就是该细分市场的潜在需求，它直接决定了公司生产或营销的规模大小及其规模经济效益的高低。另外，仅有适度的规模而没有较高的潜在销售增长率，公司同样不能取得较高的投资回报。因此，在依托企业实力的基础之上，一个细分市场是否具有适度的市场规模和销售增长率，是企业在决定是否进入该细分市场时首先应考虑的要素。

（3）评估细分市场的吸引力。细分市场的吸引力主要是指它的长远吸引力，这也是一个相对的概念。假如一个细分市场对所有生产者来说都有很强的吸引力，那么，对于某个企业来说它实际上可能只有短期吸引力而没有长远吸引力。

二、选择目标市场

目标市场是在市场细分的基础上，被企业选定的、准备以相应的产品或服务去满足的市场。目标市场的选择直接关系到企业的营销成果与市场占有率。选择目标市场的优点是在商品宣传推销上能有的放矢，分别满足不同消费群体的需求，可使公司在细分小市场上占有优势，从而提高企业的竞争力，在消费者中树立良好的公司形象。一般地，企业在有 5 种可供选择的市场中选择模式。

1. 市场密集化

市场密集化又称市场集中化，即选择一个单一的市场进行集中营销。那些资金不够充足、规模较小的企业往往更加倾向于这种模式，因为这种模式可以集中企业有限的资源。此外，选择这种模式的企业往往能够在某一个相对较窄的领域取得竞争优势。

2. 服务产品专门化

服务产品专门化又称产品专业化。是指企业只生产一种服务产品并向各类消费者销售的模式。服务企业通过对一种服务产品的长期深入研究，可以在市场上建立起较高的声誉。但是选择这种模式的企业往往是将"所有鸡蛋放在同一个篮子里"。一旦这种服务产品被其他产品所取代或者消费者偏好发生转变，企业如果不能及时转变方向、推出新产品，将面临覆灭的风险。

3. 服务市场专门化

服务市场专门化是指企业只选择一种服务，专门满足某类顾客的需要。和服务产品专门化相比，服务市场专门化提供的是一种服务而不是一种服务产品。例如，基金管理公司提供的是理财服务，这些理财服务中可能既有保本理财服务产品，也有高风险理财服务产品。

4. 市场专业化

市场专业化，是指企业提供针对某一顾客群体需要的各类服务。市场专业化提供的服务产品类型较多，可以比较有效地分散风险。但是，由于购买这些服务的顾客都集中于某一大类，当这类顾客的需求下降或偏好转变时，企业就会面临危机。

5. 市场全面化

市场全面化，是指企业提供多种服务产品去满足各类顾客群体的需要。其前提是企业具有完整且有竞争力的产品组合。那些实力雄厚的大型服务企业更加倾向于这种模式。

三、三种目标市场策略

1. 无差异市场营销策略

无差异市场营销策略是指企业将产品的整个市场视为一个目标市场，用单一的营销策略开拓市场，即用一种产品和一套营销方案吸引尽可能多的购买者。无差异营销策略只考虑消费者或用户在需求上的共同点，而不关心他们在需求上的差异性。

可口可乐公司在 20 世纪 60 年代以前曾以单一口味的品种、统一的价格和瓶装、同一广告主题将产品面向所有顾客，就是采取的这种策略。

无差异营销的理论基础是成本的经济性。生产单一产品，可以减少生产与储运成本；无差异的广告宣传和其他促销活动可以节省促销费用；不搞市场细分，可以减少企业在市场调研、产品开发、制订各种营销组合方案等方面的营销投入。这种策略对于需求广泛、市场同质性高且能大量生产、大量销售的产品比较合适。

对于大多数产品，无差异市场营销策略并不一定合适。首先，消费者需求客观上千差万别并不断变化，一种产品长期为所有消费者和用户所接受非常罕见。其次，当众多企业如法炮制，都采用这一策略时，会造成市场竞争异常激烈，同时在一些小的细分市场上消费者需求得不到满足，这对企业和消费者都是不利的。再次，易于受到竞争企业的攻击。当其他企业针对不同细分市场提供更有特色的产品和服务时，采用无差异策略的企业可能会发现自己的市场正在遭到蚕食但又无法有效地予以反击。正由于这些原因，世界上一些曾经长期实行无差异营销策略的大企业最后也被迫改弦更张，转而实行差异性营销策略。被视为实行无差异营销典范的可口可乐公司，当年面对百事可乐、七喜等企业的强劲攻势，也不得不改变原来的策略，一方面向非可乐饮料市场进军，另一方面针对顾客的不同需要推出多种类型的新可乐。

2. 差异性市场营销策略

差异性市场营销策略是将整体市场划分为若干细分市场，针对每一细分市场制订一套独立的营销方案。

比如，现在各种体检机构针对不同性别、不同收入水平的消费者推出不同形式、不同价格的套餐服务，并采用不同的广告主题来宣传这些服务，就是采用的差异性营销策略。差异性营销策略的优点是：小批量、多品种，生产机动灵活、针对性强，使消费者需求更好地得到满足，由此促进产品销售。另外，由于企业是在多个细分市场上经营，一定程度上可以减少经营风险；一旦企业在几个细分市场上获得成功，就有助于提高企业的形象及提高市场占有率。

差异性营销策略的不足之处主要体现在两个方面。一是增加营销成本。由于产品品种多，管理和存货成本将增加；由于公司必须针对不同的细分市场发展独立的营销计划，会增加企业在市场调研、促销和渠道管理等方面的营销成本。二是可能使企业的资源配置不能有效集中，顾此失彼，甚至在企业内部出现彼此争夺资源的现象，使拳头产品难以形成优势。

【案例 3-3】

IBM 的客户群极其复杂，其中，相当一部分客户购买的产品是固定于办公场所的机器设备，他们享有一系列服务权利。在这些设备中，有 IBM 生产的机器设备，也有非 IBM 的产品，但服务都统一由 IBM 提供，并与客户签订售后服务条款。按照设备的规模，可以做出如下分类：①大型设备。大型设备的客户都是大型组织，如政府、教育机构等，这些组织购入 IBM 整套设备作为其基础设施。②中型设备。IBM 中型设备基本上都是 I 系列产品。与大型设备类似，也是针对 B2B 的用途。③小型设备，如个人电脑、POS 机、调制解调器或多倍仪等。这些设备适用 B2B 或 B2C 产业。在 IBM 的售后服务中，针对大、中型企业的与针对小型企业的差异较大。其中，大型系统可以享受维护人员到场的服务，而小型设备则需要送往指定服务网点。根据不同机型划分服务方式，IBM 还根据用户量与客户签订量身打造的服务合约。

（资料来源：刘婷：《售后服务中的信息管理——IBM 服务物流案例分析》. 载《经济师》，2010（12）.）

【案例 3-4】

中国电信差异化服务营稍

随着电信市场竞争的加剧，如何稳定老客户、发展新客户成为各家运营企业经营服务的中心课题。分类服务是中国电信深化服务、提升服务内涵的战略选择。为此，中国电信根据客户的性质、消费额度将其细分为公众客户、商业客户、大客户 3 类群体，并成立相应的机构对其提供有针对性的服务，即大客户的个性化、专业化的一站式服务；公众客户的便利性、贴心性服务，收到了良好的成效。中国电信正是看到了集团客户与公众客户信息化需求有着不同的特点，积极探寻并不断拓展新的领域。

1. 大客户服务，实行量身定做

中国电信集团公司高度重视对大客户的服务工作，为了能够给大客户提供个性化、专业化的高品质服务，不仅成立了专门负责大客户服务的大客户事业部，而且在继承"用户至上，用心服务"理念的基础上，延伸和重新确立了大客户服务的理念与宗旨，创新服务举措，对大客户的服务更加到位。

（1）理顺内部流程，推出了"FocOne"国际国内一站服务。中国电信 FocOne。国际国内一站服务，专门面向全国大客户提供一点业务咨询、一点业务受理、一点故障申告、一点计费结算、一点技术支持等。客户只要同中国电信任一大客户机构联系，即可享受全面的通信网络服务。美国伟创力国际集团公司是全球最大的电子合约制造商，其中国分公司在中国的总部设在珠海，并在上海、江苏、广东、北京、天津、山东等 8 个省市拥有 26 个分支机构。中国电信理顺内部管理流程并与创伟力集团签订了第一个具有国家标准的服务水平协议（SLA），取得良好效果。伟创力授予中国电信"最佳供应商"称号。

（2）加快系统集成，为大客户提供综合化、多样化和个性化服务。随着行业信息化、企业信息化建设的深入，大客户的信息通信需求在向多功能应用平台发展。为此，中国电信联合 IT 厂商，加强与应用主体的合作，加快系统集成，全面为客户提供业务咨询、网络规划/优化、运营与管理等更为全面的服务。

目前，中国电信在金融、海关、税务、教育、制造等信息化条件比较成熟的领域，提供优质的服务和强有力的网络平台支撑，有力地推动了信息化建设和应用。现在我国各部门、各行业利用中国电信网络组建的全国性信息应用系统已超过 200 个。

2. 公众客户，打造网上超市

在做好大客户服务市场的同时，中国电信也非常关注公众信息化服务。

（1）中国电信大力开拓宽带业务市场。在推出"宽带极速之旅"活动的同时，联合宽带接入商与设备、终端制造商，通过规模发展降低接入门槛，"物美价廉"的消费模式进一步带动了客户的增长，如今已有 1000 多万消费者享受到了中国电信的宽带服务。

（2）中国电信致力于繁荣公众信息化应用市场。中国电信推出了"互联星空"信息化服务品牌。"互联星空"通过开放电信自身的优势资源，建立统一标准的 ChinaVnet 业务支撑平台，为 SP 提供 ChinaVnet 用户的统一认证和应用服务的多种计费方式，建立信息和应用服务的收费模式，实现"一点接入，全网服务；一点结算，全网收益；一点认证，全网通行"，为 SP 合作伙伴提供一个充分施展才能的空间，为中国电信互联网客户提供丰富多彩的信息服务。

"互联星空"提供的合作平台，能够同时接纳数千家不同的互联网企业，合作对象也不再局限于 ICP，而是包容了网络运营商和相关产业供应链。通过互联网产业链各个市场主体之间最广泛的真诚合作，实现产业链各个环节的资源共享和优势互补，这使"互联星空"有着更广泛的覆盖面，拥有了广阔的信息资源，形成了信息资源的优势，为互联网客户提供更加丰富多彩的信息应用服务。如今，互联星空平台不仅可提供包括 IP Phone、IP 视频通信、即时通信等业务，还能提供资讯服务、在线娱乐、在线教育、电子商务、在线理财、医疗保健、公众服务等增值服务类业务。

（资料来源：聂荔. 人民邮电报.）

3. 集中性市场营销策略

集中性市场营销策略则是集中力量进入一个或少数几个细分市场，实行专业化生产和销售。实行这一策略，企业不是追求在一个大市场角逐，而是力求在一个或几个子市场占有较大份额。例如，生产空调器的企业不是生产各种型号和款式、面向不同顾客和用户的空调机，而是专门生产安装在汽车内的空调机，又如汽车轮胎制造企业只生产用于换胎业务的轮胎，均是采用这一策略。

集中性营销策略的指导思想是：与其四处出击收效甚微，不如突破一点取得成功。这一策略特别适合于资源力量有限的中小企业。中小企业由于受财力、技术等方面因素的制约，在整体市场可能无力与大企业抗衡，但如果集中资源优势在大企业尚未顾及或尚未建立绝对优势的某个或某几个细分市场进行竞争，则成功的可能性更大。

集中性营销策略的局限性体现在两个方面：一是市场区域相对较小，企业发展受到限制；二是潜伏着较大的经营风险，一旦目标市场突然发生变化，如消费者需求发生变化，或强大竞争对手的进入，或新的更有吸引力的替代品的出现，都可能使企业因没有回旋余地而陷入困境。

任务三　服务市场定位

一、服务市场定位的含义

所谓服务市场定位是指服务企业根据市场竞争状况和自身资源条件，建立和发展差异化竞争优势，以使自己的服务在顾客心目中形成区别并优越于竞争者服务的独特形象。当企业选择了目标市场并遇到竞争对手时，自然而然要作定位分析。比如，企业需要了解在这一细分市场上顾客心目中所期望的最好服务是什么，竞争对手所能够提供服务的程度，以及本企业提供的服务是否与顾客需求相吻合，如果顾客的期望尚未或很少被满足，那么企业应该采取怎样的措施使自己的产品达到顾客期望的水平等。

从 20 世纪 80 年代开始，定位的战略意义逐渐被一些领先的服务企业所认识，因为它给不可触摸的服务提供了一个实实在在的框架。进入 20 世纪 90 年代以后，定位对于服务企业的重要意义就表现得更加明显了。由于市场竞争的加剧，顾客很容易被铺天盖地的广告信息所淹没，他们要区分不同的企业所提供的服务日益困难，此时服务企业的定位宗旨就是如何使顾客比较容易地识别本企业的服务。

定位是一种战略性营销工具。据此，企业主管能够明确企业现有的位置、希望占据的市场，企业可以确定自身的市场机会，并且当竞争情况发生变化时，企业能够采取相应的措施。服务定位是服务差异化的先决条件，更是服务品牌形象确立的基础。每一种服务都会因提供者和提供标准的不同而形成一系列区别于其他产品的特征，其中有的是实质性的，有的是感觉上的。市场定位就是使这些特征在顾客心目中和市场舆论中得以强化和固化的过程。

【案例 3-5】

香港银行的不同定位

在香港，金融业之兴旺发达，用"银行多过米铺"这句话来形容毫不过分。弹丸之地，数千家各类银行遍布各处，竞争达到白热化程度。

汇丰银行：定位于分行最多、实力最强、全香港最大的银行。这是以自我为中心、实力展示式的定位。20 世纪 90 年代以来，为拉近与顾客的感情距离，汇丰改变了定位策略。新的定位立足于"患难与共，伴同成长"，旨在与顾客建立同舟共济、共谋发展的亲密朋友关系。

恒生银行：定位于充满人情味的、服务态度最佳的银行。通过走感情路线赢得顾客心：突出服务这一卖点，也使它有别于其他银行。

渣打银行：定位于历史悠久的、安全可靠的英资银行。这一定位树立了渣打银行可信赖的"老大哥"形象，传达了让顾客放心的信息。

中国银行：定位于有强大后盾的中资银行。直接针对有民族情结、信赖中资的目标顾客群，同时暗示它提供更多更新的服务。

廖创兴：定位于助你创业兴家的银行。以中小工商业者为目标对象，为他们排忧解难，赢得事业的成功。香港中小工商业者是一个很有潜力的市场。廖创兴敏锐地洞察到了这一点，并摸透他们的心理：想出人头地，大展宏图。据此，廖创兴将自身定位在专为这一目标顾客群服务，给予他们在其他大银行和专业银行不能得到的支持和帮助，从而牢牢地占有了这一市场。

二、市场定位的原则

1. 受众导向原则

成功的定位取决于两个方面：一是企业如何将定位信息有效地传达到消费者脑中；二是定位信息是否和消费者需要相吻合。也就是说，市场定位必须为消费者接收信息的思维方式和心理需求所牵引，必须遵循受众导向原则。

受众导向原则，实质上就是如何突破传播障碍将定位信息进驻消费者心灵的原则，也是不断强化消费者满意程度的原则。研究表明，人脑能同时处理的不同概念的信息单元小于或等于 7 个。由于人记忆的有限性，市场定位要创造新的记忆点。所以，关键是要想消费者所想，使传播的信息变成消费者自己想要说的话，满足他个人潜意识内的自我认同感。

2. 差别化原则

企业或者服务要在消费者心中留下印象必须做到差别化，以便消费者把你的产品和其他品牌区分开来。市场定位就是通过各种媒体和渠道向消费者传达组织或品牌的特定信息，使差异性清楚地出现在消费者的面前，从而引起消费者注意。目标消费者和竞争对手是定位的依据，与此对应，其目的在于造成差异和联想。如果定位所体现的差异性和消费者的需要相吻合时，产品或品牌就能留驻消费者心中。

3. 个性化原则

产品与产品之间的某种差别，是可以通过调整经营策略和不断努力来缩小和同化的。无法拉近的是产品的个性，个性往往是无形因素，无法仿造。因此，市场定位应该遵循个性化原则，即赋予产品或品牌独有的个性，以迎合相应的顾客的个性。

定位就是在突出个性，而个性可能与产品的物理特性和功能利益毫无关系。所以在使用个性化原则时，不必苛求在产品的物理特性和功能利益上，即使这种个性和产品本身毫无关系，是人为地赋予它的，但只要得到消费者认同，就是一个成功的定位。

4. 动态调整原则

随着企业面临的营销环境不断变化，企业也必须不断调整自己的经营目标、服务种类、技术水平、管理方式、定位策略，才能适应环境的变化。动态调整原则就是要求企业在变化的环境中，对周围环境时刻保持高度的敏感，及时调整市场定位策略。

三、服务市场定位策略

1. 迎头定位

服务组织与强势的竞争对手进行"针锋相对"的较量，以强对强。虽然这种策略风险较大，但是能够激励组织时刻用较高的目标要求自己奋发向上，一旦成功，组织就可获得巨大的市场份额和竞争优势。但采取这种定位策略的服务组织务必充分认识到自己的实力和潜力，做到知己知彼，而且要适可而止，不可盲目乐观。

2. 避强定位

服务组织避开强大的竞争对手，转而去抢占市场的薄弱环节。这种策略可以避免激烈的正面冲突，巩固组织当前的位置，在市场中迅速站稳脚跟，也会给顾客留下较为明确的印象。比如中国邮政储蓄提供的小额贷款服务，不仅避免与多家大银行的直接竞争，而且在顾客的脑海里树立了组织在贷款服务方面的独特形象；有的企业在创业之初还打出"向老大哥学习，争做第二品牌"的宣传语。

3. 重新定位

当组织的原有定位不能达到营销目标、组织需要发展新市场或要满足组织的竞争需要时，组织就需要重新进行市场定位。比如，由于美国航空业在 20 世纪 90 年代竞争异常激烈，所以美国西部航空公司放弃了东西航线，转而主攻低成本的南北线中长距离服务，结果取得了巨大成功。组织进行重新定位不仅需要组织内部达成共识，还要重新获得顾客对定位的认可，因此具有一定的风险性。

服务组织的定位应当是有意义的，定位不只是一些华丽的口号，还应当具有实际意义；定位应当是可信的，组织不可能无所不能，能为所有人提供所有服务的口号显然难以令人信服，所以组织应该针对某特定领域，努力成为令人信任的组织，虚夸只会给组织带来不利的影响；定位也应当是独特的，组织应当在目标市场发掘使自己持续保持独特的市场定位的资源。

此外，组织还要尽力将自己定位在有业务倾向的细分市场，定位的细分市场不能太大，否则企业就无力参与竞争；细分市场也不可以太小，否则会造成企业资源的浪费，不足以发挥规模经济效益，企业无法获利。

四、服务市场定位的步骤与方法

1. 服务市场定位的步骤

（1）明确定位层次。这是服务市场定位的第一步。通常情况下，企业应当在进行定位之前首先明确需要采取哪一层次的定位。在企业的不同发展时期，定位的层次会有所侧重。有时企业会强调服务行业定位或企业定位，有时强调产品组合定位，有时则强调个别产品定位。

（2）寻找顾客关注指标。为了保证定位的准确性和有效性，企业应当在定位之前明确顾客到底在关注哪些指标。有时，公司可能会发现顾客关注的指标非常繁杂，可能会有十几个之多。这种情况下，可以先将所有指标列在一张清单上，然后一步一步地去掉顾客较为不关心的项目，直至清单上只留下两个项目为止。

（3）建立坐标系，标出竞争对手位置。以确定的两个指标为轴，建立一个坐标系。坐标系的原点表示市场的平均水平，正区间表示高于市场平均水平，负区间表示低于市场平均水平。建立坐标系以后，根据竞争对手实际产品的情况，将竞争对手的位置标出在坐标系上面，如企业1、企业2、企业3、企业4、企业5、企业6等，如图3-1所示。

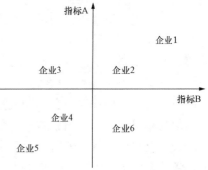

图3-1 竞争对手所处位置坐标图

（4）根据本企业资源情况和顾客偏好，以及拟采取的市场定位策略，确定本企业在目标市场上的位置。

2．服务市场定位的方法

（1）定位图法。前面已经提及，企业在进行服务市场定位时，可以绘制一幅市场竞争现状图，以标示当前市场上竞争对手和已存在产品的特性和定位。从定位图上可以比较清晰地看到，第二象限和第四象限中的企业较少，市场尚有空缺没有填补，因此，企业可以选择这些竞争较少，尚存市场空白的位置来定位企业的服务，从而实现竞争的差异化。

（2）价值链分析法。价值链分析法（VCA）将商业行为看作一系列的活动，这些活动把商业投入转化为顾客价值，即从输入向输出转化的过程。波特的价值链理论认为，价值链上的活动可以分成两种类型，一种是基本活动，包括直接面对消费者的各个环节，如物流运输、生产作业、营销和服务等。另一种是支持活动，如基础设施的建立和维护、人力资源管理、研发等。

在服务行业中，可以针对不同的服务行业，设计出不同的价值链模型。如一家证券公司的价值链包括券商经纪业务、市场数据收集、证券信息分析、投资建议、营销组合、客户服务、顾客管理等。再比如，一个房地产开发商的价值链包括融资、楼宇设计和开发、销售、服务、促销渠道等。

价值链的作用在于，它可以让企业更加明确它们为顾客创造的价值来源于何处。企业可以通过降低价值链上面的成本和不断将价值链上面的项目进行差异化来获得差异化优势。与此同时，企业也应当注意价值链上的各个项目并不是完全割裂开来的，它们经常存在着许多联系，并且总是互相影响的。因此，企业应当根据实际情况，对这些活动或职能进行协调和整合，以达到有效为顾客创造和传递价值的目的。

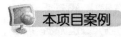
本项目案例

美国西部航空公司

美国西部航空公司建于菲尼克斯，是一个"职员所有"的企业，拥有一组波音737飞机，最初服务于美国西南部的10个城市。现在，该公司已将航线扩展到60个城市，范围从西部的夏威夷到东部的波士顿。这家新公司表现出了惊人的胆略，因为它进入的领域已经被美洲航空会司和三角洲航空公司等牢牢控制，而西南航空公司也在吞噬着这个市场。更大胆的是（在一些人看来可能是莽撞之举）时机选择：放松管制预示着吞并小航空公司的步伐将加快。

美国西部航空公司拥有一支经验丰富且具创造力的管理队伍、训练有素的辅助人员和有效的内部系统。很显然，初出茅庐的企业没有财力像美洲航空公司和三角洲航空公司那样服务全美市场，更不用说全世界了。但是，服务区域狭小使它能做一些大公司做不了的事。该公司以菲尼克斯为枢纽，每天以比两个大公司更低的价格，提供更多的航班。在许多情况下，美国西部航空公司提供直达线路，因而相对地缩短了航行时间。为了覆盖从塔拉哈西到西雅图的所有地区，美洲航空公司和三角洲航空公司在美国西部航空公司经营的航线上安排了航班，但是转机时间长、价格更高，因为它们是大公司。例知，从得克萨斯的奥斯汀到洛杉矶的航线，美国西部航空公司每天有 4 个航班，大约飞行 4.5 小时，中途在菲尼克斯停留 30 分钟，最低票价为 238 美元。美洲航空公司每天提供 8 个航班，至少需要飞行 5 小时，乘客还需在达拉斯中途停留 60 分钟，最低票价为 298 美元。

美国西部航空公司的航班中途停留通常是在菲尼克斯（该公司在拉斯韦加斯设有一个附属中心机场，中途停留者通常在那里过夜，这对许多乘客很有吸引力）。菲尼克斯机场的环境如希望的一样舒适，每天接待大量客人。候机区很宽敞，舒适的座椅间留有足够空间，这一点与其他许多机场不同。在几处放置了电视机，再加上全国知名的快餐特许店，使客人觉得像在家一样。

西南航空公司的竞争战略与美洲航空公司和三角洲航空公司有些不同。西南航空与美国西部航空公司的主要服务地区相同，也是提供频繁的低价航班，不同之处只是它们的飞机是旧波音 737。因此，看起来这两家航空公司将短兵相接，可能注定有一家将被淘汰。西南航空公司的中心设在达拉斯的 Love Field 机场，离市区近，为乘客往返提供了便利。但是，在Love Field 着陆对于那些需要在达拉斯 Fort Worth 国际机场转机的乘客不方便。西南航空公司最初是作为"有趣航线"推出的，乘务员穿着沙滩短裤，电视广告很有朝气。然而，后来该公司通过提供频繁的低价航线和平易近人的服务获得了竞争优势。该公司的机票价格分为两档，高峰价和非高峰价。乘客没有必要在凌晨 1 点打电话"询问过去 10 小时价格的变动"。可以打电话预订机票，但必须通过旅行社或机场服务台付款。不事先指定座位，乘客按登机顺序选择座位。机上通常提供免费软饮料、果汁或花生。在长途航线上提供夹奶酪或花生的饼干，含酒精的饮料要另行付费。除了经常往返的短途航班，其他航班中途停留时间较长，取行李也并不总是快捷便利。

迄今为止，美国西部航空公司通过多方面的努力迎接西南航空的挑战。乘坐美国西部航空公司的飞机，乘客可以打电话预订并以信用卡支付，这为许多人带来了便利。同样，也可通过电话预先确定座位。与西南航空的订票政策不同，旅行社可以通过 SABRE 预订系统为乘客订票。飞机上提供《今日美国》《华尔街日报》、免费饮料和花生，长途航班上还提供三明治、沙拉、奶酪、水果和甜食等小吃。在所有航班上，都可以托运行李。虽然近来遇到些财务问题，但很显然，美国西部航空公司已经成功地在航空市场中立足。

（资料来源：菲茨西蒙斯. 服务管理：运作、管理与信息技术. 张金成，范秀成，译. 北京：机械工业出版社，2008.）

讨论：美国西部航空公司进人航空客运市场时，面对激烈竞争，他们是如何进行市场细分、选择与定位的？这种做法有何优势？

美国大通银行的消费服务市场细分

美国大通银行已经成功地将它的消费金融服务业务瞄准了中间商，而不是终端用户。它在买车融资和学校贷款业务上名列全美第一。它是否应该将这种业务营销模式继续对其他领域的中间商进行推广呢？例如提供抵押贷款业务；或者它是否应该投资发展目前排名第五的个人信用卡业务呢？一个企业能否同时在中间商业务市场和消费市场营销上都有出色的表现呢？美国大通银行曼哈顿公司通过非分支机构的方式经营着 75%的消费服务业务，而像美国国家银行和芝加哥第一银行等竞争对手却在通过建立广泛的分支机构的方法来形成自己的网络。美国大通银行采取的是一种比较巧妙且有利可图的战略。

当以分行业务为主的大银行仍然将消费者服务当作一种终端用户业务坐等客户上门时，美国大通银行却看到了一种完全不同的景象。通常，有两种本质不同的消费服务业务，一类是终端用户业务，一类是中间商业务。当遇到个人借贷和个人信用卡方面的需求时，终端用户会采取主动，这时银行分支机构才会有业务。与个人融资业务相对应地，产品和服务的融资业务，即消费融资业务又是另外一回事，在这一块，提供产品和服务的中间商往往对这一类融资业务采取主动。几年前，学生们及家长去各分行申请入学贷款，买车的人士经常将各种相关的融资业务进行比较。由于电脑的普及，使得对中间商的融资业务变得更加容易。融资已经成为核心产品和核心销售过程中的一个部分。那些能迅速为中间商提供技术服务和融资服务的金融产品提供者将赢得这一块市场，并且能成为整个销售环节中不可缺少的一个部分。汽车中间商推动了汽车金融家的出现。美国大通银行通过最新的电脑系统已经成功地赢得了 7000 多个汽车中间商，该系统可以在 3 分钟内核准顾客的贷款业务。学院和大学的财务主管会向需要贷款的人士提出建议，如同房地产经纪人为其客户寻找抵押贷款一样。美国大通银行成长的一个关键因素是集中精力开发那些提供产品和服务的中间商，而将个人融资业务留给那些成本较高的分支机构去做。

今天，美国大通银行是学生贷款、汽车贷款的第一大供应商，是第三大抵押服务的创始人和服务商。它正不断地加大技术投入来保持并提升目前的地位，同时正寻找其他可以为中间商提供服务的新领域。它是一家 B2B 式的面向消费产品及服务中间商的融资业务供应商，这是一种很好的业务定义。

现在的问题是美国大通银行如何配合它在全美的信用卡业务？目前它的这方面业务排名是第五位；在纽约州和德克萨斯州有高成本的区域分支机构。对信用卡而言，美国大通银行是应当继续投入大笔的资金来进行每年约 3 亿份的邮寄和 1.4 亿次的电话销售呢？还是应当通过加大技术投入和中间商网络建设来加强与需要提供消费融资的信用卡卖主、汽车中间商、学校、房地产经纪人、其他的零售商及急需消费融资的厂商建立更加紧密的融资供应关系呢？美国大通银行加大了对高技术和获取业务利润的投入，而让中间商去开展终端营销。

在前面，我们已经描述了消费融资和个人融资的区别，美国大通银行最好能坚持扮演向消费产品及服务生产商和供应商提供融资服务的角色。作为在纽约和德克萨斯州具有 600 个分支机构的大企业，美国大通银行被个人融资服务市场所吸引，并且投入了大量的资金进行品牌和业务的传播。但是，今天选择哈佛的学生不再关心入学贷款从何处而来，而是直接由哈佛校方负责安排。关心融资来源的是哈佛校方，而不是哈佛的学生。对美国大通银行来说，比较明智的做法是将技术和盈利点集中精力于哈佛和其他一些中间商身上，它应当努力向消费产品及服务的生产商或中间商进行品牌推广，在这一方面，美国大通银行有其技术优势。

当美国国家银行的思路从"广泛建立分支机构"向"技术立业"的方向转化时，它将会发现，像美国大通银行这样拥有良好的中间商价值的融资供应商已经牢牢地掌握了一些消费产品及服务中间商，新进入者将难以与美国大通银行这些对手竞争。

（案例来源：米尔顿·科特勒. 美国大通银行的消费服务市场细分. 中国营销传播网 http://www.emkt.com.cn/article/48 /4887.html）

讨论：根据案例，谈谈美国大通银行是如何进行消费服务市场细分的？这种市场细分有何优势？

实务自测题

（1）结合相关案例，谈谈服务市场细分的重要性？
（2）举例说明服务企业怎样进行市场定位？
（3）服务企业如何确定市场目标？

实训题

全班学生每 5 个同学组成一个调查小组，在教师的指导下，利用周六和周日的时间，选择某一服务型企业，例如宾馆、饭店等进行企业调查，了解和分析它的服务市场细分，目标市场选择和市场定位战略的制定过程和经验，并进行讨论，写出调查报告和提出参考性建议。

项目四　服务定价策略

学习目标

（1）了解影响服务产品定价的因素。
（2）掌握服务产品定价的方法。
（3）掌握运用服务产品定价的策略和技巧。

导入案例

中国电信"六连增"，低价 3G 抢滩校园

2009 年 7 月 20 日，中国电信和中国移动双双发布的 6 月成绩单，或可一窥端倪。与中国移动新增用户数和 3G 用户数均呈放缓局面相比，中国电信 6 月份新增 CDMA 网用户 237 万户，连续六个月保持强劲增长。更加引人注意的是，中国电信正酝酿将这种用户争夺战瞄准校园市场，近期其正酝酿在全国各个地区力推"校园套餐"，以"免费拨打电信网间电话"等低价手段，继续撬动市场。

网络覆盖先机

根据中国电信发布的 2009 年 6 月运营数据报告，截至 2009 年 6 月 30 日，其 CDMA 网用户当月新增 237 万户。至此，中国电信已经持续 6 个月保持移动用户数增长，移动用户，总数达到 3928 万户，比半年前新增了总共 1137 万用户。

而同一天中国移动公布的运营数据则显示，其 6 月份新增用户为 501.9 万户，相比 5 月份的 512 万用户增量有所放缓，而其 3G 用户数增加 21.3 万户，相比 5 月份 232 万户的增量同样出现放缓。

"中国电信的用户增长得益于网络覆盖、时机把握、终端建设等多个原因。"四川通信设计院高级咨询师程德杰博士向记者表示，中国电信从 2008 年底开始对网络覆盖加大投资，不仅弥补了 2G 时代的"欠账"，更是使得其 3G 业务在现在的三家运营商中先行一步，目前电信的 3G 覆盖已经到达了全国重点的县、乡、镇。相比较而言，中国联通目前仅在 55 个城市启动试商用，而根据中国移动的规划，其 3G 业务到 2011 年时才能覆盖全国 85%以上的地级以上地区。"较为全面的网络覆盖，对冲了用户基数小的劣势。"程德杰说。

此外，差异化竞争让中国电信在 3G 部署上面抓住了恰当的时机，尽管联通的 3G 技术最成熟和先进，但是却因其网络的铺设进度而无法尽快体现。

"这也得益于 CDMA 终端产业链的信心在增长。"赛诺副总经理邓奎斌认为，与之前联通运营时代相比，中国电信对 CDMA 终端的补贴力度明显加大。

此外，中国电信以前在政企客户、家庭客户中的优势可以发挥出来，对其 CDMA 用户的增长带来合力。程德杰表示，中国电信通过"固定+移动"捆绑的方式，如移动宽带和固定宽带捆绑，手机和宽带捆绑，能够把行业用户、政企客户、家庭客户的潜力充分挖掘出来，"几个综合因素加起来让电信走在了前面"。

抢滩校园市场

有业内人士认为，3G 无疑将成为三大运营商用户此消彼长的重要因素，关键在于，目前中国电信单月用户连续增长的态势，能在多大程度上延续？尽管对此尚难有结论，但中国电信显然已在继续发力，其突破口已经瞄准新增用户增长大户——校园市场。

2009 年 7 月 20 日，记者从浙江电信客服热线了解到，其口号为"3G 翼起来"的校园套餐正在预登记阶段，到 8 月底 9 月初大中专学校开学之际将正式推出，目前，这些业务只针对浙江高校在校学生和领取了通知书的准高校学生。浙江电信瞄准学生市场的 3G 套餐包括月租 19 元聊天版、39 元音乐版和 59 元上网版三个挡位，分别包含 50MB 上网流量、300 条短信、50 分钟市话；100MB 上网流量、500 条短信、200 分钟市话；90 小时无线宽带（80 小时校内，10 小时校外）、500 条短信和 200 分钟市话。

此外，该校园套餐还包括分别为一次性预付 1988 元和 3888 元的 3G 礼包，分别包含 3 年的 39 元套餐和 59 元套餐，并赠送三星手机和数据卡。

尤其值得注意的是，校园套餐用户将可以在学校免费拨打全国电信网内电话。此外，在加入联盟的校园虚拟网中，电信用户可以免费互相拨打，"但目前虚拟网还没有上线，具体开通日期正等待通知"。

低价策略

与此同时，记者从北京电信客服了解到，北京地区高校中类似的业务也正在筹备中，高校联盟网间可以免费通话，目前几十家高校都在联盟中，但尚不包括全国电信网间免费拨打的业务。除了常规的增值业务外，北京电信的校园套餐比浙江电信新增了"天翼 QQ"、"天翼 LIVE"、手机报及一定数量免费铃声等功能。

据悉，中国电信的校园套餐将在全国范围内陆续铺开，区别在于，各省的套餐内容会有部分差异。

"我很看好电信的这个攻势。"邓奎斌告诉记者，由于学生是对资费较为敏感的用户，同时他们也对数据业务偏好度最高，因此利用性价比高的价格策略，能快速提升学生中 3G 用户的数量，而网间免费通话的方式，为移动和联通设立了很高的门槛。程德杰表示，圈住学生用户的确是增加数据业务的一个很好的手法，此前移动便靠"动感地带"迅速提升了自己的增值业务。

（案例来源：徐志强. 中国电信"六连增"，低价 3G 抢滩校园. 21 世纪经济报道 http: // www.21cbh.com. 2009-7-21（J20）. 经编者加工整理。）

任务一　影响服务定价的因素

服务定价是在市场营销中服务企业根据所提供服务的成本、需求、竞争等情况确定服务产品市场价格的行动。随着服务营销研究的逐步发展，越来越多的企业认识到服务定价是服务营销组合中的重要因素之一，定价是否合理直接关系到企业的发展前景。在服务营销市场中，各种有形产品定价的概念和方法均适用于服务产品定价。但由于服务行业自身特征的影响，其定价也有不同的特点，在不同的服务形态和市场状况中，这些特征所造成的影响也不同。因此，确定服务产品的价格时，必须对影响服务定价的各种因素进行全面了解和把握。

一、成本因素

服务产品的价格应当能弥补所发生的成本和费用，企业才能持续经营。因此，成本因素在定价决策中可以作为服务产品价值的基础部分，决定了服务产品价格的最低界限。服务产品成本是指在服务的生产、消费过程中所花费的物质消耗及支付的劳动报酬。服务产品的成本一般可以分为三种，即固定成本、变动成本和准变动成本。

固定成本是指不随服务产出变化而变化的成本，其在一定时期内表现为固定的量，如服务设施、人员工资、办公设备、建筑物、折旧等。变动成本是随服务产出变化而变化的成本，如电费、运输费、临时用工工资等。准变动成本是介于固定成本和变动成本之间的那部分成本费用，与顾客数量和服务产出数量密切相关。例如清洁服务场所的费用、员工加班费等。准变动成本的多少取决于服务的种类、顾客的数量和服务活动对额外设施的需求程度。因此，不同服务产品的差异性很大，其变动涉及的范围也很不一致。

在产出一定的情况下，服务产品的总成本应该等于固定成本、变动成本与准变动成本之和。在制定价格策略时，服务企业需要考虑不同成本的变动趋势。一般情况下，在大多数服务行业里，固定成本在总成本中所占的比重最大，而变动成本所占比重往往较小，甚至接近于零，而准变动成本逐步增加。

二、需求因素

一般来说，服务产品的最低价格取决于成本费用，而最高价格则取决于其市场的需求状况。服务业公司在制定价格策略目标并考虑需求因素的影响时，通常使用价格需求弹性法来分析。需求的价格弹性是指因价格变动而相应引起的需求变动比率，反映了需求变动对价格变动的敏感程度。价格需求弹性通常用弹性系数来表示。该系数是服务需求量变化的百分比同其价格变化百分比之比值。如果价格上升而需求量下降，则价格弹性为负值；如果价格上升需求量也上升，则价格弹性为正值。

价格弹性对企业收益有着重要影响。通常企业销售量的增加会产生边际收益，而边际收益的高低又取决于价格弹性的大小。在一些市场上，需求受到价格变动的影响很大，如市区公共交通服务。相反，与世界各国不同的，像我国的铁路运输这样的市场则影响很小。显然，服务企业应该了解产品的需求弹性情况。例如，某市的有线电视服务企业拥有 20 000 个用户，由于将价格由每月 10 元涨至每月 12 元而丧失了 4000 个用户。此时的边际收益则为 2×16 000–4000×10 =–8000（元），意味着因涨价而使企业损失了 8000 元。这就说明该服务的需求价格弹性较高，价格的小幅波动会导致需求量的大幅变化，从而影响了企业的收入。在现实生活中，企业必须弄清楚服务的需求弹性状况，才能制定出合理的价格战略。

企业在制定服务产品价格的时候，也应考虑到产品之间的交叉弹性。交叉弹性是指一种产品价格变动而引起互补产品或替代产品的需求量的相应变动率。当一种产品价格发生变化时，不仅该产品需求量发生变化，而且其互补产品的需求量呈相反方向变化，其替代产品的需求量呈同方向变化。例如，飞机票价格上涨的时候，乘坐火车或长途汽车的人便会增多，那么准备远程旅游的人相应地就会减少。

另外，现代市场营销学的寻找理论（Search Theory）有助于进一步解释需求的价格弹性。该理论认为，顾客对价格的敏感度取决于购买时选择余地的大小。可选择余地越小则需求越缺乏弹性；反之，如果顾客可选择余地越大则需求弹性也越大。如果顾客能够根据可寻找特征评价产品，顾客选择的余地就比较大，产品需求就有较高的弹性。当然，对于大多数服务产品而言，它们更多地是拥有经验特征和信任特征，不过，价格本身就是一种可寻找特征。所以，在缺乏服务产品信息的情况下，顾客往往把价格高低作为衡量产品质量的一个指标，从而，他们对价格的敏感性也就比较高。

三、竞争因素

服务产品价格的制定，除了受到服务成本和服务产品需求的影响外，还受到服务市场竞争结构的影响，可以说市场的竞争状况直接影响着企业服务产品价格策略的制订。我们知道，按照市场竞争程度，可以分为完全竞争、不完全竞争与完全垄断三种情况。而完全竞争的市场和完全垄断的市场，在现实中很少见。现实中存在的典型的市场竞争状况是不完全竞争市场，在不完全竞争市场上，买卖各方获得的市场信息是不充分的，它们的活动受到一定的限制，并且它们提供的服务产品有差异，因此，它们之间就存在着一定程度的竞争。

在产品差异性较小、市场竞争激烈的情况下，企业制定价格差距也相应缩小，表现为价格之间有相当程度的一致性。若服务产品呈现很高的差异性或服务企业处于相对垄断地位，则产品的定价出现一定程度的差异。另外，服务竞争的范围很广，不仅体现为同行业不同品牌之间的竞争，还会表现在满足同种需求的不同服务行业之间。例如，在交通运输行业，企业之间的竞争不仅有不同品种之间的竞争，而且在不同运输工具之间、对顾客时间和金钱的利用方式之间都存在竞争。此外，在某些特殊的市场背景下，传统和惯例也可能影响到服务产品的定价，如广告代理的佣金制度等。

因此，企业除了从竞争对手那里获得价格信息外，还要了解它们的成本状况，分析它们的利润率，这不仅有助于企业分析评价竞争对手在价格方面的竞争能力，还可以帮助企业预见对手对自己价格策略的反应及对手可承受的刚性大小。

【案例 4-1】

由于多条高铁客运专线陆续投入营运，民航与高速铁路的竞争势必进入白热化。民航公司近期纷纷加大折扣减价、开通公交化航线的力度，目的就是要应对高铁的挑战。

多家航空公司纷纷廉价促销机票。南方航空从河南郑州到河南南阳的单程机票，就出现50元（1.2折）的低价，比该线的豪华巴士和直达火车票价还要低50%。其他航空公司1~3折的机票亦比比皆是。当中，由武汉出发的10多条国内航线，票价不过300元，例如去往无锡和上海分别仅需160元和200元，都比同线路的火车票还便宜。

分析指出，航空公司如此廉售机票，除淡季因素外，来自高速铁路的竞争也是主要原因之一。南方航空总经理司献民指出，过去数月陆续开通的北京—沈阳、北京—太原、上海—武汉3条客运专线（高铁，已覆盖多个大城市，令民航面对更大竞争，当武（汉）广（州）高铁通车后，民航与高铁竞争将会白热化。

民航业人士举例，以武汉至广州航线为例，第4季的机票票价最低至491元（2.6折），与武广高铁的490元票价相近，这颇有与武广铁路竞争的意味。除了大幅降价，近日东方航空、国航、南航还纷纷宣布开通空中快线，加密航班班次，实现公交化运行。

（案例来源：刘斌. 来自高铁竞争将使航空公司感受到空前的生存压力. 南方都市报2009-11-04（C16）.）

任务二 服务定价方法

在服务行业,由于其产品及营销的特殊性,使得服务价格成为企业竞争的一种特殊手段。然而顾客和企业看待服务价格的角度是不同的,因此企业对服务产品的定价不仅仅是给产品贴上一个价格标签,更重要的是要研究定价中的各种问题并选择适合的定价方法,最后制定合理的价格。

总体来说,服务定价的基本方法有三种:成本导向定价法、需求导向定价法和竞争导向定价法。

一、成本导向定价法

成本导向定价法是企业根据提供服务的成本来确定服务的价格。

1. 成本定价的构成

企业向顾客提供服务产品的成本可能包括原材料和劳动力成本,另外还包括一些间接成本,而定价则需要在成本的基础上加上利润。成本导向定价法的公式为

$$服务价格=直接成本+间接成本+(边际)利润$$

其中,直接成本是指与服务有关的原材料、劳动力的成本;间接成本是企业固定成本的一部分,如企业为顾客提供服务的办公环境租金、设备折旧等。成本导向定价法中的边际利润,往往是包含了直接成本与间接成本的总成本的一个百分比,因此服务价格的公式为

$$服务价格=(直接成本+间接成本)\times(1+r)$$

其中,r 为利润率。

【案例4-2】

利群旅馆的定价

利群旅馆是一家只有 20 间客房的旅馆。假设该旅馆所有设施的还货费用为每月 30 000 元,那么一个房间每日的单位固定成本为 50 元。该旅馆有一个前台服务人员、两个客房服务员和一个清洁工,所有员工的月薪酬为 6000 元,如此算来,旅馆每天分担的共享成本为 200 元,而每个房间每天负担的单位共享成本为 10 元。旅馆在购买洗涤剂等供应品方面的单位变动成本为每日估计 10 元。那么,房间单位总成本就等于单位固定成本(50元)、单位共享成本(10元)、单位变动成本(10元)相加之和,即等于 70 元。

该旅馆将每个房间的边际利润设定为 20 元每天,则利群旅馆的每间客房每晚的房价将为:单位总成本 70 元加上单位边际利润 20 元,得出为 90 元。

(资料来源: http: //big5.elong.com/gate/ big5/hotel.elong.com.)

2. 成本导向定价法的特点

(1)成本导向定价法的优点。成本导向定价法的优点有两方面:一是简单明了,容易操作;二是这样的定价方法在考虑生产者合理利润的前提下,随着顾客购买量的增加,可以使企业利润维持在一个适当的水平,并且能够降低顾客的购买费用。

（2）成本导向定价法的缺点。成本导向定价法有其优势，同时也面临以下几个问题。

1）服务成本难以计算和衡量。由于服务的成本包括直接成本和间接成本，因此服务定价首先要界定一项服务运用了哪些原材料、劳动力及其间接成本确切有多少，然而这些成本却非常难以确定。例如，保险员花在推销保单、签订保单、保单审核或理赔方面的时间及应该为此确定的服务费用，是不容易确定和衡量的。

2）采用成本导向定价时，难以界定服务产品的单位。有形产品的成本导向定价往往在确定单位产品成本的基础上进行定价，但是服务产品每单位的成本却不容易确定，原因在于服务产品的单位很难确定。目前，许多服务行业在定价时，由于无法确定服务产品的计量单位，因此往往是根据工时来定价的，如心理辅导、建筑、咨询、技术指导等服务产品，往往是以小时为单位来标明价格的。

3）服务成本中最核心的劳动力成本是难以估量和计算的。由于影响服务成本的最主要因素是劳动力成本而非材料成本，因此服务定价中应精确地确定劳动力的价格。然而事实情况是计算服务中的原材料成本是比较容易的，但是衡量服务中的劳动力成本则相对困难。例如，医生在为病人治疗中运用了哪些仪器设备和药物，这些药物的成本和仪器的折旧是可以计算的，但是医生花费在确诊病情、拟定治疗方案和实施治疗中所花费的时间以及收取多少服务费用，就是难以精确衡量和计算的。

4）服务的真实成本可能与顾客感知价值不一致。这二者的不一致可能带来顾客对服务价格的不满意，也可能导致企业浪费部分机会成本。例如，洗衣店清洗一件价值 3000 元的高档羊绒大衣和一件价值 300 元的羊毛大衣的成本是相同的，假定其洗衣服务定价为 20 元/件，并且这样的定价是 300 元羊毛大衣的主人乐于接受的。那么显然洗衣店浪费了一部分机会成本，因为对于拥有价值 3000 元的高档羊绒大衣的顾客来说，也许每件 50 元的洗衣价格也是容易接受的。反之，如果将价格定位 50 元/件，显然，300 元羊毛大衣的主人会感觉价格太高。

二、以需求为中心的定价方法

以成本为中心的定价方法和以竞争为中心的定价方法分别是以企业成本结构和行业竞争者为导向，两者都没有考虑到顾客的因素。而以需求为中心的定价方法充分地考虑了消费者的因素，是以顾客的价值感知和服务支付意愿为导向的，同时考虑了非货币成本和参考价格等因素，因此，又称为需求导向定价法或顾客导向定价法。

需求导向定价方法是以市场需求强度及消费者感受为定价的依据，包括认知价值定价法、需求差异定价法和反向定价法三种。

（1）认知价值定价法。认知价值定价法也称感受价值定价法，是以消费者对商品价值的感受及理解程度作为定价的基本依据。把买方的价值判断与卖方的成本费用相比较，定价时更应侧重考虑前者。因为消费者购买商品时总会在同类商品之间进行比较，选购那些既能满足其消费需要，又符合其支付标准的商品。消费者对商品价值的理解不同，会形成不同的价格限度。这个限度就是消费者宁愿付货款而不愿失去这次购买机会的价格。如果价格刚好定在这一限度内，消费者就会顺利购买。

为了加深消费者对商品价值的理解程度，从而提高其愿意支付的价格限度，服务企业定价时首先要搞好商品的市场定位，拉开本企业商品与市场上同类商品的差异，突出商品的特征，并综合运用这种营销手段，加深消费者对商品的印象。使消费者感到购买这些商品能获得更多的相对利益，从而提高他们接受价格的限度，服务商则据此提出一个参考价格，进而估算在此价格水平下服务的销量、成本及盈利状况，最后确定实际价格。

（2）需求差异定价法。需求差异定价法以不同时间、地点、商品及不同消费者的消费需求强度差异为定价的基本依据，针对每种差异决定其在基础价格上是加价还是减价。主要有以下几种形式。

1）基于不同地理位置的差别定价，由于地区间的差异，同一服务产品在不同地区销售时，可以制定不同的价格。例如，飞机与轮船上由于舱位对消费者的效用不同而价格不一样；电影院、戏剧院或赛场由于观看的效果不同而价格不一样。

2）基于时间差异的差别定价，在实践中往往可以看到，同一产品在不同时间段里的效用是完全不同的，顾客的需求强度也是不同的。在需求旺季时，商品需求价格弹性化，可以提高价格，需求淡季时，价格需求弹性较高，可以采取降低价格的方法吸引更多顾客。例如，一些旅游景点，在五一、国庆、春节等假日，门票价格较平时会有一些增长；而在淡季时，则会适当降低门票价格。

3）基于产品差异的差别定价，服务质量和服务时间相同的同种产品，虽然成本不同，但企业在定价时，并不根据成本不同按比例定价，而是按服务外在形式和基础设施规模不同来定价。这里定价所考虑的真正因素是不同外观和规模对消费者的吸引程度。比如说，一些健身俱乐部，虽然服务质量相差不大，但由于装修、规模等因素，价格往往相差很大。

4）基于顾客差异的差别定价，这是根据不同消费者消费性质、消费水平和消费习惯等差异，制定不同的价格。如会员制下的会员与非会员的价格差别；学生、教师、军人与其他顾客的价格差别；新老顾客的价格差别；国外消费者与国内消费者的价格差别等。可以根据不同的消费者群的购买能力、购买目的、购买用途的不同，制定不同的价格。

需求导向定价法能考虑消费者的因素，体现企业以市场为中心的营销观念，如果应用妥当，能使产品价格符合市场实际情况，但是这种方法的应用较为复杂，需要进行深入的市场调研，而要准确地确定消费者对产品价格的认同情况，是一件相当困难的工作。

（3）反向定价法。反向定价法又称价格倒推法，是指企业依据消费者能够接受的最终销售价格，计算自己从事经营的成本和利润后，逆向推算出产品的批发价和零售价。这种定价方法的依据不是产品的成本，而是以市场的需求定价，力求使价格为消费者所接受。

采用反向定价法的关键在于如何正确测定市场可接受价格水平。测定的标准主要有：①产品的市场供求情况及其变动趋势；②产品的需求函数和需求价格弹性；③消费者愿意接受的价格水平；④与同类产品的比价关系。

测定的方法有以下几种。

1）主观评估法。由企业内部有关人员参考市场上的同类产品，比质比价，结合考虑市场供求趋势，对产品的市场销售价格进行评估确定。

2）客观评估法。由企业外部的有关部门和消费者代表，对服务的特点、效用、生命周期等方面进行评议、鉴定和估价。

3）实销评估法。以一种或几种不同价格在不同消费对象或区域进行实地销售，并采用上门征询、问卷调查、举行座谈会等形式，全面征求消费者的意见，然后判明试销价格的可行性。采用这一定价法时，需要对产品的市场容量和商品的价格弹性有一个大体的估计，并且企业的目标利润是确定的。这才能确保反向定价在实践上可以完成。

三、竞争导向定价法

竞争导向定价法是指以竞争对手各方面之间的实力对比和竞争对手的价格作为定价的主要依据，以竞争环境中的生存和发展为目标的定价方法。最常见的竞争导向型定价是，公司努力把自己的价格保持在本行业内其他竞争对手的平均价格水平上，这被称为"现有价格"或"模仿定价"。这种定价方式在服务业很流行的原因是：当难以评估成本时，人们相信现有价格是行业内集体智慧的结晶，会给公司带来比较公平的回报；并且遵循现有价格可以使行业内公司保持和平共处的局面。

此方法注重同行业或市场中其他公司的收费情况。竞争导向定价法并不总是意味着与其他公司收取同样的费用，而是将其他公司的价格作为本公司定价的依据。此方法主要用于以下两种情况：①所提供的服务标准化，如干洗店，且顾客可以了解到不同竞争对手之间的价格差异，并会对差异做出反应；②寡头垄断，即只有少数大型的服务提供商，如航空业或汽车租赁业。

面对激烈竞争的服务机构，必须采取某种形式的竞争导向定价方法。即使客户并不一定会接受最低的报价，或者公司能够在其他非价格属性上胜过竞争对手，但是在考虑一项服务在价格方面的竞争力时，竞争导向型定价思维仍称得上是明智的选择。

服务业的竞争导向定价法存在着很多特殊的问题。首先，在竞争性定价的情况下，企业制定价格时考虑的基本问题是竞争对手如何定价，而不是它自己的成本或市场需求。例如公司希望赢得一份合同，那赢得合同的条件是它的报价比其他竞争对手低，而公司的定价又不能低于某一水平，因此很难抉择。其次，小公司可能在竞争的压力下，费用收取太低，从而不能获得足够的利润，以至无法在行业中生存下去。许多夫妻店，如干洗店、小卖铺、税收会计及其他服务商，不能以连锁店那样低廉的价格提供服务。再次，不同服务提供者所提供的服务及相同提供者提供的服务所具有的异质性使此方法变得复杂。举例来说，消费者在办理汇票或兑换外币业务时，会发现各银行的价格很少相同。例如，美国国家银行曾一度按每笔汇票业务收取 5 美元，而邮政服务公司收取 0.75 美元，7-11（Seven-Eleven）便利店收取 1.09 美元。银行声明其收费是按这些服务的成本来制定的。价格相差很大也许反映出银行相信消费者觉得到处选购及识别不同服务商提供的服务之间的差别是困难的，并且，银行确定价格也很难。只有在高度标准化的服务业中，价格才有可能被消费者记住和比较。

任务三　服务产品定价策略

服务产品定价策略是指服务企业根据市场中不同变化因素对商品价格的影响程度采用不同的定价方法，制定出适合市场变化的商品价格，进而实现定价目标的企业营销战术。定价的重要意义在于使价格成为服务促销的有效手段，因此，服务企业必须善于根据市场情况、产品特点、消费心理和营销组合等因素，正确选择定价策略，保证价格的适应性。

一、服务新产品定价策略

服务新产品的定价策略是指为新产品制定基本价格的定价策略。为新产品定价是营销策略中一个十分重要的问题，它关系到新产品能否顺利进入市场，能否站稳脚跟，能否获得较大的经济效益。关于新产品的定价策略，主要有以下几种。

1. 撇脂定价策略

新产品在进入市场时，消费者有求新、求奇心理，需求弹性小，而且此时竞争对手较少，激烈竞争尚未出现。服务企业在此时有目的地将价格定得很高，以便在短期内获取尽可能多的利润，尽快地收回投资，犹如从鲜奶中撇取奶油一样，故称此种定价策略为撇脂定价策略。采用这种定价技巧可使服务在短期内收回产品与服务开发费用，迅速积累资金。

2. 满意价格策略

满意价格策略，又称平价销售策略，是指新产品上市后，按照企业的正常成本、税金和一般利润，为新产品定价为一般水平，使企业既能获得一般利润又能吸引购买，取得顾客好感。由于撇脂定价策略定价过高，对消费者不利，既容易引起竞争，又可能遇到消费者拒绝，具有一定风险；渗透定价法定价过低，对消费者有利，对企业最初收入不利，资金的回收期也较长，若企业实力不强，将很难承受。而满意价格策略定价介于这两者之间，基本上能够做到供求双方都比较满意。表 4-1 所示为新产品常用的定价策略及它们之间的差异。

表 4-1　　　　　　　　　　　　新产品常用定价策略及其比较

价格	市场需求量	产品特点突出程度	产品价格弹性	产品可替代性	投资可回收速度
撇脂价格	高	大	小	低	快
满意价格	↓	↓	↓	↓	↓
渗透价格	低	小	大	高	慢

3. 渗透定价策略

渗透定价策略，又称薄利多销策略，是指企业在服务产品上市初期，利用消费者求廉的消费心理，以偏低的价格出售产品，使新产品以物美价廉的形象吸引顾客，挤掉竞争对手，提高市场占有率，使产品逐步渗透，从而扩大销路和销量，以谋取远期的稳定利润。这种定价策略有利于企业新产品迅速打开销路，占领市场，树立和提高企业的信誉。

二、折扣定价策略

大多数的服务市场上都可采用折扣定价策略。它指的是对基本价格作出一定的让步，将一部分利润转给顾客，以此来促进服务产品销售的定价策略。一般而言，服务企业采取折扣定价策略是为了达到两个目的：一是折扣是对服务承揽支付的报酬，以此来促进服务的生产和消费，如金融市场付给中间者的酬金；二是一种促销手段，可以鼓励提早付款、大量购买或高峰期以外的消费。常见的折扣定价主要有以下几种。

1. 付款方式折扣

服务业为了鼓励购买者采用制定的付款方式或者有利于服务提供商尽快收取服务费用以降低发生损失的可能性的付款方式，而对按此方式付款的顾客给予一定的价格折扣。例如，如果企业鼓励消费者用信用卡结算，就会对持特定信用卡付款的消费者进行适当的价格折扣。在一些较大的专业服务机构中，对一次性以现金方式支付咨询服务费的企业也给予一定的折扣。

2. 数量折扣

服务产品生产企业根据消费者购买的产品数量多少给予不同的折扣。购买的越多，折扣越高，消费者获利也越多。实行这种策略的目的是鼓励消费者大批量购买或一次性购买多种服务产品。数量折扣可分为累进折扣和非累进折扣。所谓累进折扣是指顾客在一定时间内（如一月、一年）购买产品总量达到一定额度时，按期总量的多少给予折扣。而非累进折扣指的是同一顾客在一次购买的服务产品达到一定额度时，按其总量的多少给予折扣。如理发店推出的一次性交50元，就可享受6次服务的活动。

3. 季节性折扣

季节性折扣策略是指企业对生产经营的季节性产品，为鼓励买主提早采购，或在淡季采购而给予的一种价格折让。这种价格折扣是企业给那些过季商品或服务的顾客的一种减价，使企业的生产和销售在一年四季保持相对稳定。目的是鼓励购买者提早进货或淡季采购，以减轻企业仓储压力。现实中很多的服务都采用季节性折扣策略，如酒店在旅游的淡季制定较低的价格体系，吸引顾客，提高客房的使用率。

【案例4-3】

春节前中山旅游市场形成一个明显的价格低谷，1月份出游非常划算。记者从中山各大旅行社了解到，目前不少热门目的地的线路产品最多要比元旦便宜一半，尤其是三亚、九寨沟、厦门、桂林等线路因为报价超值，成为新年错峰出游的热门。随着春节临近，各大线路都将在2月初大幅涨价。

春节前旅游市场进入短暂淡季

"现在出游将节省一半以上的开支，平均优惠达一两千元。"广之旅在中山分公司的负责人表示，由于元旦后国内机票和酒店价格下调，很多景区也推出门票价格优惠，1月份将是全年最为划算的出游时节。比如从北京出发，哈尔滨、厦门、成都等线路的自由行起价只要1500元左右，三亚、丽江、九寨沟等线路的自由行起价也在2000元左右，比元旦和春节出游最多节省一半。而1月份刷卡出游，还可以获得超低优惠价格。

随着天气渐渐变冷，大部分景区的门票价格都调整至淡季价。九寨沟、黄龙景区的门票降价幅度最大，分别由220元、200元降至80元、60元；北京颐和园门票从30元降至20元，故宫门票从60元降至40元。中山中旅方面也表示，现在不少国内景点宣布开始执行淡季价，不少景区门票价格降幅达到六成，使得目前出游的成本进一步下降。

2月线路价格或将全面上涨

"这些比较著名的景点执行淡季价，主要是因为天气转冷，游客数量出现大幅度下降。"广之旅中山分公司的负责人称，每年从这段时间到春节前都是一年中旅游市场最淡的时段，大部分景点开始降价吸引人气。而这种降价吸引了许多"自由行"游客，他们选择"自由行"搞定机票和酒店，然后利用景区淡季票价省钱。

一位正在咨询机票价格的市民赵先生说，他在网上订了九寨沟的旅店，现在只要找旅行社订到最划算的机票，近期就能和女友出行了。"算了一下，这种玩法比上个月要便宜一半多。"赵先生乐滋滋地说，尽管冷一点，但是景区肯定不会像旺季一样人挤人。

广之旅和中山中旅均表示，从预订情况看，利用1月份这个传统的旅游淡季出行的人数逐年递增，在新年旅游消费需求进一步释放的背景下，今年1月份预订出行的游客也同比大幅增加。同时，旅游市场也有不少亮点，比如北京"鸟巢"滑雪、东北冰雪游、九寨沟直飞周末游、三亚海滨度假，以及厦门、桂林和西安等地的温泉游等都很受欢迎。中国香港、新加坡等出境休闲购物游也是1月出游的一大热点。

（案例来源：邓泳秋. 现在出游最多可省一半. 南方日报，2010-01-12）

4. 组合折扣

组合折扣就是企业将相关的服务产品组合配套出售，对购买此组合产品的顾客给予价格折扣，使之比分别购买的价格更低一些。如世界杯足球赛出售的套票、配套的茶具等。对于旅游业来说，组合折扣定价的好处很多，比如，它能促进旅游业收入的增加，刺激人们旅游的热情；还能更有效地利用旅游资源为人们提供心灵和精神的享受。

5. 预订折扣

预订就是在享受服务之前一定的时间交付费用，待到约定时间时，消费者按照预订时规定的内容享受服务。目前比较普遍的就是车票预订和旅游产品预订。提前预订一方面给企业在运营安排及现金流量等方面带来好处，另一方面也为消费者提供了低于正常价格的服务。因此，为了鼓励顾客提前预订，企业可对提前预订的消费者进行价格折扣。

6. 推广让价折扣

推广让价折扣又称推广津贴，是生产企业对中间商积极开展促销活动所给予的一种补助或降价优惠。推广让价的方式主要有：一是促销让价，即当中间商为产品提供各种促销活动时，如刊登广告、设置样品陈列窗等，生产者乐意给予津贴，或降低价格作为补偿；二是以旧换新让价，指的是进入成熟期的耐用品，部分企业采用以旧换新的让价策略，刺激消费需求，促进产品的更新换代，扩大新一代产品的销售。推广让价折扣主要应用于中间商分布广，影响面大，熟悉当地市场状况的情况，因此企业常常借助他们开展各种促销活动，如刊登地方性广告，布置专门橱窗等。对中间商的促销费用，生产企业一般以发放津贴或降价供货作为补偿。

7. 交易折扣

交易折扣指的是根据中间商在商品流通中的不同地位和作用，给予不同的折扣。例如，给予批发商的折扣大于零售商的折扣，以鼓励中间商努力销售本企业的商品。很常见的例子就是旅游企业大力鼓励中间商购买其产品。

三、差别定价策略

差别定价，也称为弹性定价，是指企业根据顾客支付意愿的不同修改自己的基价而制定不同价格的定价方法。这些价格并不反映任何的成本比例差异。

差别定价法主要运用于两种情况：一是建立基本需求，尤其是对高峰期的服务最为适用。二是用以缓和需求的波动，降低服务易消失性的不利影响。

服务产品差别定价的形式如下。

1. 顾客细分定价策略

理解这种策略，得先介绍"顾客剩余"，它是西方经济学中的概念，是指顾客愿意为某产品付出的最高价格与其实际支付价格的差额。顾客由于购买力水平的差异，对服务的需求程度不一，或对抽象服务的感觉价值不一样。在这种策略下，收入是一个细分的重要依据。对于收入高的顾客，可将服务的价格适当提高，不仅不妨碍其购买积极性反而给他们带来心理上的满足；对于低收入顾客，适当降低价格，却可以提高其购买兴趣。在美国，医生、律师、经济与管理顾问等，对穷人和富人提供同样的服务，但收费却大不相同。除此之外，还可按顾客的年龄、职业和阶层来细分顾客，分别定价。如参观博物馆的学生票，老年人进入公园免费等。采用顾客细分定价策略的条件，在于目标市场可以细分，而且表现出不同的需求程度；在本企业进行高价的市场范围，竞争者不可能低价进行对抗；价格差异不会引起顾客方反感；分割和控制市场的费用，小于差别定价所获得的额外收入。

2. 产品附加价值定价

产品附加价值定价，就是根据产品增加的服务利益，对同一类产品制定不同的价格。服务产品增加的服务利益是差别定价的一个重要基础，如银行推出的信用卡和储蓄卡，二者的成本相差无几，但是定价的差异很大，就是因为二者虽然都可以异地取钱，但是信用卡还具有透支功能，因此储蓄卡一般免费办理，而信用卡不仅有办卡费用，而且每隔一定的年数还得缴纳更新费用；旅馆豪华间的舒适感及快速结账服务使客户心甘情愿地掏出更多的钞票。地理位置差异，如旅馆房间的定价及剧院的座位定价。

3. 服务的可接近差异定价

在可接近（服务的易得性）方面，主要考虑的是时间和地点。时间差别策略是以时间区分的差别定价策略。其目的不仅是增加企业收入，还可通过调整价格来抑制需求的波动，从而降低生产和经营成本。如长途电话局，如果不采用时间差别定价，人人都在白天高峰期打电话，那么电话局就不得不增加营运设备，而这些设备在高峰期后被大量闲置，造成设备的浪费。而采用时间差别定价，利用晚上的低价来分流一些并不是急于白天打电话的顾客，就可以使原有设备得到最充分的利用，降低营业成本的同时满足顾客需求。目前，时间差别定价法在服务行业运用较多，海滨城市七、八、九月的旅游旺季中，各种服务如酒店服务、餐厅服务和海滨浴场服务的收费价格都比旅游淡季高很多；出租车收费的价格也是如此，白天载客按照标准价格收费，夜间按一定比例加价。地点差别定价则按地点区别进行定价，在不同的地点同种服务的附加值虽不同，但差别还是主要在于服务的可接近差异。饭店和酒吧里的饮料、小吃等都比商店里的要高，环境幽雅带来的附加值纵然不同，更由于顾客在可接近性方面的需求强烈程度不同。

4. 服务的形象及品牌差异定价

企业形象的定位和塑造及企业品牌价值的差别都是差别价格法的主要基础。现在我国有很多国有大酒店软硬件设施实际上都超过了某些国际知名的连锁酒店，但是对同样的标准间，顾客愿意支付给香格里拉的价格往往高于愿意支付给国有酒店的价格，就是因为香格里拉是一个已经经营了几十年的酒店品牌，它标志着一种优雅的服务。一项调查显示差别定价法是最为通用的定价技巧，约有58%的调查对象表示使用差别定价法。但是使用差别定价有可能产生下列问题。

（1）顾客可能延缓购买，一直等到差别价格实施。

（2）顾客可能认为采用差别定价的服务产品属于"低价折扣"，认为是一种例行现象，这样有可能破坏顾客的满意度。

由于上述原因，有些服务公司故意拒绝使用差别定价而干脆采用单一价格制度，对所有的顾客都制定相同的价格。

【案例 4-4】

房贷严推差异化新政

记者从多家银行了解到，根据国务院相关政策的要求，不少银行已经对房贷政策进行了调整，住房贷款政策的差异化已经非常显著。

如对于首次购买住房的家庭，所购买住房的建筑面积若小于90平方米，则根据所购房屋的房龄、贷款人的资信状况等，尚有获得首付比例20%的可能。知果所购房屋的面积大于90平方米，那么首付比例至少需要达到房价的30%。对于首套房产能够获得的贷款利率优惠，记者了解到，即使已经通过媒体公布了相关住房贷款细则的银行，如工行、渣打银行等也没有出台指定性的定价策略。一些银行贷款经理向记者透露说，普遍的做法是首套房的贷款利率也要达到贷款基准利率的85折。在一些外资银行，对于面积小于90平方米的住房贷款，适用利率可能达到贷款基准利率的71折。但是外资银行普遍个贷占比较低，对于所购楼盘等也有具体的要求，因此适用范围非常窄。

对于银行所认定的"第二套房"需要首付的比例和对应的贷款利率，由于在"新国四条"中已经有了非常明确的规定，因此各家银行在第二套房的贷款政策上非常一致。基本的做法就是，如果被认定为"第二套房"，那么首付比例必须达到50%或以上，对应的贷款利率价格为贷款基准利率的1.1倍或以上。如工行是首家正式公布差异化房贷政策的银行，工行表示：从2010年4月16日开始，工行对贷款购买第二套住房的家庭，贷款首付款比例不得低于50%，贷款利率不得低于基准利率的1.1倍。2010年4月16日，渣打银行也表示，即日起对二套房贷款执行5成首付，利率执行贷款基准利率的1.1倍。

（资料来源：http://money.hexu.com/2010-04-16/123538453.html，编者略有删改。）

四、心理定价策略

心理定价策略是指运用一些心理学原理，根据顾客购买和消费服务时的心理动机来确定价格，引导他们购买的策略。

1. 保证定价策略

对一项服务进行直接保证对于顾客来说可能是一个非常有力的保险。即使顾客体验完服务后表示不满意，这个保证也将给予他们一个补偿，通常是降低价格或者是全部偿还。当服务保证执行成功时，它会代表公司对顾客满意的承诺以及对自己服务质量的自信。"保证必有某种结果产生后再付款"就是一种典型的保证定价法。比如职业介绍所的服务，必须等到当事人获得了适当的工作职位后，才能收取费用。保证定价法在以下三种情况下是很适合服务业使用的。

（1）保证中的各种特定允诺可以肯定和确保者。

（2）当高质量服务无法在削价的竞争环境中获取应有的竞争力时。

（3）顾客所寻求的是明确的保证结果，如防锈服务、有保障的投资报酬率等服务。

2. 声望定价策略

现代社会随着生活水平的提高，人们往往通过消费来肯定自我价值和表现自我。这样的顾客一般都有求名望的心理，认为"价高质必优"，尤其在服务业，由于难以形成统一客观的评价服务质量的标准，价格在一定程度上就成为衡量服务质量的标准。声望定价策略是一些服务企业利用本企业或所提供的高质量或高档次服务在顾客中的良好声望而制定出比市场同类服务价格较高的价格。如高尔夫球厂、五星级酒店等往往采用这种定价策略。声望定价的高昂价格能使顾客产生"一分价格、一分货"的感觉，从而在购买过程中得到精神的享受，达到良好效果。

　　服务企业在利用声望定价时必须根据自己的服务种类、服务质量和市场的接受程度等因素，避免高价格招致市场反应冷淡。例如，国内著名的教育机构新东方学校凭借一流的教学考证和师资水平以及在培训考证行业的极高的知名度和美誉度，对其培训服务的定价相对于培训行业的一般水平来说较高，但每年依旧受到了众多求学考证者的垂青。

　　3. 整数定价策略

　　对于那些无法明确显示服务质量的产品，顾客往往通过其价格的高低来判断其质量的好坏。但是，在整数定价方法下，价格的高并不是绝对的高，而是凭借整数价格来给顾客造成高价的印象。整数定价常常以偶数，特别是"0"作尾数。整数定价策略是用于需求的价格弹性小、价格高低不会对需求产生较大影响的服务，如星级宾馆、高级文化娱乐城等，由于其顾客都属于高收入阶层，也愿意接受较高的价格。

　　4. 尾数定价策略

　　尾数定价策略又称"奇数定价"、"非整数定价"，是利用顾客求廉的心理，仅在整数价格之下制定一个带有零头的价格，一般为奇数，以使他们感到获得了较低的价格，从而激起其购买欲望，促进服务销售量的增加。如8.99元和9元给人的感觉就是不同。

　　5. 习惯定价策略

　　顾客在长期购买某种服务产品的过程中，习惯上已经接受了这种产品的价格水平。企业参考这种习惯性价格来制定产品价格的方法就是习惯性定价策略。

　　一般情况，只要服务产品的基本功能和用途不变，顾客往往只愿意按原有的价格购买。降价会让他们对产品的质量产生怀疑，涨价则影响市场销量。

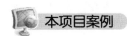 **本项目案例**

旅游旺季的价格调整

　　又是一年秋天到来时，旅游的旺季来到了。作为旅游胜地的丽都市当然也不例外。各种广告铺天盖地而来，什么旅游新景点、旅游新路线呀，哪个旅行社的价格实惠呀，哪间酒店的房价便宜、住上一夜包你流连忘返呀，弄得许多酒店也纷纷采取降价对策以吸引顾客。旭日酒店在降价大潮之下，推出一系列优惠措施。其中最吸引人的是：住一个星期以上打八折优惠，超过两个星期打七折优惠。优惠推出后，立即吸引了大批旅客，客房很快爆满。

　　这天，一位台湾顾客李先生来到旭日酒店，由于他入住的客房是其助理预订的，对这些价格不是很清楚就订了房。当李先生听到那些优惠推出时，他皱了皱眉，过了片刻，他对前台小姐说："对不起，小姐，我突然有一些事要办，恐怕不能住房了，我要求退房。"

　　细心的服务员小姐觉得纳闷：如果你有事要办，房间可以预留的，干吗要退房呢？于是就问这位先生："李先生，如果你觉得有事暂时不能住的话，我们可以帮你预留，我们酒店的客房优惠得很，保管你觉得实惠。"

　　但李先生还是坚持己见。小张觉得这里面可能有点问题：莫不是我们酒店服务不周到，还是产品有问题？

　　在她的委婉追问下，李先生说出了真心话："我来到丽都市度假，目的就是在这里玩得好、住得好，真正放松自己。你们酒店与其他的酒店相比就是太优惠了，给我的感觉是质量应该没有多大保障，可能不能满足我的需要。而且我作为一个商人，既然出门了，也就希望住好一点。我情愿去住贵一点的酒店，这样可以放心些。"

听到这，小张才明白过来，叫了领班，说明情况后，领班对李先生进行了解释："其实我们酒店降价，主要是为了适应商业大潮，有足够的条件与同行竞争，你也是商人，可以领悟到这一点。这样，我们酒店在同行竞争中才不失客源，但我们的质量保证不会变。你可以去向周围居民了解一下，我们酒店在同行中的知名度都是很高的。我们酒店规章制度严格，对员工要求高，他们都是经过标准训练并挑选出来的，而且还要进行定期培训。所以，如果你担心我们的客房服务质量是完全没有必要的，我们的员工会处处以'顾客就是上帝'的原则去进行服务，完全尊重顾客。"

听了这些话，李先生心中的顾虑消除了，细想一下，笑着说："原来是这样，那是我太多虑了，真是不好意思。"在服务员的引导下，放心地入住预订的房间。

一场因降价而引起的风波终于得以平息。

讨论

（1）在什么情况下，降价反而会引起顾客的不满意？

（2）价格上下浮动，有进会引起顾客的逆反心理。价格的下调需要艺术，提价亦需慎之又慎。那么，在什么情况下，价格的上涨能让顾客不产生逆反心理而乐意接受，并且由此产生一种优越、尊贵感呢？

实务自测题

（1）影响服务产品的定价因素有哪些？

（2）服务产品定价的方法有哪些？如何运用？

（3）服务定价有哪些具体的策略？举例加以说明。

实训题

"旅游一卡通"年票的定价策略

130元就能一年不限次地逛遍78个景区？这绝对不是天方夜谭。现在，根据京津冀联合发布的《名胜风景文化休闲年票》的合作协议，一张"一卡通年票"就能玩遍京津冀三地的旅游景区。京津冀三地山水相连，文化相近，交通便利。近些年，三地的经济社会文化来往日益密切，不仅促进了三地的文化交流，也有效地拉动了河北经济的增长。尤其在旅游方面，无论是周末、小假期还是"十一"长假，京津自驾车客流都占河北旅游的很大比重。

据了解，此次京津冀旅游景区"一卡通年票"的推出，为旅游业在扩大内需方面发挥重要作用，促进京津冀的区域旅游合作，以市场化的方式整合三省市旅游景区资源，为京津冀三地市民提供更加丰富、优惠、高质量的旅游产品和服务。根据京津冀联合发布的《名胜风景文化休闲年票》的合作协议，三地推出京津冀"旅游一卡通"，给京津冀三地市民提供更多的旅游资源、更方便的旅游休闲方式、更优惠的旅游消费产品，拉动三地旅游市场繁荣。

另悉，"太原旅游一卡通"具体实施方案正在酝酿之中。根据最新修改意见，市内 18 个旅游收费景区、景点拟列入"太原旅游一卡通"范围。

"太原旅游一卡通"是市旅游局与文物、水利、园林等部门联手"打包"旅游景区与景点，实施让利销售，为本市居民提供"游太原"活动的一项便民服务项目。有关人士表示，在本市大力推广"旅游一卡通"年票，将增强广大居民热爱太原、建设文明太原的自豪感和责任感，全面推进本地旅游景区与景点建设，提升景区服务档次，激活本市旅游市场，促进太原旅游在国内地位的提升，为太原旅游业影响力的扩大创条件、造声势。

依据最新修改意见，"太原旅游一卡通"游览范围拟包括：晋祠博物馆、天龙山景区、双塔寺、莲花山庄、中国煤炭博物馆、窦大夫祠、多福寺、净因寺、龙山景区、太山景区、汾河二库景区、悬泉寺、省民俗博物馆、省艺术博物馆、太原动物园、碑林公园、市森林公园百鸟园、青年宫演艺中心演出活动等 18 个收费旅游项目。本市六县区常住居民和在校大中专技校学生都可以购买"太原旅游一卡通"，初次发行的"太原旅游一卡通"全部为个人型旅游年票，仅限个人使用，每卡 50 元，有效期一年零一个月，"国庆"、春节长假除外。持有年票的市民，在有效期内可不限次数到上述旅游景区、景点游览，年票仅含景区、景点第一门票，不含讲解等其他费用。据记者测算，目前全市收取门票的旅游景区（点）有 18 个，门票总计金额 354 元，如果以 50 元的"一卡通"游遍太原，对市民来说非常划算。

（资料来源：中国新闻网，2009 年 4 月 24 日）

以 3～5 人一个小组，运用本章所学理论知识讨论分析以下两个问题，然后由小组代表发言，分享讨论结果。

（1）通用年票是一种什么样的价格策略？

（2）如果实施，这种定价会给旅游业带来什么好处？

项目五　服务渠道策略

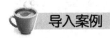

学习目标

（1）了解服务渠道的概念和类型。
（2）掌握服务渠道设计的原则和步骤及服务渠道管理的内容。
（3）了解服务分销的创新和发展趋势。

导入案例

Tesco 公司的分销渠道创新

Tesco 是英国领先的零售商，也是全球三大零售企业之一。为顾客提供优质商品和服务一直是 Tesco 业务成长的关键。Tesco 不断地在全球拓展业务，并力求为当地顾客提供他们所需要的商品和服务。Tesco 坚持聘用本地员工，还在世界各地推出适合当地特色的各种门店模式。例如，在泰国开设了多家快捷店，以及一种专门服务小型社区的新型店铺 Value store。

Tesco 目前在中国发展最快的零售业态是大卖场，而大卖场发展中的重要因素就是选址和资金。经历 4 年的市场调研，2004 年 Tesco 决定通过并购的方式进入中国市场。2008 年初，Tesco 完成了对全国所有门店的形象整改，把现有的门店更名为"Tesco 乐购"，截至 2008 年 10 月 Tesco 在中国拥有 58 家超级卖场。

随着人们生活方式的不断变化，Tesco 的产品和服务也在不断创新，以满足顾客新的需求。为了让消费者的购物变得更方便，Tesco 推出了会员积分卡计划，并从 1996 年推出了网上订购服务，在五年时间里，将这项服务推广到它在英国的 692 家分店中的三分之一。为了在海外拓展互联网服务，2001 年 6 月，该公司宣布与排名第三的美国超级市场集团 Safeway 公司合资组建一个互联网订购公司。最终形成网上家庭购物的综合一体化服务，由食品零售互联网网站—Tesco.com、"Tesco 个人金融服务"（Tesco Personal Finance）和"Tesco 通信"组成。由于 Tesco 通过信息化等高科技手段改革传统模式，实现较高的全球宽带互联网连接家庭普及率，拥有不断增长的移动消费群体，这都是企业不断创新销售渠道模式所取得的成果。

（案例来源：Tesco 中国网，经过编者加工整理）

任务一　服务渠道概述

一、服务渠道的含义

任何一种类型的企业在产品营销活动中都存在如何使企业生产的产品尽快从生产者手中转移到消费者手中的问题，而这一问题解决的关键在于建立顺畅高效的分销渠道。

　　关于分销渠道的定义，有多种描述。美国著名销售学家菲利普·科特勒认为："一条分销渠道是指某种货物或劳务从生产者向消费者移动时取得这种货物或劳务的所有权的所有企业和个人。"美国市场销售协会认为分销渠道是："企业内部和外部的代理商和经销商（批发和零售）的组织机构，通过这些组织运作，商品（产品或劳务）才能得以上市行销。"综上所述，一般认为分销渠道是指产品从生产者（企业）向消费者（用户）转移过程中所经过的通道。它是生产者及其产品与目标市场的购买者相连接的营销机构链。这个通道包括某种产品的供、产、销过程中所有相关的企业和个人，它的起点是生产者（企业），终点是消费者（用户），位于起点和终点之间的为中间环节。中间环节既包括了产品在生产制造完成后到最终所有权转移到消费者手中之间所经历的各种获得所有权的、帮助与促进所有权转移的所有的中间商与服务机构，如批发商、零售商；也包括为加快所有权转移、节省费用、满足需求而优选的产品实体流动路线、分配方式的组织机构，如银行机构、保险机构、运输部门、储存机构等服务部门。

　　在企业的实际经济活动中，分销渠道的概念不仅仅限于有形产品的营销活动，在服务营销活动中同样存在分销渠道问题。服务企业也要解决如何使自己的服务产品更加接近目标顾客，使空间上较为分散的顾客与机构能够方便快捷地享受到服务企业所提供的优质服务。那么，服务分销渠道就是指服务从生产者转移到消费者的过程中涉及的所有相关的企业和个人。

二、服务分销渠道的类型

1. **直接渠道**

　　直接渠道也称直销。直销是指供应商和顾客直接接触来完成服务的。一种直销是服务和服务提供者不可分割，企业需要直接面对顾客才能完成服务，像对不动实体的服务，如家居装修、园林修剪等，员工必须带上设备、工具到顾客所在地去安装和维修，如空调清洗、钢琴调试；另外一种直销是服务企业走向顾客是一种有意的选择，企业可以有多种方式完成服务，选择直销是出于竞争的考量，一般上门服务会花费企业更多资源，所以企业选择直销时，往往是为获得某些特殊的营销优势。直销优势体现在以下几点。

　　（1）对服务的供应与表现，可以保持较好的控制，若经由中介机构处理，难免造成失去控制的局面。

　　（2）以真正个人化服务方式，提供有特色的、差异化的服务产品。

　　（3）可以从顾客接触时直接反馈关于目前需要、需要的变化及消费者对竞争对手产品的态度及意见等信息。例如，通过消费者对企业服务态度和时间的抱怨中获知竞争对手的相关服务方式，使企业获得改进和改变的方向。

　　需要说明的是，企业选择直销服务的时候需要更多的时间、人力、交通等相关成本，一些大公司一般不提供太多相关服务渠道选择，服务提供者更喜欢在前台接待企业客户而不是去客户家里单独拜访。尽管如此，服务单个客户也存在利己市场，因为有些客户愿意为私人服务所带来的便利多支付一定的佣金。一个年轻的兽医专门提供为宠物出诊的家庭呼叫服务，与需要等候在拥挤的兽医院相比，顾客很乐意为家庭呼叫服务多支付费用，因为家庭呼叫不仅节省了主人时间，而且减少了宠物的压力。类似的服务需要在我国越来越多，如私人教师、私人医生、家庭健身教练、办公室和家庭送餐及为商业人士定做服装等。

【案例5-1】

国航：呼叫中心变身直销渠道

中国国际航空公司（以下简称"国航"）的新呼叫中心已经建成，现在每天电话量的最高峰已经达到了1.3万个。呼叫中心的定位非常大胆，将销售功能排在第一位，也就是说它将成为国航最重要的直销渠道，是一个由国航直接管理的订票中心。这个定位使得新呼叫中心从国航原来的营业部中剥离出来，统一划归到销售部管理。这样的组织架构变革不仅在国内是第一家，在国际上也鲜有先例。国航高层表示："这是我们基于外部环境和自身发展的需要做出的决定。随着航空业整体环境的改变，特别是电子机票的迅速普及，呼叫中心将成为国航未来战略部署和销售的重要支撑。"

如今，不少欧美航空公司通过直销取得的收入已超过50%，而国内航空公司通过直销渠道卖出的票不足10%。对航空公司而言，加大直销力度的最大好处是可以大大降低销售成本。以国航近500亿元人民币的销售额，按照目前3%~9%的代理费计算，直销能够节省数目可观的支付给代理渠道的费用。

另外，直销的另一个好处尽管短期内无法体现，但从长期来看，通过电话和网上销售，航空公司可以直接掌握大量优质客户的资料。这些资料对航空公司来说，是一笔难以估量的财富。目前，各家航空公司都在准备建设客户关系管理系统，呼叫中心其实就是客户关系管理的基础和起点。通过呼叫中心这个平台，国航不仅可以整合常规旅客的数据库、提高常规旅客数据库的质量，还能增加大量新增客户的信息。

2. 间接渠道

间接渠道是经由中介机构的服务分销，服务中介机构的介入方式不同，而且有些还相当复杂。例如，金融领域的货币产品的销售渠道就是这样，银行信用卡是信用服务的实体化表征，但并不是服务本身。通过信用卡，银行有能力克服服务不可分割的问题，同时利用商品零售商作为信用的中介机构。信用卡又有能力扩大地区性市场，因为信用卡可使使用者将银行信用变成"库存"，这样，银行就有能力维持远离交易地的信用客户。

服务业市场的中介机构形式很多，常见的有下列5种。

（1）代理。代理服务的提供商与潜在的购买者进行接触，代理收集订单并转交服务供应商，一般在旅游观光、旅馆、物流、保险等服务业市场出现。

（2）代销。专门执行或提供一项服务，然后以特许的方式销售该服务。

（3）经纪。在某些市场，服务必须或经传统惯例的要求由中介机构提供才行，像股票市场和广告服务业等。

（4）批发商。从事批发业务的服务中介机构。

（5）零售商。直接面对顾客提供相应的服务。

从服务中介机构的职能看，有些承担多种中介服务内容，比如旅行社，可以提供预订机票、酒店，也可提供预订旅行团队等服务。

【案例 5-2】

最近有学者对顾客对人员接触式服务、非人员接触式服务、自助服务的选择进行了研究，而且获得了以下关键驱动因素。

对服务传递或购买的感知风险越高、越复杂，对人员接触式服务渠道的依赖度就越高。例如，顾客很愿意通过远程通信的方式使用信用卡，但是当获得抵押物时更喜欢面对面的交易。

对一项服务或渠道拥有更多信心和知识的顾客更喜欢使用非人员接触式服务和自助服务渠道。

对交易工具很在意的消费者喜欢更方便的渠道，如非人员接触式服务或自助服务。

具有社会交往动机的消费者倾向于使用人员接触式服务。

对于大多数消费者，交易的方便性是渠道选择的重要驱动因素。服务方便意味着节省顾客的时间和精力，而不仅仅是金钱。一个寻求方便的顾客不仅局限于购买核心产品，还很在意购买时间和地点的便利性。顾客都想要便利的辅助性服务，尤其是方便的信息服务、预订服务和出错时的问题解决方案。

（资料来源：克里斯托弗·洛夫洛克，约亨·沃兹. 服务营销[M]，北京：中国人民大学出版社，2009.）

任务二　服务分销渠道的设计与管理

一、服务分销渠道的设计

1. 销售渠道设计的基本原则

（1）实现分销渠道的高效畅通：分销渠道要保证服务转移、信息、资金、使用权等的流通畅行，并实现销售效率，即流通时间、速度、费用等的合理高效；要努力方便顾客消费，并保证分销渠道的效率，降低费用，提高收益。

（2）保证一定的市场覆盖面：在设计分销渠道时，还要考虑产品能否有销路，并保证一定的市场占有率。因市场覆盖面过小，或分销渠道过广而造成管理和控制困难，都是不可取的，只有在实现规模效应的基础上降低成本，才是合理的渠道设计。

（3）保证渠道稳定可控：企业销售渠道一旦确定，应当具有相对稳定性，以节约成本提高效率；同时当环境发生变化后，应具有一定的灵活性以适应市场变化。

（4）综合协调：分销渠道策略是企业整体战略中的一个组成部分，渠道策略需要与其他策略结合成一个有机整体才能形成企业竞争力，各个战略如产品战略、价格策略、促销等相互协调才能发挥最大合力。同时，渠道各成员间分工应当明确，权衡权利与义务，形成良好合作，减少渠道摩擦和矛盾，最终实现企业目标。

【案例 5-3】

某啤酒企业区域总经理在华南市场准备用深度分销来重建刚实施一年的渠道系统，为了向集团总部表明决心，一开始就从最大的经销商动手，将该经销商完全砍掉不留任何的余地。可是，不久以后，该经销商经营起了其竞争对手的品牌并大举反攻，将其刚刚精心建立起来的另一区域市场网络几近摧毁，最终导致该总经理被降职并调离反省。渠道本身是一个系统，无论是横向的各种类型的渠道关系、相同渠道间的各成员，还是纵向的各级中间商关系以及中间商与终端的关系，都牵涉到渠道的整体运作。

[案例来源：谭长春. 深度分销谈. 销售与市场，2007（12）.]

2. 服务分销渠道设计的基本步骤

（1）确定目标和约束条件。首先应确定目标市场，市场选择虽不是渠道决策内容，但两者相互影响。渠道设计的核心是根据顾客、产品、中介机构、竞争者、企业外部环境等约束条件，确定到达目标市场的最佳途径。

1）消费市场特点渠道设计受到顾客人数、位置分布、购买习惯、消费偏好等因素的影响。例如顾客人数多，位置分布广泛，企业可选择每层次多中间商的长渠道。消费者购买数量少而次数频繁，对服务变化反应不敏感的消费者可采用长渠道方式。

2）产品特点个性化非标准服务产品，如法律咨询等，一般采用直接销售方式；对于培训类产品可以采用特许经营方式负责分销；对于高档服务产品一般不通过中间商的方式由企业专门销售人员负责销售。

3）中间商的特点各个中间商在运输、广告、仓储及推销能力、信用条件等方面各有特点，企业在设计分销渠道时，要充分考虑对比直销和分销，以及与不同中间商合作的不同效益。

4）竞争者的特点服务提供者要根据同一市场其他竞争者分销渠道的模式、竞争力确定选择分销渠道。

5）宏观环境特点经济繁荣时，为扩大销售，可选择多渠道分销方式；而在经济萧条时，为减少成本降低价格，可采用直销方式直接将服务产品销售给顾客。

（2）方案设计。对销售渠道方案进行设计时要确定中间商类型、数量、销售任务、权责利和交易条件等。

1）中间商类型服务企业首先要确定渠道中间环节的中介机构类型。例如当企业计划进入一个新市场时，要确定是使用原有推销人员、启用新销售人员，还是依靠代理商推销新产品。

2）中间机构的数目对于日常型的服务产品，可以尽可能地通过较多的批发商、零售商推销产品；对于像餐饮业、旅游、票务服务等可选择少数几个合适的中间商来销售；而对于高档汽车服务等企业一般在一个市场只设置一个或少数几个销售点。

3）中间机构的具体任务各个中间商都应当具有特定的任务，完成产品转移到目标市场的最终目的。如运输企业完成产品位置移动服务，批发商实现产品从提供者到零售商的转移等。

（3）方案评估。在满足企业长期战略目标的前提下，企业需要从经济、控制和适应性三个方面进行评估决策。经济性不仅仅指成本低，销售额高，还要看企业能否取得最大利润。一般来说，利用代理商的成本比企业经营一个销售点所需的费用要少，但单位产品佣金率要高于企业单位销售成本。由于中间商和企业的目标不尽相同，所以存在管理控制方面的考虑。应当将中介机构纳入企业整体战略计划中，实现企业的最终目标。方案决策时还要考虑灵活性，当市场发生变化时，渠道应当具备协调适应能力。只有综合以上方面做出的选择才是我们应当选择的最优方案。

二、服务分销渠道的管理

1. 选择渠道中间商

服务企业在选择中介机构时，要评估中间商的经营状况、合作态度、信誉、发展态势等。当中间商是销售代理时，还须关注其经营其他产品的状况、企业相关人员的素质和能力。

2. 激励、控制和评估

（1）激励。由于中介机构是独立的经营单位，有其自身目标和经营政策，与服务企业的目标和经营政策往往不相一致甚至有所背离。中间商一般销售多种产品，其主要满足的是消费者需求，而不是满足服务企业的愿望，如推销产品的努力程度、订单处理、销售记录等方面需要企业给予一定的激励，否则难以实现企业利润最大化。服务提供者对中介促进销售所给予的奖励政策，一般是建立在交易关系基础之上的。特别是服务产品在市场上还没有知名度，没有固定顾客群，或者顾客还没有成熟的偏好时，需要中介协助推销，例如房屋中介服务，生产者可以通过给予中介提成或优惠进行激励，扩大销售，降低风险。

（2）控制。服务提供者应当控制好中介机构的销售环节，以及控制好中介和最终消费者之间的关系。中介机构和服务提供者之间的经营原则往往不一致，中介机构更加重视销售环节的投入，而对研发等环节往往不如企业更加关注。对消费者而言，直接从服务提供者获得产品，可以得到更高更稳定的服务质量。企业可以按照不同情况组合中介与顾客的关系，可以开设一个销售点销售多种服务，或针对一个以上细分市场的目标顾客群销售。

（3）评估。评估中间商的业绩，可以将每期销售状况进行比较，以增减百分比为评价标准；同时将中间商业绩与地区销售总量进行比较，比较中间商的市场竞争力；将中间商销售量同市场潜在消费总量进行比较，分析中间商的发展空间。对绩效高的应当给予奖励，而较低的给予一定的惩罚或终止与中间商的经营合作。

总之，服务的多样性使服务分销位置和渠道的选择愈加困难，不断变化的市场的特殊要求和服务自身的本质都在一定程度上决定了服务所要挑选的配送和渠道，因此服务营销人员在关注市场、消费者和自身服务的同时，应加强监控竞争对手在分销位置和渠道上的选择，完善激励和控制手段，加强渠道管理，以适时做出竞争反应。

任务三　服务渠道的发展和创新

一、服务渠道的发展

服务的分销实践中，服务渠道的分销网络大都以独立渠道和结合渠道两种方式来实施渠道的发展。

1. 独立型服务渠道

独立型服务渠道是指服务提供者的服务能力能够满足特定需要而无另外的服务相关联。例如，当一家旅行社或一个航空公司的服务能力可以满足特定的需要，该公司不与其他公司联合，独自提供产品进行服务时，其所建立的分销渠道属独立服务公司。

2. 结合型服务渠道

随着市场的发展，越来越多的服务企业开始采纳结合型服务渠道。所谓结合型服务渠道，是指服务提供者将服务结合在一个销售某一产品的渠道之中。对于任何一个想在服务市场占据一席之地的企业，一般是建立结合型服务渠道，以便优势互补，达到共同占领市场的目的。

结合型服务渠道通常以下列方式建立。

（1）收购：购并一家企业成为本企业的渠道成员。

（2）租用：服务在另一家公司的设施中提供和营运，特许权使用人必须付租金或者营业额抽成给出租的公司。

（3）合同：这是两家或两家以上的独立公司以某种契约方式合作的一项服务。

二、服务分销渠道的创新

近些年来，随着经济的发展和科学技术的推动，服务分销的方式产生了许多创新，其中以租赁服务、特许经营、电子渠道等为典型代表，下面将简要介绍这些新型分销渠道方式。

1. 租赁服务

租赁是指物品的所有者和使用者之间的一种有偿借贷关系。按照国际上租赁划分的标准，租赁分为长期租赁和短期租赁。长期租赁是指融资租赁或经营性租赁，而短期租赁则是指两年以内的传统租赁。随着经济的发展，租赁服务业得到了显著增长，许多个人和公司都已经或者正在从拥有产品转向产品的租用或租赁。采购也正从制造业部门转移至服务业部门，这也意味着许多销售产品的公司增添了租赁和租用业务。此外，新兴的服务机构也纷纷投入租赁市场的服务供应。就消费品市场来讲，租赁的品种包括公寓、家具、电视、影片等；就产业市场来讲，主要包括汽车、厂房和设备、服装、金融、人才等。

在服务业的发展过程中，许多个人和公司都已经而且正在使用租赁服务，新兴的服务机构也增添了租赁业务。租赁业务对于出租者可以获得如下利益。

（1）增加企业收入，获得较高利润。租赁公司在扣除维持修理成本和服务费之后的所得，可能高于卖出产品的所得。

（2）扩大出租者的经营范围。设备的出租可以使出租者有机会销售与该设备有关的产品（如复印机和纸张）；同时利用租用协定可以协助出租者开发和分销新产品，并配合客户购买由此而引发的各种补充性服务。

（3）有利于开拓市场。出租者在出租设备之外，通常还配备了服务人员。通过人员的指导让消费者熟悉并接受原来不熟悉的服务，从而逐步打开市场销路。

与此同时，租用者也可以获得如下的利益。

（1）降低企业固定资产投资，有利于企业资金流通。如果企业可以租用设备，那么企业要进入某一行业或某一市场所需的资本支出就会比购买该设备少，这样节约的资金可以用来从事其他方面的采购。

（2）有利于技术改造。如果采用租赁形式的话，租用者可以获得新设计的产品，率先使用新设备，这样也可以减少购置过时产品与遭受式样改变的风险，对企业及时更新技术装备，迅速采取新技术新工艺和提高产品竞争力十分有利。

（3）可以获得税收优惠。采用租赁设备形式生产的企业可以获得国家提供的税收优惠，与购买设备相比，一些应该上缴国家的税款就可以用来偿还租金，加速了设备的更新改造。

（4）有利于中小企业融资。一些中小企业因为资信问题，很难从银行取得贷款。融资租赁由于有轻松回收、轻松处理及参与经营等银行不能经营的活动范围，因此对承租企业的资信要求不是很高，从而方便了中小企业融资。

（5）降低企业经营风险。在某种情况下对于一种服务只是有季节性或暂时性需求时，租用设备就比拥有设备更为经济。此外在多数租用条例规定下，服务上的问题，包括维护、修理、毁坏等，都是由别人负责，这样一来，租用可以减低产品选用错误的风险及购后考虑问题，从而解决了租赁的风险问题。

租赁是一种无所有权的消费，它很可能在消费品市场形成未来的趋势，而这种服务对于企业的服务营销管理及企业自身都会产生很大的影响。首先，租赁及租用品的库存投资会提高，随之而来的就是存量周转率的降低。这对储存的需求及对维护、修理设备、存货整理和再包装的需求也会增加。其次，由于大量的存货，引申出更多的融资和财务需求，这往往会造成金融机构本身在分销渠道中担当的所有权角色。消费者信用需求就可能会降低，因为所有权已经转移到分销渠道内部去了。再次，在租赁和租用的情况下，必须要有新的库存观念，应多注意存货周转期。

2. 特许经营

特许经营是指服务企业特许人将自己产品、专利、技术秘密、配方、经营管理模式等无形资产以特许经营合同的形式授予被特许人（受许人）使用，按照特许人统一的经营模式从事经营活动，并向被特许人收取费用的经营形式。由于服务产品本身特征的影响，服务提供者在分销服务时既要实现规模生产、克服服务供给的时间和空间限制，又要保持服务质量的一致性，于是特许经营就在服务业得到了很好的发展。

特许经营是以特许经营权的转让为核心的一种经营模式，其常见的特征有以下几点。

（1）特许经营是利用自己的专有技术与他人的资本相结合来扩张经营规模的一种商业发展模式，因此，特许经营是技术和品牌价值的扩张而不是资本的扩张。

（2）特许经营是以经营管理权控制所有权的一种组织方式，被特许者投资特许加盟店并对店铺拥有所有权，但该店铺的最终管理权仍由特许者掌握。

（3）成功的特许经营应该是双赢模式，只有让被特许者获得比单体经营更多的利益，特许经营关系才能有效维持。

（4）特许人与被特许人之间具有共同的外部经营特征。特许人与被特许人在品牌、质量、商标及经营理念上实现高度统一，在组织制度即经营模式上实现整齐划一。

特许经营的种类按不同的划分方法，可以归纳为以下几点。

（1）按所需资金投入划分。按所需资金投入可分为工作型特许经营、业务型特许经营和投资型特许经营。工作型特许经营只要加盟者投入很少的资金，有时甚至不需要营业场所。业务型特许经营一般需要购置商品、设备和营业场所，如冲印照片、洗衣、快餐外卖等，所以需要较大的投资。投资型特许经营需要更多的资金投资，如饭店等。

（2）按交易形式划分。按交易形式划分，可分为四种：服务生产商对批发商的特许经营，如可口可乐授权有关瓶装商（批发商）购买浓缩液，然后充碳酸气装瓶再分销给零售商；制造商对零售商的特许，如石油公司对加油站的特许；批发商对零售商的特许，如医药公司特许医药零售店；零售商之间的特许，如连锁集团利用这一形式招募特许店，扩大经营规模。

（3）按加盟者性质划分。按加盟者性质划分，可分为区域特许经营、单一特许经营和复合特许经营。区域特许经营是指加盟者获得一定区域的独占特许权，在该区域内可以独自经营，也可以再授权次加盟商。单一特许经营是指加盟商全身心地投入特许业务，不再从事其他业务。复合特许经营是指特许经营权被拥有多家加盟店的公司所购买，但该公司本身并不卷入加盟店的日常经营。

（4）按加盟业务划分。按加盟业务划分，可分为转换型特许经营和分支型特许经营。前者是加盟者将现有的业务转换成特许经营业务。后者则是加盟商通过传统形式来增加分支店，这当然需要花费更多的资金。

许多全球性的服务企业都是通过特许经营成长起来的，如麦当劳、假日酒店等。

【案例5-4】

麦当劳：特许经营赢得全球

餐饮企业究竟能够发展到多大规模？其市场究竟能够拓展到多大范围？中国的餐饮业企业应该向何处去？众多企业在学习全球餐饮业的巨无霸——麦当劳的时候，有时忽略了其成功的重要的要素之一——特许经营。

麦当劳是最好、最早和最充分运用特许经营的公司，它的成功使特许经营模式走向了全球。麦当劳的前身是由莫里士和理查麦当劳兄弟于1930年开办的一家汽车餐厅。如今，麦当劳已在100多个国家开设了70 000多家分店，年销售额已达175亿美元，两倍于它的最大对手汉堡王，3倍于第三位的温迪汉堡。

麦当劳的巨大成功引得众多企业竞相模仿，尽管其成功的因素有多种解释，但它在1955年首创的全球连锁经营模式为世界餐饮业指明了方向。

麦当劳全球连锁经营模式，即所谓的特许经营体系使得它的供应商、特许经营店主、雇员及其他人员共同向顾客提供了他们所期望的高价值。该公司通过授权加盟麦当劳向符合条件的特许经营者收取首期使用费，并按特许经营者每月销售额收取服务费和许可费。为了保证"复制"的麦当劳餐厅质量，麦当劳把标准化的作业变成容易复制的程序，并对新加盟者进行严格的培训，它要求新的特许经营者到"汉堡包大学"上课3周，学习如何管理这项业务。被许可方在购买材料、生产和销售产品时，必须严格遵守程序要求。与相继出现的竞争者不同的是，麦当劳视加盟者为事业伙伴，而非单纯买下加盟权的商家，只顾榨取利益，并不关心加盟店的生存能力。麦当劳的创办人克罗克说："我认为我必须尽力帮助加盟者，加盟者的成功将保障我也成功。但我没有办法既帮助他，却又同时视他为顾客。"

3．综合服务

在服务业不断发展过程中存在另外一种趋势，就是综合公司体系与综合性合同体系的持续发展。有的服务企业将两种或两种以上的服务业结合起来，如航空公司、汽车运输公司等运输企业与酒店业逐步融化发展。在一些发达国家和我国大城市，出现了集购物、餐饮、住宿、娱乐等为一体的大型商业中心（如shopping mall）。

目前，有些大型的服务业公司，正运用整体的服务组合，向顾客提供更多的服务。可以说，综合服务正成为现代化服务业体系中的重要特点。

4．虚拟渠道（网络渠道）的发展

技术进步对营销渠道结构的演变与管理行为的变化有着重要的影响。互联网的应用与普及，为人们创造了一张巨大的信息网络，也为企业构建营销渠道提供了一个新的平台。虚拟渠道，即网络渠道应运而生。企业可以在网络渠道上进行产品和服务的销售，顾客可以在网络渠道上进行购买活动。

（1）网络渠道的定义。网络营销渠道是一种使个人与电脑建立通信的渠道。一般采用调制解调器将电脑与电话线连接，或使用宽带方式得到网上的各种信息服务。网络渠道（network channels）是唯一不需要直接人际互动的服务分销渠道，其功能对象是那些事先设计的服务（几乎总是信息、教育或娱乐），并有电子媒介传递这类服务。通过电话、电视、网络等媒介，可以为消费者和企业提供服务，包括需要的电影、互动信息和音乐、银行和金融服务、多样化的图书馆和数据库、远程学习、桌面电视会议、远距离健康服务和互动式网上游戏。

网上渠道有两种：商业网上渠道和互联网。商业网上渠道是指大多数公司都建立的网上信息与营销服务，凡登记并付月租金者都可以进入。互联网建立的最初目的是用于研究和学者交流，现在则用途广泛，用户可以收发电子邮件、交换观点、购买产品等。

（2）网络渠道的优势。利用网络进行销售是一种新生事物，相对于传统的服务渠道，它运用系列化、系统化的电子工具，将原有的纸张流动、货币流动甚至人员流动几乎全部变成了电子流动。网络渠道的优势表现如下。

1）提供服务的时间任意化、空间虚拟化，这是网络渠道的最大特点与优势。从购物时间看，顾客可以任意安排时间，大大地方便了顾客；从空间看，网络渠道构成的空间消除了地域的限制，是一个依靠互联网进行交流的虚拟空间。

2）企业的经营成本低廉。首先，与传统的服务店铺需要昂贵的租金相比，网络渠道节省了很多设备购置的费用。其次，一个经营良好的网络服务点，可以将库存降至最低，减少库存品的资金占压。最后，网上服务可以节省大量的时间，减少通信、谈判、交通等方面的支出。服务供应商与客户可以直接在网上进行沟通。

3）信息处理快捷。一方面，在网上搜集处理传递信息以电子化的方式进行，增加了沟通的便利性；另一方面，服务供应商可以与顾客就交易的内容在短时间内达成一致，大大缩短了交易的时间。

4）强调个性化服务。服务企业是以顾客为导向建立的网络渠道。在网络渠道中，顾客将拥有比过去更大的选择自由，他们可以根据自己的个性特点和需求在全球范围内寻找服务提供商，不受地域限制。通过进入感兴趣的网站或虚拟店铺，顾客可以获取企业的相关信息，使购物更显个性。

5）降低成本。在交易成本方面，互联网提供了最低成本的交易途径。研究表明，通过互联网与1000个用户建立联系的成本几乎只相当于采用传统方式与1个用户建立联系需要的成本。换言之，通过互联网进行交易的边际成本几乎为零，但边际效益却大于零。

（3）网络渠道的类型。一般来讲，根据企业建立自己的网络渠道的不同目的，将企业网站分为以下几种类型。

1）信息型站点，即企业为了通过间接的途径获取经济效益而设计的网络渠道。例如，相关产品的销售和销售成本的降低。收益的根源在于通过网络建立公众对服务的注意，从而增加现实当中的交易机会。这种站点的效果应当通过网民冲浪时的点击率及他们受到的购买诱惑来衡量。

2）广告型站点，即建立网络渠道主要是为了进行广告宣传，如网络电视、广播以及许多期刊型网站。所有的技术和信息内容编制需要的费用都来源于广告的收入。此时，顾客的注意力就成为网站价值的关键衡量标准。

3）信息订阅型站点。订购的费用可能按周、月或年来支付。近年来，由于信用卡可以最方便地处理电子事务，它成为最常用的支付手段。

4）在线销售型站点，即虚拟店铺。这些虚拟店铺利用电子版的产品目录，通过精心编制的图片和文字来描述他们提供的服务产品、开展促销活动并进行在线交易。一旦产品被购买，该网络企业就在现实中安排产品销售的执行，包括运送和包装等。执行过程有时候由网络企业来进行，有时候则由生产厂家通过配送机制完成。

5）售后服务型站点，即许多企业利用网络提供技术支持和售后服务。互联网作为一种有效的沟通渠道，是提供技术支持和售后服务的最新颖最快捷的方式。特别是 IT 企业，需要对产品进行技术说明，提供免费升级软件。利用互联网可任意让顾客在网站上寻求及时支持和售后服务，只有技术难度较大和专业知识要求较高时，这些企业才会通过传统渠道解决。

【案例 5-5】

天津旅游目的地网络营销系统

天津的人文旅游资源丰富而且具有其独特性，素有"看秦汉史到陕西，看明清史到北京，看近代史到天津"的美誉。2007 年天津提出了"大旅游、大产业、大市场"的发展理念，塑造"渤海明珠、魅力天津"的旅游新形象。天津旅游目的地（网络）营销系统（Destination Marketing System ，DMS ）的建设起步较早，是国家 12 个试点 DMS 之一，从最初的"渤海明珠，近代缩影"（www. visittj. com）到现在的天津旅游资讯网（www.tjtour.cn），天津 DMS 系统在旅游目的地信息采集与整合、信息发布方面做出了很大的贡献。在门户网站建设上，天津旅游资讯网、天津旅游网、天津旅游政务网等政府建立的网站及天津青旅网和康辉、金龙、大亚等旅行社网站，以及天津周边旅游线路如蓟县农家院类网站近些年如雨后春笋般建立起来，这在一定程度上丰富了天津 DMS 的内涵，为用户出行提供了便捷的信息检索服务。天津旅游资讯网作为天津市政府重点建设的天津旅游门户网站，在餐饮、购物、娱乐、交通、自驾游等板块的建设上走在同类网站前列，如市内旅游线路推荐，特价机票与经济型酒店预订，美食推荐等，基本能够满足用户在天津旅游的信息需求。天津旅游目的地营销系统，作为一个旅游网络营销系统，与国内外 DMS 相比，还存在一系列问题。

（1）整体规模较小，DMS 网站点击量只有 22 万人次，与其他城市几百万人次的点击量相比，还有很大的差距。有大量旅游企业并未加入天津 DMS 开展网络营销活动，很多参与进来的企业仅仅介绍地理位置、联系方式等，并未与 DMS 进行深度整合。究其原因，既有天津市本身作为旅游城市的概念没有在全国范围推广，也有企业对 DMS 了解甚少，或者对 DMS 理解存在误区，认为它是"门面工程"、"政绩工程"等。另外，天津 DMS 在信息更新、旅游线路上也存在不足。

（2）网站经营形式单一，特色不明显。天津的各旅游网站之间电子商务经营模式雷同，缺乏各自的特色。多数旅游网站总体上还处于旅游线路发布、广告宣传的阶段，旅游电子商务则处于起始时期。旅行社网站多是线路预订、常规线路罗列等相似信息，缺乏各旅行社线路自身特点。网站上的信息发布类似于报纸广告，更多偏重于发布旅行社各营业部的联系方式，并没有充分利用在线交流这个广阔而便捷的平台。

（3）网站信息内容粗糙，用户体验差。有些旅游网站虽然首页信息比较丰富，包含吃住、行、游、购、娱等旅游常规信息，但是二级页面的设计明显感觉粗糙，信息单一陈旧，有些信息甚至是几年之前的错误信息。网站的一些实用功能还存在缺陷，例如酒店机票的预订多数转到携程、艺龙等其他网站完成，没有自己的一套独立的预订系统。另外有些网站没有进行优化，例如打开网页的速度慢，导航不友好，出现错误的链接或错误的页面，还有很多网站风格严重不统一，背景色、窗口打开方式等没有经过严格仔细的控制。上述情况都严重影响了用户体验，直接降低了天津 DMS 的用户忠诚度，使 DMS 没有达到预期的功能和效果。

（4）企业各自为战，缺乏整体营销。旅游目的地营销是一种整合营销，它符合现代区域旅游竞争中整体竞争的要求，是提高区域旅游竞争力的一个重要手段。作为旅游目的地营销的技术支持，DMS 的建设与运营应该由政府牵头，企业和全社会参与。但目前，依据天津旅游业的整体规划，天津旅游业的发展更加注重景区建设、导游培养等方面，并没有将 DMS 建设提高到应有的重要位置。由于缺乏目的地整体营销观念，各个利益相关者独立运营，不能形成一个整体的营销系统，从而导致天津 DMS 传递的信息杂乱无章，天津作为旅游城市的影响力和知名度都不高。

（资料来源：张伟杰. 天津旅游目的地网络营销系统存在的问题及发展对策分析. 价值工程，2011（2）.）

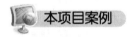 本项目案例

供产销全产业链贷款模式

由成都市金融办、人民银行成都分行营业管理部、成都日报社共同主办的《成都市银行业金融机构诚信服务公约》签署暨"诚信服务宣传月"在通过签约、宣传月两个阶段后，银行诚信服务回访测评阶段正在如火如荼地进行，受活动主办方委托的第三方测评机构与企业客户进行了面对面深入的座谈回访。回访中，这位与成都银行建立了银企合作的小企业主，分享了与银行合作背后的故事。

"与成都银行合作多年，如果硬要给成都银行服务水平打分，我觉得整体可以打到 90 分，扣掉的 10 分作为给他们进步的空间吧。"这位来自双虎家私的经销商告诉记者，"银行对我们这类小企业主来说就是'及时雨'，能够及时解决小企业急需的资金难题，目前，对广大小企业来说，能及时获得资金真的太难了，银行门槛高、审批严格，比如一些单一家具产品经销的小企业能获得银行贷款的机会就微乎其微。"那么，成都银行是以什么方式服务小企业、解决其资金难题的呢？这位小企业主告诉记者："我们能在成都银行获得贷款，完全得力于成都银行研发的创新的贷款模式。成都银行针对彭州双虎家私集团家具行业的特点，研发了供产销全产业链贷款模式，双虎家私集团做信用担保，银行给予统一授信，并从家具生产的材料供应、制造、销售每个环节切入，为家具生产、销售每个环节中的各类企业提供一揽子金融服务计划，这种灵活、专门的贷款模式，让一些不能贷款的小企业也获得了资金，这才是真

正的服务中小企业。"

来自成都银行彭州支行的信息显示,"供产销全产业链贷款模式"是成都银行近年研发的创新贷款模式,改变过去贷"点"不贷"链"的做法,建立了全产业链金融服务体系,面对整个小企业市场,做到统一授信市场并且"互贷互保"贷款管理,实现了真正意义上的小企业贷款。据悉,去年,成都银行彭州支行开设中小企业金融服务专营支行,专门抽调精兵强将为辖区内各行业提供各种金融服务,这也是继成立中小企业部及 3 家小企业专营支行后,成都银行在提升小企业金融服务方面的又一重要措施。

案例讨论:

(1)对比成都银行与一般银行贷款模式的区别。

(2)对该案例进行讨论。

实务自测题

(1)服务分销渠道的含义是什么?它有哪些作用?

(2)服务分销渠道有哪些类型?说明其含义。

(3)服务渠道设计的原则和步骤是什么?

(4)如何理解服务渠道的创新与发展?

实训题

物流企业渠道建设新思路——呼叫中心

物流企业建设呼叫中心系统,根本目的是为了改善客户服务,获得市场领先的客户服务水平,增加竞争力。同时也能够使企业提升内部管理,使得业务流程和营销渠道更加以客户为导向,接近客户、便利客户。

(1)采用统一的对外号码,将客户从业务员的私有财产慢慢变成企业的资产。

(2)增强了客户访问渠道,业务受理摆脱了时间、空间的限制,提供电话、传真、PC 拨号、电子邮件、网上等多种渠道,为用户提供了极大的方便。

(3)业务种类增多,提高了企业的竞争力,呼叫中心可以提供咨询、查询、下单等服务,不仅丰富和完善了物流业务,方便了用户,也提高了企业自身的形象,增强了竞争力。

(4)降低服务成本。通过更加专业化的服务,起到了延伸网点、延长服务时间、提高工作效率的效果,大大降低了运营成本。

(5)创造商机,增加业务量,通过主动服务,进一步挖掘客户潜在需求,使客户了解接受物流企业新的服务品种,一方面使得客户可以获得全面的、科学的服务,一方面必然增加企业的业务量。

(6)通过提高服务质量,提高客户满意度和忠诚度,可以保留现有客户,同时吸引更多新客户,增加市场份额。

(7)树立崭新的企业形象,作为面向客户的一个重要窗口,可以为企业树立崭新亲和可信的高科技形象，获得社会公众的认同。

总之，呼叫中心将成为物流企业未来的效益中心，其效益包括经济效益和社会效益，既是有形的又是无形的。

（资料来源：曲建科. 物流市场营销. 北京：电子工业出版社，2007.）

思考题：讨论物流呼叫中心渠道的优势和特点，该种渠道策略有什么不足吗？

深耕渠道以服务引领分销

1998 年起步的山西艾博科技有限公司，历经从服务转身 DIY，再到海尔分销商的发展三部曲和多年的不断积累和沉淀，公司发展成为横跨 DIY、海尔电脑、服务器、专业图形工作站、浪潮软件和系统集成等产品和业务的 IT 综合服务供应商，成功奠定了公司渠道分销、行业拓展和终端零售的三足鼎立之势，扩大了公司的行业影响力，大大提升了公司的品牌形象和知名度。

一、抓住机遇，携手海尔搭快车

在 2004 年之前，艾博在产品硬件销售上，主要以 DIY 为主。但随着公司在行业市场上的逐步深入和品牌机在 IT 市场上逐步处于主导地位的发展趋势，公司总经理任喜生越来越感觉到公司要保持持续的强劲发展之势就必须切入品牌机市场。2004 年，任喜生结合行业市场拓展的需要和市场走势的双重考虑，在公司原有业务的基础上，和方正分销商合作，以二级代理商的身份切入了品牌机市场，走上了 DIY 和品牌机的双轨运行之路。但是，在激烈的市场竞争中，一个品牌二级代理商的弱势就日益显现。当时，面对一流品牌的分销体系已经日益稳定和成熟，切入非常不易；而二流品牌，不仅市场拉力不足，还存在售后体系不完善等诸多问题的影响，艾博在切入品牌机市场后也一度迷茫，直到 2005 年 6 月，海尔大举拓展山西市场时，一直密切关注海尔的任喜生敏锐地意识到抓住海尔将是公司成功转型品牌机市场的一个绝佳的契机。

"当时，从 DIY 转型品牌机的过程中，我们也在不断地寻找合适的品牌，而大品牌的渠道架构相对成熟，要想切入并得到上游厂商直接的扶持几乎是不可能的。恰好这时海尔卷土重来，通过 2004～2005 年的观察，我觉得海尔这次势头很猛。而且海尔的品牌价值影响和服务口碑确实不错，感觉海尔电脑也必将在海尔这个大品牌下快速成长。跟着海尔，我们可以直接接触到上游厂商，拿到一手的资源和支持，获得公司高速成长的机会。所以，从公司长远发展考虑，为了公司能够上台阶，获得快速发展的机会，我们先期搭快车，在 2005 年 7 月和海尔合作，在山西开设了首家海尔 3C 旗舰店。"任喜生说。

而海尔在和艾博合作的前期，为了充分打消艾博将在青龙的整个店面全部转为海尔 3C 店后公司的众多员工和其他的产品经营问题如何解决的顾虑，海尔工贸的相关产品经理找艾博科技深入地沟通了 3 次，承诺海尔负责装修店面和承担房租，而且海尔进店后，如果因经营导致公司养不起员工，海尔将承担员工的工资，彻底打消了公司股东的顾虑。之后，仅仅用 3 天时间，山西第一个高标准、高规格的海尔 3C 数码体验店就高调亮相了。至此，艾博也开始真正走上了独立品牌的运作之路。

二、借品牌之势，做实终端

在刚刚涉足海尔电脑的店面经营时，海尔的传统产品和品牌影响力对海尔电脑起到了很大的拉动作用。由于当时在青龙推出的是一个高标准、高规格的海尔 3C 数码体验中心，消费者在这里不仅仅享受到优雅的购物环境、热情的服务态度，更重要的是海尔将传统的家电、电脑、手机实现了完美的融合，除体验到家庭数字化带给自己的科技享受外，消费者还可以深刻感受到海尔丰富的产品线。从海尔强势的传统家电到通信产品，再到 IT 产品，展现在消费者面前的是一个更高格调、更具身份、更具强大功能与品位的时尚化、信息化的数字家庭。这种体验往往带有连锁反应，可以有效增强消费者的购买欲望。

任喜生说："很多购买海尔电脑的客户都是因为在家电领域对海尔的信任进而在采购电脑时，也选择了海尔。太谷县的一位客户在海尔体验中心购买海尔电脑就是源于其家电全部都是海尔，对海尔的服务信任有加而采购的。"

随着海尔电脑的高速成长，海尔电脑的品牌影响力和消费者的认可度也大幅提升。与此同时，艾博科技也获得了高速成长，公司从最初的一 3C 旗舰店的终端零售，逐步发展成为终端店面十省级分销的双轨道运行模式，成功跻身山西 IT 圈的规模化分销商之列。艾博科技青龙旗舰店的单店销量也跃升为单店月出货逾百台。

任喜生表示，海尔在店面建设和终端市场上有丰富的运作经验。海尔电脑的店面销售业绩的不断提升主要来自于四个方面。

首先，从店面形象建设上来说，海尔统一的店面形象设计和规格在电脑城中独具一格，不仅能够很好地吸引用户的眼球，也能够让用户在店面体验到海尔独特的企业文化，感受海尔旗舰店舒适愉悦的购物环境。

其次，从店面布置上来说，海尔的店面布置也十分独特、细致。海尔不仅给终端店面提供了较为齐全的店面终端物资，还为店面这些物资及产品的具体摆放位置和要求进行了翔实的培训。像在海尔的店面里在什么地方摆什么产品，如彩页、价格牌、机身帽、笔记本展台、键盘、键盘下方广告等的摆放，都有统一的标准化的规定。当然，对电脑的屏保设置也都有统一的要求，同一型号的产品统一播放同一屏保，不同型号的产品之间则选择不同的屏保，对客户的吸引力非常大，往往客户一进来就能够吸引他的眼球，非常规范。

再次，销售人员的营销技能较为专业。在海尔的培训体系和产品经理日常巡店的现场销售指导下，海尔旗舰店的销售人员对海尔的企业文化及海尔电脑的产品有了较为透彻的了解，并熟练掌握了海尔的营销技巧和销售话术，为销售工作的展开奠定了坚实的基础。

最后，也是十分重要的一点是海尔电脑的差异化产品让用户十分认同。海尔电脑的润眼屏已经获得了消费者的高度认可，有不少用户都是冲海尔的润眼屏来购买的。据悉，在青龙电脑城海尔旗舰店的五人销售团队内，曾创下了单店单人最好月销售量过 40 台的业绩。任喜生告诉记者，在店内凡是对海尔的企业文化了解透彻、产品知识掌握到位的销售人员往往就对所售的产品十分自信，有足够的底气去说服用户，从而有效地促成销售。

三、以服务引领分销业务

跟随海尔，艾博不仅获得了良好的经济收益，还从海尔人的身上学到了海尔的精神。海尔的产品经理也逐步把海尔的理念、企业文化和店面的经营管理等带入到了艾博。

与很多品牌分销商不同的是，艾博从涉足分销业务以来，一直坚持多年的诚信之道，绝不在市场拓展前期随意向下游渠道承诺，但却始终坚持把从厂商拿到的资源都不折不扣地转给下游渠道商。因此，虽然在前期的渠道拓展中，艾博的渠道建设推进工作相对吃力，但建立的渠道合作伙伴在合作中都逐步成为了公司忠诚度极高的渠道商。

任喜生表示，签约海尔分销业务两年来，艾博科技始终都是在第一时间把海尔提供的政策、精神传达给下游渠道，以便使下游合作伙伴可以及时了解市场信息、更好地把握市场机遇。与此同时，艾博把上游厂商——海尔给予的资源不折不扣地转给渠道商，让合作伙伴获得应有的上游资源。此外，为了不断扶持下游渠道商健康、良性的成长，艾博科技也十分注重对下游渠道培训，逐步把公司自身的经营理念、企业文化及营销、管理策略等源源不断地输送给下游代理商，扶持帮助下游渠道成长。

为了切实帮助下游渠道，甚至在下游渠道攻单遭遇难题时，任喜生也会亲自出马帮助下游渠道商。2007年，介休市的海尔代理商马律国在攻单义棠煤矿时，获悉对方已经基本确定要签约国内其他知名品牌时，向任总求助。得知这一消息后，任喜生和海尔的产品经理一同带了一台样机到义棠煤矿，亲自给客户演示、讲解。由于之前客户也观看过海尔润眼屏，对此有一定的了解，任喜生就从此入手，向客户详细介绍了在电脑同质化的今天，产品品质和质量没有什么过大的差别，但不同的是海尔的润眼屏是只有海尔才有的，而在煤矿一线煤灰煤渣特别多，海尔润眼屏是硬屏，不怕碰、不怕划磕，而且擦洗起来非常方便，非常适合煤矿一线的使用。客户在经过详细的比对、分析后，终于拍板采购海尔电脑80台。此次签单，不仅增加了下游代理商的销量和信心，也更加密切了下游渠道和艾博的关系。

正是艾博切实站在下游渠道的立场上，为渠道伙伴考虑，为渠道伙伴提供更加细致、周到的服务，才赢得了下游渠道的高度忠诚。

任喜生表示，由于海尔品牌和服务的巨大影响和口碑，使得海尔电脑的渠道商和消费者对海尔电脑的服务也给予了很高的期望，这就对如何更好地服务海尔电脑的消费者和渠道商提出了更高的要求。

（资料来源：http://tech.sina.com.cn/n/2008-02-29/1155590277.shtml，编者略有删改。）

以3～5人一个小组，运用本章所学理论知识讨论以下两个问题，然后由小组代表发言，分享讨论结果，最后由老师点评。

（1）艾博在其发展过程中是如何借鉴海尔的服务渠道营销的？

（2）分析艾博的服务渠道营销的成功经验及其启示。

项目六 服务产品策略

学习目标

（1）掌握服务产品整体概念。
（2）熟悉服务产品组合评价和决策方法。
（3）掌握服务产品的生命周期及各阶段的营销策略。
（4）了解服务产品开发与创新程序。
（5）掌握服务产品的品牌策略。

导入案例

国外乡村旅游产品开发

一、中国

成都市 2006 年在郫县农科村、青城后山泰安古镇、锦江区三圣乡和龙泉驿区洛带镇新开了四家乡村旅游商品购物中心，拉开了全市乡村旅游商品购物中心建设的序幕。乡村旅游商品购物中心面积为 100m²，主要销售包括食品、用品、工艺品三大类的数百种成都市乡村特色旅游商品。此外，该市数十家旅游商品生产厂家还与这四家购物中心在农科村正式签订了合作协议。比如农科村，当游客来到这里旅游时，不仅可以到一户一景的农家小院休闲娱乐，还可以逛逛新建成的乡村旅游商品购物中心——农科店，尽情挑选各种特色纪念品。装潢一新的店面格外引人注目，店内陈列着郫县豆瓣、蜀绣、草编、兰草盆景等极具郫县地方特色的商品。在这间不大的店面里，收藏了来自全成都市各大乡村的特色产品，吸引了不少游客来这里休闲购物，在欣赏完农家美景之后，到这里来选购一些特色工艺品带回家也不失为一件美事。

二、法国

法国的乡村旅游，不得不提葡萄酒、烤面包、黄油、牛奶、鸡蛋，这些都是他们极具特色的乡村旅游商品。游客通过参观农村的葡萄园和酿酒作坊，参与酿造葡萄酒的全过程，了解酿酒的工艺，学到品尝美酒的学问和配酒菜的知识，仅购买葡萄酒这一项，就为当地的乡村旅游商品消费加足了筹码。法国农会推出的观光旅游农场的计划，将农场分为九类，其中的点心农场和农产品农场，是以生产和销售乡村旅游商品为主营的。

"点心农场"的经营时间一般为下午 3~6 点（部分农场的开放时间可以为早上到中午 12 点时段），只允许提供农场自产的点心，不能卖正餐，也不能在正餐时间将点心当作正餐来卖。"点心农场"的活动目的是为了提高农场产品的价值，所以制作点心的主要材料必须出自当地农场，但是副材料不在此限（面粉、糖等），同时也禁止农场提供工业化制造的饮料及汽水。

三、瑞士

瑞士主要的乡村旅游商品同样是特色美食，但通过营造就餐环境与食物本身相协调、统一的做法，来赢得消费者。例如，手工制作、香草装饰，带给旅游者别样的意境。番茄肉酱手工香草面疙瘩是瑞士乡村的独家料理，将中国北方常规面食面疙瘩，融入马铃薯，以意大利面手法料理上桌，借助面疙瘩的咬劲，为意大利面创造出前所未有的口感，这种新鲜组合与另类创意当然大受消费者欢迎。

四、美国

美国，如威斯康星州以世界的"汉堡之乡"著称，并且人们于1998年在该州烹制出了重达2.5t的汉堡包，同时记入了吉尼斯纪录，从此在该州每年都举行享誉全球的"汉堡盛宴"，吸引了大量的旅游者。现在越来越多的地区已经开始依赖于年度节日所带来的品牌效益，而这也成为众多地区宣传旅游特色、吸引游客的有力工具。

（资料来源：中国广告人网）

任务一　服务产品

服务产品是服务营销组合要素7P中的首要要素，这个要素是具有以提供某种形式的服务为核心利益的整体产品。服务产品具有多个层次，服务市场营销的起点在于如何从整体产品的5个层次来满足顾客的需求，因此对服务产品进行设计是必要的，服务组合（服务项目）决策则是服务企业应该重点考虑的战略。

一、服务产品的概念和层次

在服务营销中，要清晰理解服务产品的概念，有必要理清两个前提。第一，产品、服务、服务产品、无形产品在服务营销中容易概念模糊、互用，因此，要明确它们之间的主要区别。第二，服务产品是一种产品，那么服务产品必然具有产品所具有的5个层次，它也是一种整体产品，只是具有该类产品的特殊性而已。

一方面，产品是一个大概念，根据菲利普·科特勒的定义，它是指以整体产品形式存在，能够提供给市场以满足需要和欲望的任何东西。服务、无形产品、服务产品是产品概念体系的基本组成部分。产品是既定的，而服务的范围与界定程度是无尽的；与无形产品相对而言，服务可用客观标准来衡量。可以说，服务存在于任何产品之中，如对有形产品的订购、销售及售后服务，服务产品所提供的核心服务等。服务产品则是产品的一类，其分类标志是整体产品所提供的核心利益。值得一提的是，虽然服务可以对应于有形产品，无形产品却不等同于服务产品，因为事实上无形因素是无所不在的，即便是一个有形产品，如某新型起重机，在其还未生产出来时，就无法确切判断成品是否能够达到最初设计的起码要求，那么对需求客户而言，此时的起重机也是一种无形的概念。

另一方面，随着市场竞争的日益激烈，服务营销管理者必须理解服务产品的5个层次（见图6-1），并对其进行运用。

菲利普·科特勒所阐述的关于酒店客房的例子，具体地说明了服务产品的5个层次，其大意如下。

对服务产品5个层次的理解由内层到外层依次进行，越内层的越基本，越具有一般性，越外层的越能体现产品的特色。

第一层次是核心利益，是无差别的顾客真正所购买的服务和利益，实际上就是企业对顾客需求的满足。也就是说，服务产品是以客户需求为中心的，因此，衡量一项服务产品的价值，是由客户决定的，而不是由该产品本身或服务提供者决定的。对酒店客房服务的顾客而言，其真正购买的是"休息与睡眠"。

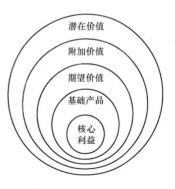

图 6-1 服务产品的层次

第二层次是抽象的核心利益转化为提供这个真正服务所需的基础产品，即产品的基本形式。如这个酒店的客房应配备床、衣橱、桌子、椅子、毛巾、浴室、厕所等。

第三层次是顾客在购买该产品时期望得到的与产品密切相关的一整套属性和条件。对旅馆的客人来说，期望得到的是干净的床、香皂和毛巾、卫生设施、电话、衣橱和安静的环境。因为大多数的旅馆都能满足这种最低限度的期望，因此，旅行者在选择档次大致相同的旅馆时，一般会选择一家最便利的旅馆。

第四层次是附加价值，指增加的服务和利益。这个层次是形成产品与竞争者产品差异化的关键，"未来竞争的关键，不在于工厂能生产什么产品，而在于其产品所提供的附加价值。"例如，针对住房客人的大堂免费自助咖啡、快速离店手续、赠送免费服务项目和温馨友好的服务等。

第五层次是潜在价值。它是服务产品用途的改变，由所有可能吸引和留住顾客的因素组成。它预示着该服务产品最终可能的所有增加和改变。如租用酒店套房的顾客可能不仅仅是为了休息，还把房间当作会见商务客人的场所。

二、服务包理论

在服务营销理论中，常常会谈到服务包的概念，服务包有时也称为顾客价值包，它是指企业提供给顾客的有形产品和无形服务的总和。所以有的学者也称之为整体服务产品。理解服务包的概念对于服务产品的开发是很重要的。关于服务包的代表观点主要有以下几种。

（1）格罗鲁斯的服务包：格罗鲁斯认为服务包由核心服务（Core Service）、便利服务（Facilitating Service）和支持服务（Supporting Service）构成。核心服务是企业的产品为市场所接受的关键，它体现了企业最基本的功能。便利服务是指方便核心服务使用的服务。支持服务，其作用是增加服务的价值或者使企业的服务同其他竞争者的服务区分开来。

（2）凯洛格（Kellogg）的服务包：凯洛格认为服务包是由有形要素和无形要素两方面组成的，包括支持性设施、辅助物品、显性服务和隐性服务 4 个部分。支持性设施：在提供服务前必须到位的资源。辅助物品：顾客购买和消费的物质产品，也可能是顾客自备的物品。显性服务：用感官可以察觉到的组成部分。隐性服务：顾客能感觉到或模糊感觉到的精神层面的收获。

在本书中，我们沿用格罗鲁斯提出的服务包概念，即服务包由核心服务、便利服务和支持服务三部分构成。服务包是顾客可以从服务中获得的最终利益和满足，它主要表现服务的结果质量。

（1）核心服务。核心服务是企业的服务产品为市场所接受的关键，它是服务产品最基本的功能，满足顾客对这类服务最基本的需要。例如，饭店提供住宿，航空公司提供运输等。当然，一个企业可以有多个核心服务。一家航空公司既可提供短距离旅游服务，也可提供长距离货物运输。核心服务回答的问题是：购买者真正想要得到的基本服务和核心利益是什么？民航公司的核心产品是客运服务，而不是机内饮食服务。旅馆的核心产品是"休息和睡眠"，而不是餐饮服务。服务营销者必须找到每一种服务产品给消费者带来的核心利益并且出售这些利益，而非仅仅出售各种外部特征。夜宿旅馆的旅客真正想得到的是"良好的休息和睡眠"。民航乘客真正购买的是"迅速安全地到达目的地"，而非一张机票或一个座位。

（2）便利服务。便利服务是方便核心服务使用的附加服务。为了让顾客能够获得核心服务，必须有便利服务来配合。例如，饭店要有专门的接送服务，航空公司要有订票服务等。离开了这些服务，顾客就无法使用核心服务。在有些情况下，便利服务是实现核心服务必不可少的服务，没有便利服务，核心服务就不可能实现或者不能顺利实现。为了提供"良好的休息和睡眠"，旅馆的客房必须包括床、浴室、毛巾、桌子、衣柜、洗手间等便利服务。银行客户要使用自动柜员机就必须购买储蓄卡，储蓄卡就可以看做便利服务。在设计便利服务产品时，需要了解目标市场的购买力及他们对于便利服务的期望。例如，一家顶级的商务酒店必须配备入住和结账服务、电话、宽带接入设备、餐厅和管家服务。而一间经济型旅馆所配置的服务也许仅包括入住和结账服务及投币公用电话。

（3）支持服务。支持服务也是一种附加服务，但与便利服务的功能不同，它不是方便核心服务的消费和使用，而是用来提高服务价值，或者使企业的服务与其他竞争对手的服务之间产生差异性，以取得服务产品在竞争中的差异化优势。例如，饭店房间内供住客洗澡用的肥皂、牙膏；供住客旅游用的地图和旅游手册等。再如，旅馆的客房送餐服务、VOD 点播电视和擦鞋纸等物品，都是支持服务。要消费核心服务，必须要有便利服务与之相配套，却并不要求必须支持服务。旅馆必须配置床和毛巾，必须提供结账服务，却不一定非要提供客房送餐服务、宽带接入设施和擦鞋纸。

【案例 6-1】

"蟹老宋"火锅的服务包

"蟹老宋"是具有湖北特色风味的火锅店，在京城餐饮圈颇有影响，其服务包结构如下。

支持性设施：位于北京市海淀区上地南街大型商铺一楼、占地将近 1000m² 的、宽敞明亮的营业大堂，里面有 50 多张配备齐全的火锅桌椅、电磁加热炉、隔断屏风、卫生间等，空间位置分布合理，装修档次中等。

辅助物品：为顾客准备的各种美味的香辣蟹（虾）、虾底锅，卫生健康的各类凉菜、荤素配菜、小料、小吃、消毒纸巾、酒水饮料、点菜单等。

显性服务：顾客通过品尝"蟹老宋"特色的油焖虾、蟹和随后的涮锅而获得的食欲上的满足感。

隐性服务：迎宾员、点菜员、上菜员和收银员热情、周到的服务，整洁的卫生间服务，为一次消费超过一定额度的顾客提供 VIP 打折卡。

（资料来源：清华服务创新研究网，http://www.thirs.org.）

任 务 二   服 务 产 品 组 合

一、服务产品组合的定义

所谓服务产品组合是一个服务企业所提供的所有服务产品线、服务产品项目的全部组合方式，它包括了4个变数，宽度、长度、深度和关联性。服务产品线是指一类相关的服务产品，一个服务产品线就是一个类别。这类产品可能功能相似，或者有着共同的目标客户群，或者通过同一销售渠道销售，或它们在同一价格范围内等。服务产品线也可称为服务产品大类、服务产品系列。比如，东方航空公司按其运输的内容可分为货运航空服务和客运航空服务两大产品线。服务产品项目则是企业提供的每一种具体的服务产品。比如，旅行社提供导游服务、预订酒店服务、代理签证服务等，这里的每一种服务都是一个服务产品项目。

二、服务产品组合策略

服务产品组合策略是通过对服务企业产品线和竞争对手产品组合战略的分析，对服务产品线的宽度、长度、深度和相关性做出的决策。特别强调的是，产品线的相关性对企业的服务产品组合是非常重要的。只有保证系列服务产品之间的相关性，才更有利于企业的精力与资源，并在相对专一的领域做出成绩。

一般有以下服务组合策略。

（1）扩大服务组合，即拓展服务组合的宽度和加强服务组合的深度，企业通过经营多产品线服务产品，并把这些产品推向多个不同的市场，如沃尔玛以4种业态进军全球零售市场。企业采取这样的策略，可以充分利用人、财、物资源，分散经营风险，增强竞争力。

（2）缩减服务组合，即面对市场不景气或原材料供应紧张，企业为了提升总利润而剔除获利能力差的服务产品线或服务项目，集中有限资源发展获利多的服务产品线或服务项目。这时的企业专门针对某一特定细分市场提供系列服务产品，如国外出现一些专门针对高端客户提供"个人理财"服务的企业。

（3）服务定位延伸，即全部或部分改变服务原有的市场定位，向上、向下或双向延伸服务产品线。

（4）服务产品线现代化，即在某些市场条件下，服务企业的服务产品线要在生产形式上或服务理念上不断创新，超过竞争对手或顾客期望，以适应竞争形势。比如为那些情绪不佳的人开设的发泄吧，就是在不断创新中推出的服务产品，不但有专业而特殊的人员服务，还有专供人发泄的各类道具。

任 务 三   服 务 的 生 命 周 期

和其他产品一样，服务产品也有生命周期。在服务产品生命周期的不同阶段，服务企业需要制定和不断修订营销策略，延长服务的生命周期、扩大利润，应对竞争和环境的不断变化。

一、服务市场生命周期的概念

服务的生命周期是指某一种服务从进入市场、稳步增长到逐步衰退被市场淘汰的过程。

服务的生命周期也称为服务产品的生命周期或者服务的市场生命周期。

　　需要注意的是服务的生命周期与其使用周期是不同的。服务的生命周期强调服务市场营销活动的周期，服务的市场生命周期结束了，并不代表该服务没有需求或者不会被使用了，

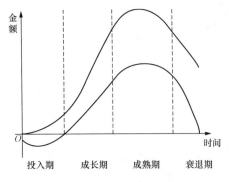

图 6-2　典型的服务生命周期图

如公用电话曾经风靡一时，但是随着手机的普及，这一服务已经逐步衰退，尽管如此，对公用电话的需求仍然存在，也就是说虽然服务企业不再对公用电话进行营销活动了，但是公用电话还是会被使用的。

　　一般来说，可以将服务的生命周期分为 4 个阶段：投入期、成长期、成熟期和衰退期。以时间为横轴，以金额（销售额和企业利润额）为纵轴，可以做出典型的服务生命周期图，如图 6-2 所示。

　　由图 6-2 可知，在服务生命周期的投入期，销量和利润增长缓慢，利润多为负数；进入成长期，服务产品的销量迅速增长，利润由负变正并快速上升；一旦销售增长缓慢，利润增长处于停滞，则进入成熟期；当销量缓慢减少一段时间后，销量快速递减，利润快速下降，则服务产品进入了市场衰退期。服务生命周期的各阶段具有不同的市场特征，服务企业也应针对这些不同的市场特征制定相应的营销策略。

　　除了如图 6-2 所示的典型服务生命周期之外，营销学者还研究得出了其他 4 种不同的生命周期变化形式，如图 6-3 所示为几种服务生命周期的变形图。

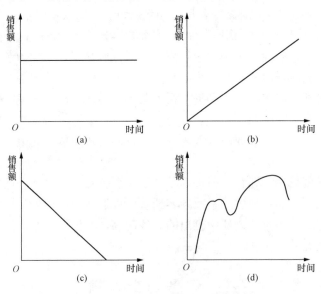

图 6-3　服务生命周期的变形

　　图 6-3（a）所示的服务产品，从进入市场就建立了比较稳定的销售水平，并且这种销售水平还在维持并将继续下去。

　　图 6-3（b）所示的服务产品，总能不断找到新顾客，并且维持老顾客的消费，这样就能不断获得销售的增长。

图 6-3（c）所示的服务产品，在进入市场时就有明显的优势，但随着时间的发展，却因为竞争原因或者其他因素逐渐衰退。

图 6-3（d）所示的服务产品，在初次进入衰退期时，由于促销或者服务创新措施得当，使该服务产品又进入新一轮生命周期，甚至能够到达比初次生命周期更高的销售水平。

二、服务产品不同生命周期营销策略

1. 投入期的营销策略

投入期是服务产品生命周期的最初阶段。这一时期的特点是销量较小且增长缓慢，宣传促销成本高，消费者对产品了解不多，竞争对手少，所以投入期的企业往往处于亏损或微利状态。消费者认识新服务并且消除主观上购买风险的时间直接决定了投入期的长短。这一阶段的主要营销策略就是在最短的时间内，以最快的速度进入和占领市场，为进入成长期打好基础。在现实的市场中，很多新开发的服务产品在投放市场以后，还没有进入成长期就被淘汰掉，因此，企业在投入期应通过宣传迅速建立消费者对服务产品的认知，筛选出最可能对服务产品感兴趣的潜在顾客，优先向他们推广产品，通过他们的积极反应和良好口碑来吸引更多的客户群，提高服务产品的知名度，从而缩短投入期的时间。在导入期，企业营销的重点主要集中在促销和价格方面，一般可以选择以下 4 种营销策略。

（1）快速掠取策略。这一策略是以高价格和高水平促销的方式推出新的服务产品。企业试图利用率先进入市场的大好时机，尽可能从每项销售中获得更多的利润，快速回收开发投资，同时采用高水平的促销策略使潜在的顾客尽快了解和购买公司产品，迅速占领市场。这种策略须具备一些市场条件：该服务产品具有较大的市场发展潜力；目标顾客对服务知之甚少，求新心理强；企业面临潜在竞争者的威胁，希望顾客尽快对该服务形成偏好。

（2）缓慢掠取策略。这一策略是以高价格和低水平的促销方式推出新的服务产品。企业采取高价格及时收回投资，获取利润的同时，增加了服务产品在顾客心中的价值；低水平促销的方法可以减少销售成本。该策略能使企业获得更多的销售利润。这一策略适用的条件是：该服务产品的市场比较固定；消费者对新的服务产品比较了解而且愿意出高价购买；潜在的竞争威胁不大。

（3）快速渗透策略。这一策略是以低价格和高水平促销的方式推出新产品。该策略可以使服务产品迅速进入目标市场，同时有效限制竞争对手的出现，为企业带来巨大的市场占有率。但高额的销售成本，会使企业利润微薄，甚至亏损。这一策略适用的市场条件是：市场规模较大，同时企业有望通过大规模的生产获得规模效应；消费者对服务产品不太了解，潜在的竞争比较激烈，企业希望迅速占领市场。

（4）缓慢渗透策略。这一策略是以低价格和低水平促销的方式推出新的服务产品。低价格有助于市场快速接受服务产品；低促销又能减少费用开支，降低成本，以弥补低价格造成的低利润或亏损。这种策略适用的市场条件为：该服务产品的市场容量大；目标顾客对服务产品比较了解且对价格十分敏感；存在潜在的竞争。

2. 成长期的营销策略

成长期是新的服务产品试销成功后，转而大批量生产和扩大市场销售额的阶段。这一时期，服务产品开始被越来越多的消费者接受并使用，企业销售网络已经建立，销售额急剧上升，同时竞争对手相继进入市场，加剧了市场竞争强度。

这一时期企业的营销重点应该放在保持并扩大自己的市场份额,加速销售额增长方面。可以使用的具体策略有以下几种。

(1)产品策略。根据市场的需求不断改进服务产品,提高产品的质量是企业在竞争中取胜的关键。服务企业应时刻注意市场的变化,不断地增加服务种类,开展特色服务,加强服务管理,以吸引更多的潜在顾客。

(2)市场细分策略。通过市场细分,找到新的尚未满足的细分市场,积极开拓市场,并迅速占领市场,从而提高服务产品的市场覆盖率。

(3)促销策略。在投入期,企业广告宣传的重点是提高服务产品的知名度,进入成长期之后,宣传的重心应转移到树立良好的服务形象上来,创立品牌,增强顾客对服务产品和企业的信任感,在保持老顾客的同时,吸引发展更多的新顾客。

(4)价格策略。在成长期,虽然市场需求量较大,但在适当的时机,企业可以降低价格,从而有效增强竞争力,防止潜在竞争者的进入。当然,降价可能暂时减少企业的利润,但是随着市场份额的扩大,长期利润还可望增加。

3.成熟期的营销策略

成熟期是服务产品生命周期的黄金时代。在这个时期,服务产品的销售量达到最高点,后期可能出现负增长;利润也达到最高点,并有逐渐下降的趋势。这时,服务产品被众多的服务商模仿,加之新产品的进入,促销战、价格战此起彼伏,竞争十分激烈。在成熟期,企业不仅要采取措施发掘服务产品新的潜能,延长成熟期,还要适时着手研发新的服务产品。但由于服务商并不是总能找到新的市场机会,继续经营成熟期的服务产品仍然是公司的一个选择,况且虽然成熟期市场不再增长,但需要的投入也少,所以,如果服务商能够占据有利的竞争地位,采取恰当的营销策略,一样可以获得丰厚的利润。成熟期服务产品的营销策略主要有以下两种。

(1)市场改进策略。即寻找新顾客,开辟新的服务市场,提高服务产品的销售量和利润率。新市场的开拓主要包括以下两个方面:一是对市场进行重新定位、细分,将服务产品推入新的细分市场,寻找新的客源;二是将成熟的服务产品投放到全新的市场中,扩大服务产品的覆盖面。

(2)产品改进策略。即改进服务产品的性能用途及品质,以吸引新的顾客或增加现有顾客的购买使用量。企业可以通过以下几个方面来实施产品改进策略。

1)提高质量,不断丰富产品的内涵,规范服务,改进产品的性能特性。

2)增加特色服务,向顾客提供独特的、体现个性的服务,可以增强服务产品的竞争力,使企业获得更大的定价权力。

3)改进营销组合,通过改变定价、销售渠道及促销方式中的一个或几个要素的配套关系来刺激和扩大顾客的购买。

4.衰退期的营销策略

衰退期是服务产品更新换代的时期,当服务产品进入衰退期,企业不能盲目将其放弃,也不能一味维持原有的生产和销售规模。企业必须清晰地了解该服务产品在市场中的真实地位,而后做出正确的决策。衰退期的特点是,服务产品的销售量和利润开始下降,消费者偏好开始改变,新的有竞争优势的服务产品已经进入市场。衰退期可以采用以下营销策略。

(1)维持策略。即服务企业在目标市场、价格、销售渠道、促销等方面维持现状。在这一阶段很多企业纷纷退出市场，因此，对一些有条件的企业来说，并不一定会减少销售量和利润。使用这一策略的企业可配合延长服务产品生命周期的策略。企业延长产品生命周期的途径很多，主要包括：通过价值分析，降低服务产品成本，以利于进一步降低服务产品价格；通过科学研究，增加服务产品功能，开辟新的用途；加强市场调查研究，开拓新市场，创造新的服务内容。

（2）缩减策略。企业在维持原有经营状况的同时，根据市场的变化和自身的条件，在规模上进行适当收缩。例如，企业可以将所有的营销力量集中到一个或几个细分市场上，在加强这几个细分市场营销力量的同时，大幅降低营销的费用，以增加当期利润。

【案例 6-2】

EA 公司于 2009 年 11 月 10 日公布了第二季度业绩，净亏损 3.91 亿美元，同时宣布裁员 1500 人，并关闭数处设施，从而每年节约 1 亿美元的费用。

EA 此次裁员人数将占员工总数的 17%。EA 首席财务官埃里克·布朗（Eric Brown）表示，裁员主要针对研发部门和公司职能部门。EA 同时决定缩减产品线，主要关注能带来较高毛利率的游戏。布朗表示："我们将裁减不能带来经济利益的项目和支持活动，从而释放更多资源，更有力地推动我们关键游戏的发展。"EA 表示，《FIFA10》《麦登橄榄球 10》和《披头士：摇滚乐队》等游戏的发布给第二季度业绩带来帮助，并宣布以 2.75 亿美元收购了私营游戏公司 Playfish，从而进军社交游戏领域。

（案例来源：维金. EA 宣布裁员 1500 人并缩减游戏产品线. 新浪科技 http:// www. sina.com.cn）

（3）撤退策略。此服务产品已经没有改进和重振的希望，企业继续经营该产品已经无利可图。这时企业应果断地停止该服务，转向新的服务。

任务四 新服务产品的开发

随着当今经济、科技的发展，市场竞争日益激烈，社会上服务产品更新的速度非常快，服务企业要想取得成功，决不能仅仅依靠现有的产品。只有不断地进行新产品的开发，服务企业才能在市场上求得生存和发展。

一、新产品的概念

从经营者的角度来看，服务新产品是指本企业以前从未生产和销售过的服务产品。新产品包括的范围很广，它不单单是指市场上出现的前所未有的产品，如新开发的家政服务、新开发的分红保险、新建成的娱乐场所等（这些全新产品不可能经常出现，只占服务新产品的一小部分），更多地是指对一个企业经营来说是新的、市场上已经出现了的相对新的产品。服务企业大多依靠增加服务项目、模仿竞争者的服务项目、改进产品质量等方式进行服务新产品的开发。

总之，只要是整个服务产品构成中任何一部分进行了创新或改革的产品，都属于新产品之列。

【案例 6-3】

婴 儿 游 泳 馆

当一个小生命降临，他（她）便成为一个家庭的中心。家庭中的每一位成员都会竭尽所能为宝宝提供有利的成长条件。由此，从宝宝身上衍生出了诸多商机，而婴儿游泳健身是孕婴产业链中较为新兴的一环，市场可供发展的潜力十分巨大。

小天使的出生，会让全家幸福洋溢地手忙脚乱。打理好宝宝的食、衣、住、行之后，接着就是展开育乐生活。近年来的运动风气盛行，也延伸到婴儿养育中。

按照我国的老传统，婴儿要到满月的时候才能洗澡。如今这一传统观念已经被彻底颠覆了，越来越多的新生儿已经与水成为好朋友。由于在羊水里生长了 10 个月，对于出生不久的宝宝而言，最适合的全身运动，莫过于游泳了。

在国外，婴幼儿游泳的概念已被广泛接受和应用，并取得了良好的效果。在上海，婴幼儿的游泳训练及健身之风也正渐渐兴起。在上海体育馆附近，就有这样一家洋洋婴儿游泳健身馆。开张仅一个多月，就有来自全市的许多年轻家长带着宝宝慕名而来。

（1）婴儿的健身乐园。阳光般金黄的主题颜色，富有童趣的玩具摆设，这个婴儿游泳健身馆的布置更像个儿童天地。馆内有四个显眼的特意从景德镇定制的大缸，这就是宝宝们的泳池了。一个刚刚一个半月大的宝宝脖子上套着特制游泳圈，躺在温水中，小脚来回扑腾，时而还朝一旁的妈妈发出咯咯的笑声。

据介绍，婴儿游泳主要是指 12 个月内的婴儿在安全保护措施下，由经过专门培训的人员操作和看护而进行的一项特定的、阶段性的水中早期健康保健活动。"如同成人进行游泳锻炼一样，新生儿参加游泳训练，有益于协调能力、骨骼和肌肉的发育，以及心、脑、肺的发育。"洋洋婴儿游泳健身馆的朱小姐说："从出生至 6 个月，一般是宝宝心肺功能健全的时期，越小的宝宝对水的环境越是不陌生，而且受周围环境的影响也更小。所以宝宝游泳越早越好，有的宝宝出生三五天就开始游泳。最通俗地讲，早期锻炼完善了心肺功能，对于孩子以后减少感冒都有十分明显的作用。"

由于很多新生儿家长对于婴儿游泳的好处都已有一定的认知，但是苦于找不到一个很好的专门提供此项服务的场所，因此，洋洋婴儿游泳健身馆一开张，就有很多家长远道而来，第一位办卡的顾客就来自浦东。

在洋洋婴儿游泳健身馆，收费分两种形式。一种是办卡消费，也有两种可以选择，只进行游泳的，12 次卡价格为 600 元；如果宝宝在馆内进行洗澡、游泳以及抚触的全套健身，12 次卡的价格为 800 元。另一种是可以进行单次消费，价格分别为 68 元和 100 元。

朱小姐告诉记者说："从目前的情况来看，单次消费的客人是以让宝宝试着体验一下为主，大多数还是办长卡的顾客。这些家长对于婴儿游泳都已经有了一定的认知，有的之前也带孩子在医院游过，而且往往也具备一定的经济实力。一个有意思的现象是，如果家长自身是健身房的常客，对于宝宝游泳的消费将会非常主动和积极。因为宝宝每周一次游泳，半年健身的花费也就 130 元左右，相对于他们在健身房的开销根本不算什么，相反好处良多，所以更加慷慨。"

（2）宝宝健身，安全至上。对于进行为婴儿提供游泳健身服务的创业者而言，保证宝宝的安全至关重要，并且是持续经营的首要条件。所以，洋洋婴儿游泳健身馆会在各个环节严格把关，确保宝宝的安全。

据了解，该馆目前所有的工作人员都来自妇幼保健医院或是其他医院的妇产科室，对于婴儿护理有着相对丰富的经验，更懂得一些和婴儿的交流之道。"对于前来游泳的宝宝，我们也会进行一些预访，如果宝宝有一些先天性心肺功能上的疾病，或者家长有这样的病史，我们建议他们不进行这样的尝试。"朱小姐说道。

对于出生不久的婴儿，脐带还没有长合，为了防止感染，下水前护理人员会在婴儿脐带上贴上防水护脐贴。而水温也是颇有讲究的。"在理论上，38~40℃是婴儿游泳的水温范围，但是在实践过程中我们发现35℃的水温是宝宝更适应的。针对每位宝宝在家洗澡习惯水温都不太一样这种情况，宝宝下水前我们都会让家长现试水温，略低于洗澡水温就可以了。此外，游泳馆的室温也严格控制在28摄氏度左右。"

宝宝游泳的时间长短也是需要控制的。据介绍，一般游泳时间在 10~30min，具体情况视宝宝的体质和月份而定，尤其对于第一次游泳的宝宝而言，持续时间不宜过长，否则宝宝反而会因为疲劳过度而影响正常的睡眠。"所以，在每次游泳之后，我们都会打电话进行回访，对于宝宝在游泳回家之后的反映和表现做一些了解，便于下次健身时更周全的照顾。"尽管在各个环节做了细致的安全措施，为了避免无法辩明责任的意外情况发生，洋洋婴儿游泳健身馆也有明确的规定，要求在每个婴儿游泳时，必须有一位家长和一名护理人员同时看护。

（3）目标是母婴一条龙服务。洋洋婴儿游泳健身馆是来自深圳的连锁机构，在国内主要立足于包括深圳在内的上海、成都、石家庄、北京等五大城市，目标致力于全方位的孕婴综合服务。

原来，洋洋婴儿游泳健康馆的创办者本身就是从事婴幼儿早教事业出身，在积累了相当长时间的从业经验之后，发现孕婴市场中有更广泛的商机。婴儿游泳健身只是其中的一个环节。在上海洋洋婴儿游泳健身馆旁边相连的几个馆内，正在筹划开办针对产后妇女开设的瑜伽课程。

据悉，规划完善之后，洋洋婴儿游泳健身馆的服务模块将涉及准妈妈学堂，专业月嫂服务，婴幼儿营养饮食解决方案、特种纪念品设计，婴儿游泳、0~3岁亲子园、2~6岁特色课程等贯穿于孕婴的方方面面。建立孕婴服务的一块牌子，这应该就是该连锁机构的经营思路。

（资料来源：根据《10万元投资开家"婴儿游泳馆"》，国际加盟网，2007-12-11 改编。）

二、新产品的种类

服务新产品大致可分为以下 4 种。

（1）完全创新产品。完全创新产品是采用新原理、新技术、新材料研制出的市场上从未出现过的产品，这是绝对的新产品，它的创新程度最高。

（2）换代新产品。换代新产品指对现有产品进行较大改革后生成的产品。如饭店客房过去夏季室内用一般分体式空调，现在改造成中央空调；旅行社原来经营纯观光旅游产品，现在发展观光兼度假的二合一产品。

（3）改进新产品。改进新产品指对原有产品不进行重大革新，只对它进行局部的、形式上的改变。如团体包价旅游中可采用几种旅游者自由度较大的包价旅游方式；又如客房服务增加儿童免费加床服务或餐厅延长服务时间等。推出改进新产品是企业吸引旅游者、保持和拓展市场的一种重要手段。

（4）仿制新产品。仿制新产品指市场上已经存在，企业对其进行模仿后经营的产品，它同换代新产品和改进新产品一起被称为市场新产品。仿制是一种重要的竞争策略。因为全新产品可能获得的利润与其投资之间的关系极不稳定，具有很大的风险，所以很多企业往往不做行业中的先锋，率先推出某种新产品，而是采取一种"坐视"的态度，当看到某一服务产品在市场上很畅销时，则迅速进行仿制并推向市场。仿制新产品既可以借助于其他企业的推销成果，又有利于在仿制时对企业现有产品的不足之处予以改进。有改进的仿制为企业提供了竞争力量。但旅游企业在进行仿制时，要注意抓住时机，速度宜快。否则，当企业的仿制新产品进入市场时，该种产品可能已进入成长期或成熟期，市场价格趋于下降，影响企业的利润。

三、服务新产品的开发程序

服务企业主要通过两种途径引入新产品：一是通过购买或特许经营的方式从外部获得；二是企业自主进行新型服务产品的开发。无论哪种开发策略都有风险，并且新产品开发的失败率都相当高。有研究报告指出：新产品的失败率中消费品为40%，工业品为20%，服务为18%。导致新产品开发失败的因素主要有产品构思上的错误、实际产品没有达到设计要求、市场定位错误、营销策略失误或产品设计达不到顾客要求等，因此，同有形产品的开发一样，开发服务产品也要遵循科学的程序。服务产品的开发也需要经过构思、筛选、概念发展和测试、商业分析、开发试制、市场试销和正式上市等7个步骤。

（1）构思。构思是对未来产品的基本轮廓架构的构想，是新产品开发的基础和起点。这些设想可以通过许多方式产生，既可能来自企业内部，又可能来自企业外部；既可以通过正规的市场调查获得，又可以借助于非正式的渠道。这些构思可能是为公司提供递送新服务产品的手段，或者是为公司取得服务产品的各种权利（如特许权，franchise）。从外部看，顾客、竞争对手、科研机构、大学和海外企业的经验都是企业获得构思的主要来源；从内部看，企业科技人员和市场营销主管人员是主要的来源，同时，一般职工的设想对新产品开发者也具有启示意义。

（2）筛选。对于所获得的构思，企业还必须根据自身的资源、技术和管理水平等进行筛选，因为有些构思甚至是比较好的构思并不一定能付诸实施。通过筛选，可以较早地放弃那些不切实际的构思。当然，在筛选阶段，企业一定要避免"误舍"和"误用"两种错误。筛选的过程主要包括两个步骤：首先，建立比较各个不同构思的评选标准；然后，确定评选标准中不同要素的权数，再根据企业的情况对这些构思进行打分。可供服务企业采用的标准有市场大小、市场增长状况、服务水平和竞争程度等。必须强调的是，没有任何一套标准能适合所有的服务业公司，各企业都应该根据自身的资源情况开发并制定出自己的一套标准。

（3）概念发展与测试。经过筛选后的构思要转变成具体的产品概念，它包括概念发展和概念测试两个步骤。产品构思是企业提供给市场的一个可能的产品设想，产品概念是用消费者语言表达的精心阐述的构思。在概念发展阶段，主要是将服务产品的构思设想转换成服务产品概念，并从职能和目标的意义上来界定未来的服务产品，然后进入概念测试阶段。概念测试的目的是测定目标顾客对于产品概念的看法和反应。此外，在发展和测试概念的过程中还要对产品概念进行定位，即将该产品的特征同竞争对手的产品作一比较，并了解它在消费者心目中的位置。在服务产品概念的发展中，另一个相关阶段是服务产品定位。服务产品定位是指一家公司的服务产品形象表现相对于其竞争性服务产品，或者相对于其本身组合中的其他服务产品的相关视觉呈现。此种呈现方式的主要作用在于，使服务产品的属性与竞争性产品相比较，使顾客将其与本身需求产品的可接受性相比较，从而突出新产品的市场形象。

（4）商业分析。商业分析即经济效益分析，是为了了解这种产品概念在商业领域的吸引力有多大及其成功与失败的可能性。具体的商业分析将包括很多内容，如推广该项服务产品所需要的人力和额外的物质资源、销售状况预测、成本和利润水平、顾客对这种创新的看法及竞争对手的可能反应等。一些常用的分析方法，如盈亏平衡分析、投资回收期法、投资报酬率法等非常有助于企业的商业分析。

在此阶段经常需要一些开发性技术和市场研究，以及新服务产品推出上市的时机掌握和成本控制手段。

（5）开发试制。进入具体服务产品实际开发阶段时，企业要增加对此项目的投资，招聘和培训新的人员，购买各种服务设施，建立有效的沟通系统，建立和测试构成服务产品的有形要素，构建有效的服务产品递送系统。

（6）市场试销。因为顾客对设想的产品同对实际产品的评价会有某些偏差，当新产品研制出来之后通常要经过市场试销。由于服务产品的不可感知性，服务企业并无实体产品可供测试，试销某些新型服务产品总是存在一些特定的困难。一般来说，通常会选择小范围试销新服务，通过顾客的感受来调整新产品的服务内容和服务项目等要素。

（7）正式上市。这一阶段意味着企业正式开始向市场推广新产品，新产品进入其生命周期的引入阶段。企业在新产品上市之前，必须要明确如何在适当的时间和适当的地点、采用适当的推广战略、向适当的顾客推销其新型服务产品。

【案例6-4】

麻辣小龙虾的开发与保护过程

簋街是北京有名的餐饮一条街，麻辣小龙虾已成为簋街招徕八方食客的重要特色小吃，但它并非一开始便有。麻辣小龙虾的引入、发展与保护充分体现了新服务的特点。

1994年以前，北京尚没有麻辣小龙虾的概念，当时北京很盛行吃基围虾（学名刀额新对虾）。但基围虾价格昂贵，其客户群主要是一些高端消费者，无法满足中低端消费者的需求。创造出麻辣小龙虾概念的是簋街一家餐饮店的店主（绰号傻柱子），当时他的店仅靠每天600~700元的流水勉强维持。

1994年初，傻柱子去江苏出差，发现当地都用小龙虾炖菜，味道不错也相当畅销。而当时，北京正盛行吃重庆火锅。傻柱子一直在琢磨如何将小龙虾用独特的工艺进行加工，做出适合北京人口味的小吃。看到重庆火锅的火爆后，他灵机一动，何不将小龙虾与重庆火锅的麻辣结合？为此，他专门请来川菜师傅进行麻辣小龙虾这道新菜品的开发。但在开发初期，麻辣小龙虾的味道总存在不足，别说顾客，连傻柱子本人都觉得"口味还差点什么"。面对这种情况，傻柱子采用了"免费试吃"的办法，通过消费者的免费试吃提出不足和加以改进。通过近2个月的试吃、改进，麻辣小龙虾的工艺、口味、宣传等都已初步成熟，于是正式推向了市场。

麻辣小龙虾一经推出，便大受欢迎，它满足了中低端餐饮市场的大量潜在需求。前来品尝的食客中不乏学生、普通市民。麻辣小龙虾的火爆为傻柱子带来了丰厚的经济回报。在每天络绎不绝的食客中，傻柱子发现有很多是在簋街开餐馆的老板，他们不仅当场品尝，还总要打包带走。

为防止麻辣小龙虾被竞争对手剽窃，傻柱子开始约法三章。第一条是不准服务员进入厨房，不准与食客讨论麻辣小龙虾的做法；第二条是不准本店厨师与其他店的厨师私下交流；最重要的一条是，在发现食客是竞争对手后，傻柱子给他们提供的是经过勾芡的小龙虾。但这些措施并没有有效防止麻辣小龙虾被模仿，即便是那些做勾芡麻辣小龙虾的餐馆的生意也异常火爆。

不到1个月时间，簋街所有餐馆里都出现了麻辣小龙虾的身影。由此，麻辣小龙虾逐步成为簋街的招牌菜，形成了独特的"麻小"饮食文化。

（资料来源：据 ttp//wenku.baidu.com/view/94443ac74028915f804dc281.html 整理）

任务五　服务产品的品牌决策

一、服务品牌的含义

品牌是吸引消费者重复购买服务产品的一个主要的决定性因素。它能使顾客通过其提供的有效信息来识别特定的公司及产品。

美国市场营销协会对品牌的定义是："品牌是一种名称、术语、标记、符号或设计，或是它们的组合运用，其目的是要使自己的产品或服务有别于其他竞争者。"

服务产品作为一种特殊的产品，不仅要考虑到服务结果的影响，还要考虑顾客对服务的感知。所以，传统意义上对品牌的定义并不完全适用于服务产品。服务品牌至少还应包括两个方面的内容：一是服务具有过程性的重要特征；二是顾客也是创建服务品牌的重要因素。

通过上面的描述，可以看出，虽然名称、术语、标记、符号等也是服务品牌的形成要素，但服务过程才是服务品牌的基础，因为正是有了服务的过程才形成了顾客对该服务的印象。

在服务业快速发展的当今时代，服务品牌比比皆是。如联邦快递、花旗银行等。在服务营销中，公司品牌是形成企业服务特色、取得企业竞争优势的重要手段。

品牌含义起到展示品牌、服务概念、质量和价值的作用。公司提供的服务，以及服务质量、服务的价值都将影响顾客对现有品牌的认识。因此，企业必须创造并加强服务质量以提高预期的品牌形象。

二、服务产品的品牌策略

1. 品牌化策略

世界上大多数商家都使用个性化品牌，因此要给产品加上品牌名称和品牌标识，这样才能利于市场推广，吸引忠诚的消费者，树立企业的良好形象。

2. 品牌质量策略

一个品牌往往代表着该产品的质量档次，一旦给客户形成不好的感觉之后，即使再在此品牌上下工夫，仍很难得到客户的认可，因此可以考虑再创品牌，提升档次，通过差异化营销来吸引不同水平的消费者。

3. 品牌使用策略

对于品牌的设计和使用可根据企业的实际情况来决定，企业可以自己设计品牌，自己使用，宜在企业发展初期业务量不大时采纳；但企业业务量加大时，可以采用自己设计品牌，然后委托他人生产的贴牌模式，解决资金和成本问题，有利于扩大市场份额，解决产能不足的问题。

4. 系列品牌策略

企业在产品线很长，在行业内发展了很长时间时，此时应该不断打出子品牌，这样才能细分市场，使各个档次的客户都能记住自己所需要用到的品牌，并且不同的产品品牌前还冠有企业的统一名称，使所有子品牌享有企业的良好声誉，又各具特色，并能在市场上形成一个总体效应。例如联合利华在提供洗护服务上拥有十几个子品牌的产品。

三、服务产品品牌管理策略

在品牌的形成产生到发展壮大的全过程中，不同阶段要针对品牌的发展特点，遵循客观事物的发展规律，制定相应的管理策略。

1. 认知阶段管理

在认知阶段最重要的是打出品牌的知名度，以让客户购买该类产品时只记住某一品牌为目的。客户在开始时是不了解这一品牌的，通常是记住了品牌的形象，但随着接触的增多，可以根据形象喊出品牌的名称，最终达到在客户中有口碑，产品与品牌的联系最为紧密。因此在保证产品质量的前提下，要通过各种手段来向客户传达信息，强化其品牌记忆，特别是采用某些促销手段能够达到记忆深刻的效果。某手表公司广告上宣传在约定地点时间将免费赠送手表，当客户按时到达地点后，公司用飞机直接向地面抛撒手表，而客户发现表没有摔坏，因此马上创出了知名度。

2. 美誉管理阶段

在产品知名之后，客户之间会通过相互介绍、主动推荐的方式无形地推销服务产品。如去过某地的旅客会在他人询问旅游所见所闻时，流露出对某旅行社的赞扬或者批评的态度，在某影院看过电影的观众回来后和朋友聊天时会透露出对该影院服务态度的评价，这时的品牌推广效率远高于在媒体上打广告的效率。因此在这一阶段，认知上升为美誉，在保证质量的前提下，对每一位客户都要尽心照顾，当有投诉意见时，尽早处理。

3. 忠诚管理阶段

当企业品牌的质量保持了较长时间后会出现忠诚的客户，他们只认品牌，认为是品牌保证了质量，这是企业现在和将来稳定的客户群。如何延续这种忠诚，是这一阶段的重点工作，企业可采取打折优惠等措施，对他们的忠诚进行奖励。如在某宾馆住的次数较多，打折的力度更大，使其获得心理上的满足感，感受到企业的重视和关注。

【案例 6-5】

提升品牌效应的方法

美国橡胶公司是一家以研制新产品著称的企业。它每年可以向市场推出 360 种新产品，几乎是一天一个新产品。美国橡胶公司总裁观察市场竞争的态势后认为：公司真正强大的竞争对手不是什么大企业，而是那些机制灵活的小公司。因此，要与竞争对手周旋，必须在公司里也建立同样敏捷灵活的小型组织机构。美国橡胶公司有一万余名员工，公司组织了许多小的团队——新产品小组。公司领导层给予小组灵活决策的权力，使每一个小组成员都全身心地投入工作。公司把新产品小组派到世界各地，研究分析消费趋势，有针对性地提出新产品开发方案，然后利用公司的全部资源，支持最新产品的研制营销。这样，公司就能将大、小组织的优势集于一身。进入 20 世纪 90 年代，人们的环境保护意识日益增强，绿色营销也成为企业追求的目标。对于一个制造橡胶和塑料产品的公司而言，这无疑是一个严峻的挑战。美国橡胶公司新产品小组在细微处寻觅机会。为减少白色污染，公司经开发研究，于 1991 年推出"伙伴"洁净餐盒。这种具有环保意识的新产品在市场上获得了巨大的成功，年销售额达数百万美元，在全美餐盒市场的占有率达到 12%。成功的"伙伴"餐盒进一步利用优秀的品质和周到的服务，提升品牌效应，以抵制小公司的仿制品。市场上一般的儿童餐盒的零售价为 5~7 美元，"伙伴"儿童餐盒零售价却要 8~10 美元，照样畅销不衰。

    这则营销故事告诉我们，优秀的管理者会抓住身边发生的任何一件小事，这就是细微之中的机会。当我们在管理一个大的公司的时候，不一定非要赚大钱。其实，大钱也是由小钱一点点积累起来的。因此，大公司应该充分利用自己的资金和技术的优势，不断在市场上推出新产品。

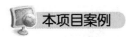 **本项目案例**

Interrent-Europcar 公司服务产品

    Interrent-Europcar 公司是瑞典最知名的汽车租赁公司之一，业务遍及整个瑞典。当汽车租赁行业刚刚起步的时候，这家公司的总裁就意识到，不能像其他的竞争对手一样，仅仅只为消费者提供他们所要求的一辆车。Interrent-Europcar 将公司定位在运输服务提供者的位置上，为那些临时有运输困难的消费者提供即时性的运输服务。

    这个核心服务界定下来之后，便利服务和支持服务的内容也随之确定下来，具体内容包括：服务条款信息、服务预订、将车送抵消费者、消费者使用汽车、消费者归还汽车、定价、结算、付款、消费者抱怨处理等。

    至此，服务产品基本要素全部被确定下来了，接下来就是规划服务的可获得性、消费者与服务提供者的互动性及消费者在服务中的作用等问题。Interrent-Europcar 将与这 3 个要素有关的目标全部转化成了服务承诺，以此来表达企业推出新服务的决心。通过这种方式，一方面确保了公司要以消费者为中心，另一方面也为员工树立了工作的标准和目标。

    1. 安全服务承诺——保证全程安全服务

    保证所租赁的汽车始终处于良好的状态，如果出现抛锚等问题，保证将消费者安全地送抵目的地，而且从汽车发生故障后 45 分钟之内，消费者就可以得到企业提供的补救服务。Interrent-Europcar 与一家担保公司签订了合同。这家担保公司可以 24 小时接听消费者电话，并提供相应的服务。如果消费者由于缺少帮助而不能继续自己的旅行，他可以拨打担保公司的电话。公司保证消费者在 45 分钟内可以重新上路。如果找不到解决的办法，公司雇出租车将消费者送到目的地，费用由 Interrent-Europcar 全额承担，不管这笔费用有多大。

2. 最低价格承诺——接受同样的服务，消费者可以更省钱

为实现最低价格承诺，公司引进了一套新的计算机系统。通过计算机系统对各种费用做出合理的估算，并立刻将价格报给消费者。这个系统还使得公司能够对各种情况下的费用做出估算。

利用这套系统，消费者可以非常清楚自己将要支出的费用，不必再计算到底怎样租车才合算，租一天还是租一周，是按里程还是按其他方式计费等。

3. 无忧服务承诺——更加方便和容易获得服务

为了实现消费者"提车"和"换车"都非常便利简单的目的，公司决定，第一，消费者可以在公司的任何一个营业点"提车"，可以到公司提车，也可以到火车站或酒店提车。公司还承诺，公司会在消费者要求的时间内备好车，误差不超过 5 分钟。如果消费者等候"提车"的时间超过了预定时间，他可以免费获得公司的服务。第二，消费者用完车后，只要还到公司的营业点就可以了，不必还到原来租车的地方。不管车还到哪里，价格都是最低的。

（案例来源：邓红斌.《服务品牌》从服务产品组合开始. 全球品牌网 http：//www.globrand.com）

讨论题

（1）谈谈你对服务产品整体概念的理解。

（2）结合案例分析服务产品各要素与扩大服务供给对企业创建服务品牌的重要性。

（3）你从这个案例中得到了什么启示？

国航西南分公司 2008 年度服务产品创新工作成效显著

2008 年，中国国际航空股份有限公司（Air China Limited，简称"国航"）西南分公司改革了服务产品创新工作，成立了专门的服务产品创新领导小组，同时，提出了"整合区域资源，在保证服务产品规范性和一致性的基础上，开展服务产品创新"的工作思路，制订下发了《西南分公司 2008 年服务产品创新计划》，明确了 2008 年服务创新工作主要围绕 7 个主题项目开展，以行动计划的方式推进该项任务。由于领导重视，措施得力，此项工作收效显著，至 2008 年年底，除因受地震的影响，"成都北京精品航线计划"推迟外，其他 6 个项目全部完成。

一是突出重点，首次从国航西南分公司层面统一了春节特色服务策划，高质量地完成了"两会"运输服务保障工作。2008 年共完成四川、贵州、西藏、重庆和成都军区"两会"代表团航班 14 个，并首次从国航西南分公司层面组织了统一的"两会"回访，受到"两会"代表和地方接待单位的好评。

二是关注高端旅客，继续推进高端旅客个性化服务。国航西南分公司地面服务部开展了"凤凰旅途高端服务升级服务"和"国航魅力金沙"地面专项服务。国航西南分公司客舱服务部推出了秋冬季服务产品升级计划——"和煦暖阳"主题服务。国航西南分公司营销中心开展了"携手知音宝贝，凝聚爱的力量"等活动。

三是突出奥运主题，强化奥运合作伙伴品牌宣传；设计销售特色服务产品，努力提高国航的细分市场份额。国航西南分公司营销中心抓住奥运航空运输唯一合作伙伴的机会，进行

国航的品牌推广，举行了"跃动2008，华西社区奥运会"等系列活动。

　　四是开展各种节日特色服务，提升服务形象。国航西南分公司客舱服务部推出了"繁荣客舱""关爱儿童，爱心飞翔""激情客舱""好运客舱""健康客舱"等系列主题活动，全年共完成特色航班28个。国航西南分公司地面服务部开展了"奥运倒计时七天乐"等各种主题节日活动。

　　（资料来源：民航资源网，2009年2月6日.）

　　以3～5人为一组，根据所学服务产品策略的相关知识讨论以下两题。

　　（1）国航西南分公司推出的服务产品组合包含哪些内容？

　　（2）国航西南分公司的服务理念是什么？

实务自测题

　　（1）说明"服务包"理论及它的现实意义。

　　（2）研究服务产品的生命周期有什么意义？

　　（3）服务产品组合决策的方法和依据是什么？

　　（4）如何进行新服务产品的开发创新？

实训题

　　实训要求：为企业制订服务产品组合策略、产品生命周期服务营销策略、服务业增长策略、服务品牌的培育推广和管理策略并撰写调研报告。

项目七　服务促销策略

学习目标

（1）了解服务促销的概念和促销组合的主要方式。
（2）掌握广告促销的原则和主要任务。
（3）了解人员推销的基本技术。
（4）了解公关关系的职能和主要方式。

导入案例

某酒店的促销活动为什么会失败

某酒店是一家特色料理店，厨师是从国外高薪聘请而来，格调、环境与菜品都较有档次，目标人群定位是市内高端消费人群。

张伟担任酒店营销总监厂全权负责酒店的运营事宜。根据自己的从业经验，张伟罗列了一下自己工作的两个重点。① 服务系统培训。通过自己在餐饮界多年的人际关系，张伟请来了一家在星级酒店做餐饮主管的朋友来对服务人员进行系统培训，他认为，要想提升并让顾客认可酒店的档次，服务必须是一流的。② 销售开发。根据以往经营酒店的营销经验，张伟组建了销售部，招聘了销售人员来进行酒店业务的开拓，并对员工进行了系统的餐饮业务培训。

为了烘托出酒店的开业氛围，吸引更多的客户，张伟采取了开业前在普通社区安排巡街、凭宣传单领礼品和前 15 天消费满 100 送 50 的高额返券的方式，并在前期市场预热时同步进行宣传，同时在临街的窗户上贴上了"满 100 送 50"的通知。

开业连续两周，天天爆满，门前一直都有客人排队等候。但好景不长，当促销活动结束后，酒店营业额迅速下降，日营业额由原先的二十多万元下降到了九万元，而且大部分都是返券消费。面对这种情况，张伟百思不得其解。为了缓和投资者带来的压力并吸引客流，张伟一边寻找解决方法，一边继续推出了持续 10 天的消费满 100 返 30 的优惠活动，试图在先提升客流后再寻找更好的解决方案。

结果，酒店上座率持续下滑，来酒店消费的顾客几乎很少有原定的高端目标群体，酒店的定位于实际经营产生了严重脱档。第二次活动结束后，酒店陷入严重亏损境地。8 月底，张伟黯然离职；10 月，酒店宣布关门，投资宣告失败。

（案例来源：宋曙光.中国营销咨询网 http://news.51cmc.com/200906/20090619104744755609.shtml.经编者加工整理）

在服务业竞争日趋激烈、产品不断创新的今天，服务企业必须加强对自身的宣传，即与外界的信息沟通。服务企业信息沟通，一方面靠传统的促销手段；另一方面靠相互交往的营销工作，即关系营销。服务促销及其组合是企业市场营销的一个有机组成部分。主要以更好地满足消费者的需求和使企业的整个营销工作的效率更高为目标。

任务一　服务促销概述

一、服务促销的概念

作为企业来讲，必须把服务产品的相关信息传递给其目标客户，其潜在的目标客户也需要知道某项服务的存在，在哪里和在什么时候得到该项服务，该项服务能为他们做什么及如何使用这些服务。这些沟通必须要靠企业的促销活动来实现。

服务促销（service promotions）的概念可以解释为：企业在经营的过程当中，为了获得更多的客户资源，利用各种措施和手段把本企业所能提供服务的一切有用信息，诸如服务的内容、方式、特色、价位等，传递给客户的一种经营活动。

可以从以下三个方面入手理解这个概念。

（1）服务促销的根本目的是传递信息，进行市场沟通。

（2）服务促销的目的是激发顾客的购买欲望。

（3）促销的手段是告知、帮助和说服。

通过服务促销活动，客户可以对企业有一定的认识，进而才可能享用企业提供的服务。因此可以说服务促销是打开企业与客户沟通的一扇门，一扇必不可少、至关重要的门。它影响着企业的运营效益，能使顾客对企业更信任、更有好感，更能刺激他们重复购买、长期购买，成为企业的忠实客户。因此进行服务促销非常必要。

无论是附加于实体产品的服务，还是服务企业提供的独立的服务产品，都需要促销。促销的方式有人员推销和非人员推销。非人员推销包括广告、营业推广、公关关系等。

二、服务促销的目标

服务促销的基本目标是：建立对该服务产品及企业的认知和兴趣；塑造服务企业和产品与竞争者的差异；沟通并描述所提供的服务项目的利益；建立并维持服务企业的整体形象和信誉；说服顾客购买或使用该服务产品。

一般来说，这些服务促销目标会根据面对对象的不同，在促销过程中有不同的侧重点，表7-1是对服务促销目标的具体描述。

表 7-1　　　　　　　　　　　　　　服 务 促 销 的 目 标

促销对象	具 体 目 标
顾客目标	增进对新服务和现有服务的认识 鼓励试用服务 鼓励非用户参加服务展示或试用现有服务 说服已有顾客继续购买或增加购买频率 改变顾客需求服务的时间 沟通服务的区别利益 加强服务广告的效果，吸引群众注意 获得服务可在何时、何地、如何被购买和使用的市场信息 鼓励顾客以身试法与服务递送的互动方式

促销对象	具 体 目 标
中间商目标	说服中间商递送新服务 说服现有中间商努力促销销售更多服务 防止中间商在销售场所与顾客谈判价格
竞争者目标	对一个或多个竞争者发起短期攻势或防御

三、服务促销与产品促销的差异

与产品促销相比，服务促销由于受其本身特征的影响而具有许多差异。这些差异大致可分为两类：一类是由于服务行业特征的影响造成的差异；另一类是由于服务本身特征的影响造成的差异。

1. 服务行业特征造成的差异

服务行业因类型不同而各具特点。因此，要找出所有类别的共同差异并不是一件十分容易的事情。一般而言，以下列举出的一些因素会造成产品促销和服务促销之间的区别。

（1）缺乏市场营销导向。有些服务业是产品导向的，因而不十分清楚营销措施对业务有多大程度的帮助，只把自己当做服务的生产者，而不是提供顾客需要的企业。这类服务业的经理人未受过训练，也欠缺技术，当然更不懂促销在整体营销中应扮演的角色。

（2）专业和道德限制。有些服务企业在采取某些营销和促销方法时，可能会遇到专业上和道德上的限制。传统和习俗也可能会阻碍某些类型促销的运用，以致被认为是"不适当"的或者"品位太差"的。

（3）业务规模限制。许多服务企业规模很小，认为自己没有足够的实力在营销或在特别的促销方面进行投入。

（4）竞争的性质和市场条件限制。有些服务企业并不需要扩展其服务范围，因为现有范围内的业务已用尽了其生产能力。这些企业普遍缺乏远见，看不到促销努力可以帮助企业维持稳固的市场地位且具有长期的市场营销意义。

（5）促销知识有限。有些服务企业对于可利用的、广泛多样的促销方式所知有限，可能只会想到广告和人员推销方式，而根本想不到其他各种各样适当、有效而且可能花费较少的促销方式。

（6）服务性质限制。服务本身的性质（如服务的种类、特定服务业的传统、在某些服务种类中对某些促销方法的限制等）可能会限制大规模使用某些促销工具，使得许多促销方法不能自由使用。例如，广告代理服务公司极少使用大众媒体广告。

2. 服务本身特征造成的差异

与产品营销相比，服务的若干特征具有不同的营销含义。从顾客的观点来看产品营销和服务营销是否不同的研究调查报告显示：买主对于两种营销的反应行为有许多类似之处，但还是有很大的差异。主要表现在以下几点。

（1）消费者的态度。消费者的态度是影响购买决策的关键。服务的非实体性是营销中一项最重要的要素。消费者在购买服务时，往往是凭着对服务与服务表现者或出售者的主观印象，而这种对主观印象的依赖性在购买实体性产品时则没有这么重要。对于服务销售者和服务业来说，有两方面与制造业不同：服务产品被视为比实体性产品更为人性化；消费者往往对于服务的购买较少满意。

（2）采购的需要和动机。在采购的需要和动机上，制造业和服务业大致相同。不论是通过购买实体性产品还是非实体性产品，同类型的需要都可以得到满足。不过，有一种需求对产品或服务都是很重要的，那就是"个人关注的欲求"。凡能满足这种"个人关注的欲求"的服务销售者，必能使其服务产品与竞争者的服务产品产生差异。

（3）购买过程。在购买过程上，制造业和服务业的差异较为显著。有些服务的采购被视为有较大的风险，部分原因是买主不易评估服务的质量和价值。另外，消费者也往往容易受到其他人（如对采购和使用有经验的邻居或朋友）的影响。而这种现象，对于服务营销而言有比较大的意义，即在服务的供应者和其顾客之间，有必要发展形成一种专业关系，以及在促销努力方面建立一种"口传沟通"方式。这两种做法势必可以促使各种服务促销努力更有效率。

任务二 服务促销组合

促销能够帮助服务企业进行顾客服务的定位，加强企业与顾客之间的联系。如何进行促销努力？由于制造业和服务业的差异，其含义是不同的。企业的促销活动是由一系列具体的活动构成的，包括多种元素，即广告、人员推销、营业推广、公共关系、口碑传播和网络广告。企业营销人员必须把这些元素认真地整合成一个协调的促销组合，同一行业中的各公司的促销组合设计也是不同的，促销活动又可分为以人员活动为主和以非人员活动为主。在某一个具体的促销活动中，各种促销手段一般是同时存在，相互补充。

一、服务广告

对无形的服务产品做广告与对有形物品做广告具有很大的不同。基于服务的一般特征，市场营销学家提出了服务广告的原则。在服务广告方面，首先要认识到服务是行为而不是物体。因此，广告就不只是鼓励消费者购买服务，而应把雇员当做第二受众，激励他们提供高质量的服务。因此，为了达到这个目的，服务企业在做广告时要使用自己公司的雇员，而不使用模特。同时还应该提供一些有形的线索来冲销服务的无形特征——不只是展示员工，还包括物质设施，如提供服务的场所。

1. 服务广告的指导原则

服务业利用广告的趋势在逐渐扩大，基于服务业的特征，服务业在利用广告时，可以提出服务广告的几个指导原则，这些指导原则虽然也适用于实体性产品，但对服务业却更为重要。

（1）使用明确的信息。服务业广告的最大难题在于要以简单的文字和图形，传达所提供服务的领域、深度、质量和水准。不同的服务具有不同的广告要求，广告代理商因此而面临的问题是如何创造出简明精练的言辞，贴切地把握服务内涵的丰富性和多样性，使用不同的方法和手段来传送广告信息，发挥良好的广告效果。

（2）强调服务利益。能引起注意的有影响力的广告，应该强调服务的利益而不是强调一些技术性细节。强调利益才符合营销观念，也与满足顾客需要有关。服务广告所强调的利益必须与顾客寻求的利益一致，因此，广告中所使用的利益诉求，必须建立在充分了解顾客需要的基础上，才能确保广告的最大影响效果。

（3）只能宣传企业能提供或顾客能得到的允诺。"使用服务可获得的利益"的诺言应当务实，而不应提出让顾客产生过度期望而公司又无力达到的允诺。服务业公司必须实现广告中的诺言，这方面对于劳动密集型服务业较为麻烦，因为这类服务业的服务表现，往往因服务递送者的不同而各异。这也意味着，有必要使用一种可以确保表现的最低一致性标准的方法。对不可能完成或维持的服务标准所做的允诺，往往造成对员工的压力（如旅馆服务业和顾问咨询服务业）。最好的做法是，只保护最起码的服务标准，如果能做得比此标准更好，顾客通常会更高兴。

（4）对员工做广告。服务业雇用的员工很重要，尤其是在人员密集型服务业及必须由员工与顾客互动才能满足顾客的服务业。因此，服务企业的员工也是服务广告的潜在对象：由于顾客所要买的服务是由人表现出来的，因此，服务广告者所要关心的不仅是如何激励顾客购买，而且更要激励自己的员工去表现。

（5）在服务生产过程中争取并维持顾客的合作。在服务广告中，营销者面临两项挑战：第一，如何争取并维持顾客对该服务的购买；第二，如何在服务生产过程中获取并保持顾客的配合与合作，这是由于许多服务业，顾客本身在服务的生产与表现中扮演相当积极的角色。因此，构思周到的广告总能在服务生产过程中争取和维持顾客的配合与合作。

（6）建立口传沟通。口传沟通是一项营销者所不能支配的资源，对于服务业公司及服务产品的购买选择有着较大影响，服务广告必须努力建立起这一沟通形态，其可使用的具体方法如下。

1）说服满意的顾客们让其他的人也都知道他们的满意；

2）制作一些资料供顾客们转送给非顾客群；

3）针对意见领袖进行直接广告宣传活动；

4）激励潜在顾客去找现有顾客谈一谈。

（7）提供有形线索。服务广告者应该尽可能使用有形线索作为提示，才能增强促销努力的效果。这种较为具体的沟通展示呈现可以变成为非实体性的化身或隐喻。知名的人物和物体（如建筑、飞机）经常可用来作为服务提供者本身无法提出的有形展示。

（8）发展广告的连续性。服务公司可以通过在广告中，持续连贯地使用象征、主题、造型或形象，以克服服务业的两大不利之处，即非实体性和服务产品的差异化。英国航空公司成功的"Fly the flag"标语广告，就是受益于连续性地使用有些品牌和象征变得非常眼熟，消费者甚至可从其象征符号的辨认中得知是什么公司。一项对于服务业公司使用的各种广告主题的研究调查中发现，效率、进步、身份、威望、重要性和友谊等主题最为突出。

（9）解除购买后的疑虑。产品和服务的消费者，经常都会对购买行动的合理性产生事后的疑虑。对于产品可以通过对实物客体的评估解除疑虑，但对于服务则不能如此。因此，在服务营销中，必须在对买主保证其购买选择的合理性方面下更多的工夫，并且应该鼓励顾客将服务购买和使用后的利益转告给其他的人。不过，最好也是最有效的方式是在购买过程中，在消费者与服务业公司人员接触时，得到体贴的、将心比心的、合适的和彬彬有礼的服务，这时，人员的销售方式就显得尤为重要。

值得强调的是，以上各项指导原则，尤其适用于消费者服务业的营销。

2. 服务广告的主要任务

服务广告主要有五项任务。

（1）在顾客心目中创造公司的形象。包括说明公司的经营状况和各种活动，服务的特殊之处，公司的价值等。

（2）建立公司受重视的个性。塑造顾客对公司及其服务的了解和期望，并促使顾客能对公司产生良好的印象。

（3）建立顾客对公司的认同。公司的形象和所提供的服务，应和顾客的需求、价值观和态度息息相关。

（4）指导公司员工如何对待顾客。服务业所做的广告有两种诉求对象，即顾客和公司员工。因此，服务广告也必须能表达和反映公司员工的观点，并让他们了解，唯有如此才能让员工支持配合公司的营销努力。

（5）协助业务代表们顺利工作。服务业广告能为服务业公司业务代表的更佳表现提供有利的背景。顾客若能事先就对公司和其服务有良好的倾向，则对销售人员争取生意有很大的帮助。

二、服务推销人员

1. 服务人员推销的指导原则

服务营销中人的接触的重要性和人的影响力已被普遍认同。因此，人员销售与人的接触已成为服务业营销中最被重视的因素。据调查，服务采购所获得的满足，往往低于对产品采购的满足，此外，购买某些服务往往有较大的风险性。因而服务业比制造业更应采取一些减低风险的策略。在服务营销的背景下，人员销售有着许多指导原则，主要有以下几点。

（1）发展与顾客的个人关系。服务机构员工和顾客之间良好的个人接触，可以使双方相互满足。服务机构以广告方式表达对个人利益的重视，必须靠市场上真实的个人化关心协助实现，要注意下列问题。

1）实现的费用很高。

2）雇用员工增多，增加了服务表现不稳定的风险。

3）引发公司组织管理上的问题。若要提供高水平的个人化服务，则服务公司必须有对应的组织和资源才行，如支持设施，对顾客所需的服务水准有充分详细的了解。

4）个人化关注通常必须付出标准化的代价，这就意味着服务机构在改进生产力方面可能遇到阻碍和问题。

（2）采取专业化导向。多数服务交易中，顾客总相信卖主有提供预期服务结果的能力，其过程若能以专业方法来处理会更有效。销售服务即表示卖方对于其服务工作能彻底胜任（如对该服务的知识很充分）。他们在顾客眼中的行为举止必须是一个地道的专家。因此，服务提供者的外表、动作、举止行为和态度都必须符合顾客心目中一名专业人员应有的标准。

（3）利用间接销售。

三种间接销售形式可以采用以下形式。

1）推广和销售有关产品和服务，并协助顾客们更有效率地利用各项现有服务，以创造引申需求。例如，航空公司可以销售"假日旅游服务"，旅馆业销售"当地名胜游览"，电力公司销售"家电产品"以提高用电量。将相关的服务业和其他服务或产品互相联系起来，可以给保险、银行、干洗和旅游等服务业提供更多的销售机会。

2）利用公断人、见证人与意见领袖，以影响顾客的选择过程。在许多服务业中，顾客必须仰赖他人给予协助和建议（如保险代理业、旅行社、投资顾问、管理顾问咨询、观光导游业）。因此，服务业的销售者应该多利用这类有关的参考群体、舆论意见主导者与其他有影响力的人，以增进间接销售。

3）自我推销。这种方式在某些专业服务领域使用得相当普遍，包括较为非正式的展露方式，例如对公众演讲、参与社区事务、加入专业组织会员及参加各种会议讨论和课程等。

（4）建立并维持有利的形象。有效的营销依赖于良好形象的创造与维持。营销活动（如广告、公共关系）所试图达到的是要发展出一种希望被人看得到的个人或公司的形象，而且，要与顾客心目中所具有的形象一致。现有顾客和潜在顾客对某个公司及其员工的印象，在很大程度上影响着他们的最终购买决策。

形象建立和形象维持在服务营销上是一个要素。因为，服务的高度非实体性意味着服务的名声和主观印象是营销所依赖的重点。其次，非营销者影响力来源（如口传）在服务业营销上也不能忽略。其他使用者或非使用者对于服务推销和形象形成都有一定的贡献和影响。因此，人员销售对服务业公司的整体形象很有影响。顾客往往从公司推销员的素质判断这个服务业公司的优劣。推销人员的礼仪、效率、关心度和销售技巧，都会影响或提高既有的公司形象，而形象建立的其他方式，还有广告和公关，也都同样具有推波助澜的作用。

（5）销售多种服务而不是单项服务。在推销核心服务时，服务公司可从包围着核心服务的一系列辅助性服务中获得利益。同时，这也使顾客采购时较为简易、便利并省去许多麻烦。假期承包旅游服务就是一个明显的例子，即一系列的多种服务可以从顾客的立场出发，合并成为只需要一次购买的服务。事实上，目前保险公司、航空公司、银行和零售业公司都已经扩充了其所提供的服务项目范围（如财务处理），所有这些补充性服务都具有强化核心服务（如旅行、风险分散、信用）购买驱动力的作用。

（6）使采购简单化。顾客对服务产品的概念可能不易了解，其原因可能是顾客不经常购买（如房子），也可能是因为顾客利用服务是在某种重大情感压力之下（如使用殡仪馆服务时）。在这类情形下，专业服务销售人员应使顾客的采购简易化，也就是说，以专业方式照顾并做好一切，并告诉顾客服务进行的过程即可，以尽量减少对顾客提出各种要求。

2. 服务人员推销的模式

关于服务业的人员推销，人们提出了一个包括六项指导原则的模式，这个模式原是从具有代表性的产品和服务厂商调查，发现推销产品和服务有所不同的实证资料中总结出来的。该模式的六项指导原则如下：

（1）积累服务采购机会。积累服务采购机会包括以下几点。

1）投入，即寻求卖主的需要和期望及获取有关评价标准的知识。

2）过程，如利用专业技术人员、将业务代表视为服务的化身、妥善管理卖主/买主和卖主/生产者互动的各种印象和诱使顾客积极参与等。

3）产出，特别是愉快的、满意的服务采购经验，且使其长期化。

（2）便利质量评估。包括建立合理的预期表现水平和利用既有预期水平作为购买后判断质量的基础。

（3）将服务实体化。教导买主应该寻求什么服务、教导买主如何评价和比较不同的服务产品及教导买主发掘服务的独特性。

【案例7-1】

2009年5月15日京城首届名品家装"奥特莱斯"特卖会在全国农业展览馆三号馆举办，

由全国工商联家具装饰业商会支持主办，为期三天。此次展会汇集了东易日盛科宝、业之峰、阔达、实创等京城十大家装企业和众多一线大品牌家具建材品牌参加。本次展会以"奥特莱斯"特卖会的形式吸引了众多消费者，为保持住"五一"以来的销售小高潮，参会的品牌家装企业不仅将旺季促销延长同时加大了促销力度，赠品抽奖、免费咨询等附加值也进一步提升。

　　服务也是本次特卖会上家装公司的一大亮点，想要装修的业主携带家居户型图享受东易日盛巅峰家居设计团队提供的免费户型解析服务。亚光亚装饰的各分部首席设计、总工程师也到现场全程坐镇，解答客户关于特色服务和最新施工工艺的相关疑问。业之峰在推出"环保与评估系统"后，打出"蓝钻工程环保不达标，全额退款"口号。

　　（资料来源：东莞家居装饰网（http://www.wlives.cn）

　　（4）强调企业形象。强调企业形象包括评估顾客对该基本服务、该企业及该业务代表的认知水平及传播该服务产品、该企业及该业务代表的相关形象属性。

　　（5）利用企业外的参考群体。激励满意的顾客加入参与传播过程（如口传广告），发展并管理有利的公共关系。

　　（6）了解所有对外接触员工的重要性。让所有员工感知其在顾客满足过程中的直接角色，了解在服务设计过程中顾客参与的必要性，并通过提出问题、展示范例等方式，形成各种顾客所需的服务产品规范。

三、服务营业推广

1. 服务营业推广的内涵

　　服务营业推广也称为服务销售促进，是指服务企业针对特定的目标市场，在短期内采取强烈刺激的销售措施，刺激需求并鼓励消费者购买产品或服务的活动。

　　与传统产品营业推广相比较，服务营业推广受到两个特殊因素的影响：① 服务业的特征对服务营业推广产生影响，例如服务产品不易储存，因此在营业推广方式的选择上，就必须考虑这一点，如使用折扣定价策略平衡服务产品的需求数量。② 某些服务行业自身的特殊问题，如在使用某种营业推广手段时可能被认为涉及道德伦理范围等，对此在服务营业推广决策中应慎重考虑。

2. 营业推广的种类

　　（1）针对消费者的营业推广。可以鼓励老顾客继续使用，促进新顾客使用，动员顾客购买新产品或更新设备，引导顾客改变购买习惯，或培养顾客对本企业的偏爱行为等。其方式有以下几种。

　　1）赠送：向消费者赠送与企业服务相关的有形商品，商品可以挨户赠送，在商店或闹市区散发，在其他商品中附送，也可以公开广告赠送。赠送是介绍一种新商品最有效的方法，费用也最高。

　　2）优惠券：在购买某种服务时可以免付一定金额的钱。

　　3）奖励：可以凭奖励券买一种低价出售的服务，或者凭券免费消费以示鼓励，或者凭券购买某种服务时给一定优惠，各种摸奖、抽奖活动也属此类。

　　4）现场示范：企业派人将自己的服务产品在销售现场当场进行使用示范，把一些技术性较强的服务产品的使用方法介绍给消费者。

（2）针对中间商的营业推广。此种营业推广的主要目的是鼓励批发商大量订购，吸引零售商扩大经营，动员有关中间商积极订购或推销某些产品或服务。其方式有以下几种。

1）批发回扣：企业为争取批发商或零售商多购进自己的服务产品，在某一时期内可给予购买一定数量本企业产品的批发商一定的回扣。

2）推广津贴：企业为促使中间商购进企业产品并帮助企业推销产品或服务，还可以支付给中间商以一定的推广津贴。

3）销售竞赛：根据各个中间商销售本企业产品的实绩，分别给优胜者以不同的奖励，如现金奖、实物奖、免费旅游、度假奖等。

（3）针对销售人员的营业推广。此种类型的营业推广主要是鼓励销售人员热情推销服务产品，或促使他们积极开拓新市场。其方式有以下几种。

1）销售竞赛：如有奖销售、比例分成。

2）免费提供人员培训、技术指导。

3. 营业推广的特点

（1）直观的表现形式。许多营业推广工具具有吸引注意力的性质，可以打破顾客购买某一特殊产品的惰性。它们告诉顾客这是永不再来的一次机会，尤其是对于那些精打细算的人来说这是一种很强的吸引力。

（2）灵活多样，适应性强。可根据顾客心理和市场营销环境等因素，采取针对性很强的营业推广方法，向消费者提供特殊的购买机会，具有强烈的吸引力和诱惑力，能够唤起顾客的广泛关注，立即促成购买行为，在较大范围内收到立竿见影的功效。

（3）有一定的局限性和副作用。有些营业推广方式显现出卖者急于出售的意图，容易造成顾客的逆反心理。如果使用太多，或使用不当，顾客会怀疑此产品的品质及产品的品牌，或产品价格是否合理，给人以质量有问题的错觉。

【案例7-2】

汇丰银行的世界杯营销

2002年3月8日，足球世界杯赞助商之一的汇丰银行与雅虎中国达成协议，借助世界杯的契机开始策划和运行一套完整的联机行销方案。这次合作是汇丰银行进入中国内地市场后第一次在网上树立企业品牌形象，进行在线业务促销计划。凭借雅虎作为国际足联全球唯一官方网上合作伙伴及汇丰银行本身就为世界杯官方合作伙伴的有利条件，汇丰银行与雅虎中国的品牌合作为双方都带来非常积极的影响。同时，世界杯期间雅虎中国推出的2002世界杯聚焦网站与国际足联官方网站相辅相成，也为汇丰银行在国内外的形象推广提供了双重保障。雅虎中国为汇丰银行精心打造了一个完整精彩的"汇丰银行为世界杯喝彩网站"，该网站以"三重好礼，惊喜不断"为口号，配合丰富多彩的活动，吸引了众多客户。网站设置了三重好礼：第一重好礼，注册有好礼（赠送掌上计算机和手机）；第二重好礼，寻宝世界杯（客户在浏览选定网站后，只需查找到4个图标，就可以赢得赴韩国观看中国队比赛的球票和世界杯纪念品）；第三重好礼，足球挑战游戏（精彩的Flash足球挑战游戏，采取积分制，积分最高者能得到一台Play Station2游戏机和时髦的掌上游戏机）。同时，网站在明显位置突出汇丰银行最吸引客户的服务广告，以求让真正对理财感兴趣的客户可以跳过活动直接接受来自银行的服务，了解服务详细内容。此外，雅虎中国还通过多种广告形式、有针对性的网页广告投放，在最准确的目标覆盖的前提下为汇丰银行带来大量浏览客户。据统计，在此期间，汇丰银行的广告总共用了多达 12 种形式：疯狂广告、标准横幅、网上推荐、光标广告、文本链接、按钮广告、SKY "摩天大楼"广告、"画中画"广告、活动专区广告、直邮广告、雅虎通横幅广告及超级横幅，以多姿多彩的形式展示了整个活动的方方面面，吸引了大量眼球。同时，根据目标消费客户的特点，广告被有目的地投放在雅虎中国的各频道及页面中，科学地增加了客户点击的可能，迎合了客户的需求，将"需要的信息"送到"有需要的客户"面前，大大增加了企业的注册客户。

（资料来源：二十一世纪管理培训网，http: //www.21emr.com/tszt/html/74395.shtml.）

四、公共关系

1. 公共关系的定义

公共关系，是指一个组织为改善与社会公众的联系状况，增进公众对组织的认识、理解与支持，树立良好的组织形象，为组织的发展创造一个良好的环境而进行的一系列活动。公共关系的基本特征包括：① 它是一定的社会组织同有关的社会公众之间的相互联系；② 它是一种特殊的管理职能；③ 公共关系是一种信息沟通活动；④ 它是一种有目标、有计划的活动；⑤ 公共关系所追求的是使组织的计划和行动得到公众的理解和支持。

企业的外部公众，一般指顾客、新闻媒体、社会团体、社会名流、政府各有关机构、协作单位、竞争者。企业内部的社会公众，即企业决策部门与内部职工等。公关宣传的工具包括宣传报道、事件赞助、公益赞助和网站展示等。

组织要以公众利益为出发点，利用各种媒介发布重大商业新闻，或是对产品、服务或企业进行有利的宣传，在内、外部公众中树立良好的形象和信誉，以赢得其理解、信任、支持和合作，实现组织的既定目标。

业务伙伴公共关系是服务促销的上佳手段，尤其是促销全新的或多风险的产品时，这相当于以一种令人信服的方式向社会推荐创新型或风险性的产品。

2. 服务公关的主要活动方式

公共关系活动需要通过新闻宣传、赞助和支持社会各项公益活动等建立与有关机构的友好联系、维持有益的公共关系，建立良好的企业现象和社会声誉，以解决问题和麻烦，加强定位或协助企业新任务的启动等企业目标实现。

（1）发现和创造新闻。发现和创造新闻包括形象提升策划和危机化解策划等。企业公关人员要善于发现和创造对组织及其产品有利的新闻，以吸引新闻界和公众的注意，增加新闻报道的频率，扩大企业及其产品的影响和知名度。

（2）介绍情况、回答问题和发表演讲。企业营销人员要利用各种场合和机会，介绍企业和产品，或发表演讲、回答问题，以提高企业知名度，加强信息沟通，以促进客户和社会公众对本企业的了解。

（3）参与社会活动。企业积极参与赞助活动、捐赠活动、救灾扶贫活动，树立企业关心社会公益事业、承担社会责任和义务的良好形象。

（4）策划专门性公关活动。通过新闻发布会、研讨会、展览会、庆典活动等，与公众沟通信息、交流感情。与新闻界保持良好的关系，使有价值的信息通过新闻媒介传播出去，引起社会公众对本企业的新产品或服务项目的注意、产生兴趣。如某旅游公司的一次公关活动选择了刊发新闻稿发布有利信息，同时反驳不利信息；召开新闻发布会，发布新产品、产品的变化或发展的信息；举办活动产品演示会，邀请名人到场取得了预期的效果。

（5）散发宣传材料。制作各种宣传资料并广为散发和传播，向公众传递有关企业及产品的信息。

（6）导入 CIS。综合运用现代设计和企业管理的理论和方法，将企业的经营理念、行为方式及其个性特征等信息加以系统化、规范化和视觉化，以塑造具体的可感受的企业形象。

【案例 7-3】

截至 2008 年 5 月 22 日，华润集团抗震救灾爱心捐款、捐物累计总额已超过 5934 万元人民币，其中捐款已达到 4970 万元人民币，捐物折合人民币已达 4 万元人民币。新增加的捐款主要来自如下利润中心：华润医药新增捐款 830 万元，华润雪花啤酒新增捐款 334 万元，华润思捷新增捐款 200 万元，华润万家新增捐款 141 万元，五丰行新增捐款 50 万元，华润电力新增捐款 100 万元，华润微电子新增捐款 30 万元，华润燃气新增捐款 87 万元，华润化工新增捐款 36 万元，华润怡宝总捐款额达到 43.4 万元。华润新增捐物的利润中心主要是：华润怡宝又直接向灾区、中国红十字会及深圳慈善总会捐赠数批纯净水，价值 250 万元；五丰行属下四川四海集团向灾区紧急捐赠熟肉 60 吨、瓶装水 1000 件、棉被 300 床，价值 200 万元；华润雪花啤酒向灾区捐赠帐篷、羽绒服等，价值 4 万元。

作为一个有高度社会责任感的中央企业，华润集团将积极响应党中央、国务院的号召，遵循国资委的统一部署，继续号召全华润集团的企业与员工捐款捐物，出钱出力，与灾区人民同渡难关，早日赢得抗震救灾的胜利。

（案例来源：华润集团再次捐助 984 万元. 新浪财经）

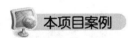 本项目案例

世 界 上 最 好 的 工 作

拥有丰富旅游资源的澳大利亚一向善于推广，不久前热映的电影《澳洲乱世情》即是由澳大利亚旅游局投资 1 亿美元拍摄。趁着话题余热，澳旅局甚至邀请该片导演巴兹·鲁赫曼完成了一系列以"寻觅真我"为主题的全新旅游宣传片，宣传口号正是"喜欢电影，就来旅游吧"。

这一次，澳大利亚昆士兰旅游局给出的点子是"世界上最好的工作"，在全球范围内征集"护岛者"，在昆士兰州大堡礁的小岛上，一面享受阳光沙滩，一面赚着高薪，无论如何，这都是最夺人眼球的创意。

所有人都看得出来，海选一位出色的"护岛者"无非是在"项庄舞剑"，意在吸引全世界的旅行者到此来探险，但这场精心策划的公关活动依旧赢得了足够的关注度。在全球，超过35 000 人参与竞选了这个职位。从 2009 年 1 月 10 日启动，至 2009 年 5 月 6 日选拔结束，

经过数个环节的筛选，最终，来自英国的 Ben Southall 成为了幸运儿。

寻找"护岛者"

"找工作和谈恋爱一样，必须要自己热爱才行。如果你还没有找到理想的职业，不要轻易委身，继续寻找。等你真正遇到那份工作的时候，你能从心里感受得到……"。这段话来自苹果公司首席执行官史蒂夫·乔布斯曾经在斯坦福毕业典礼上的一段演讲。不幸的是，现实生活中，这样的愿望对很多人来讲只能是遥远的梦想，他们从事的工作繁复、乏味，而且日复一日。因此，"世界上最好的工作"这样噱头十足的新闻一露面，顿时成为热议的话题，各大媒体也竞相报道。

大堡礁是位于昆士兰外海的一个长条状珊瑚礁群，拥有多达 600 个岛屿，绵延 2000 多公里。作为"护岛者"，将需要不定期巡游白沙碧海，海下潜泳喂养热带鱼。而最重要的，则是必须每周更新博客、拍摄照片和视频，向人们传达自己的独特体验，同时接受媒体采访。

这是一份为期 6 个月的合约。"护岛者"将为此享受到 15 万澳元的薪水，而且可以免费住在汉密尔顿岛上一个拥有三间卧室、游泳池和高尔夫球场的海景别墅。感兴趣的申请者需要上传一段不超过 1 分钟的视频，来证明自己适合这份工作。仅在活动公布当天，昆士兰旅游局网站点击率就突破百万，网站为此一度瘫痪，甚至还引发了诸多争议。一些人因未能成功上传视频而气恼；一位候选者由于被证实从事与成人娱乐有关的职业而被取消资格；另一位恶作剧者甚至将自己扮作本·拉登，在视频中声明自己才是最佳人选。在中国发生的一段趣闻也为人津津乐道：昆士兰旅游局曾选择《京华时报》和中华英才网登载招聘启事。北京一位退休老人拿着报纸上门应征，对方委婉告诉他不适合。老人直言，"不就是找个看门的吗？有什么不合适？"所有的插曲无非为这场"选秀"活动增加了更多的噱头。昆士兰旅游局声称，他们收到了来自世界上大多数国家的申请，除了非洲的西撒哈拉国家和亚洲的朝鲜。

为什么是 Ben Southall

喜好蹦极、潜水、山地自行车、摄影，组织过音乐节、马拉松长跑等多项活动，听上去 Ben Southall 的确是个精明能干的不错人选。但如果因此将他认作一个玩世不恭的享乐主义者，则可能误解他了。

翻翻履历，可以发现他之前的工作多与慈善相关。这位 34 岁的年轻人来自英国南部的汉普郡，大学毕业拿的是理科学位。在 2008 年，为了帮助残疾退伍军人和非洲农民筹款，Ben 就走遍整个非洲，白天驾驶路虎穿行于森林、荒漠，晚上住在帐篷里……年末完成筹款后，Ben 回到伦敦，开始重新找工作，却发现英国就业市场异常低迷。为了省钱，他只能和父母继续生活在一起。直到有一天，有位朋友递给他一张印有招聘广告的剪报，"Ben，来看看这个，凭你的条件完全可以进入下一轮了"。

"我是 Ben，一个大胆、疯狂、充满活力的家伙。对我来讲，一生之中最重要的事情就是找到一份让人兴奋的工作，给自己和他人带来欢乐，富于挑战"，在报名时提交的 1 分钟视频中，他这样描述自己。在此之前，Ben 从来没有去过澳大利亚，"如果这是世界上最好的工作，那我就是在去往世界上最好的地方"。视频中说这句话的时候，他正骑在一只鸵鸟身上，显然是为了表明自己热爱动物而有意设计的。

对于 Ben 来讲，最疯狂的举动发生在不久前。他起初打算将一只巨大的鱼缸放到特拉法加广场的中央，"但当我发现租用广场 1 小时要 1000 英镑时，就放弃了这个想法。"最终，他在伦敦西部的一栋建筑外放置了一个充气游泳池。"那天很热，我泡在游泳池里，给每位妈妈送水仙，还赠送一些宣传昆士兰州的香槟和 T 恤衫。如果人们喜欢我的点子，我会建议他们上网为我投票。这可能起了很大作用。"

最终，Ben 和其他来自 15 个国家的 15 位候选者在汉密尔顿岛上度过了四天，其中包括一位广东男孩和一位台北女孩。这个阶段的考验包括潜泳、写博客和体验奢华酒店。不少电视台和媒体还自费跟踪拍摄了结果诞生前的最后四天。

"宣布结果那一刻，就像是玩过山车，太刺激了"，事后两天，Ben 依然掩盖不住兴奋，"这份工作相当于普通人三倍的年薪，和我过去的生活距离太远了"。在接受《时代》周刊采访时，他还特别提及了这笔薪水的用途——"也许有一天会将它用作澳洲的慈善事业"。

有人也把 Ben 的最终胜出归结为他同媒体打交道的出色能力。"他在记者发布会上的表现，无疑向人证明没有比他更胜任这项工作的人选了"，同样进入最后环节的台湾女孩在博客中写道。作为胜利者的 Ben 不久还会飞抵洛杉矶，出现在 Jay Leno 的《今晚》节目中。

"现在来看，整个过程的确像是'真人秀'，但不完全相同，它并非一个个淘汰，而且每位参赛者会非常严肃认真地对待比赛，而不是像电视节目一样只是为了拍摄"，Ben 说。成为"护岛者"还享有一项特别优待，携带一位朋友或家属一起生活。很多人期待，Ben 的加拿大女友 Bre 的到来，会让故事有个浪漫的继续。看上去，这场"真人秀"才刚刚开始。

博客背后的推手

用博客进行口碑推销，并非昆士兰旅游局的发明，此前，已有先行者从中获益。

酒香也怕巷子深

Stormhoek，一家并不知名的小葡萄酒厂，兜售 "freshness matters" 牌葡萄酒。2005 年，它在博客空间中写道，只要符合以下两点的人就可以获赠一瓶葡萄酒：①居住在英国、爱尔兰或法国，此前至少三个月内一直更新博客。点击率多少不限。②已到法定饮酒年龄。

Stormhoek 共计送出大约 100 瓶葡萄酒，同时声称"收到葡萄酒并不意味着有写博义务。可以写，也可以不写，可以说好话，也可以说坏话"。三个月后，公司在 google 的检索结果从 500 条激增到 20 000 条，估计有 30 万人通过博客知道这家公司。一年后，Stormhoek 的葡萄酒销量翻倍，产品走进了英国众多大型超市。

南非使馆"代言人"

2009 年 2 月 12 日到 25 日，南非驻华使馆邀请 IT 界知名评论家 Keso、东东枪、徐铁人等点击率颇高(仅徐的博客目前已有超过 3000 万的访问量)的博主到南非游览。几位 bloggers 随后在各自博客上持续更新，图文并茂展示南非之行。此前，创造过全球博客累计浏览量之最的徐静蕾也曾获邀。

（资料来源：张晶. 世界上最好的工作[N]. 经济观察报，2009-5-18.）

讨论题

（1）澳大利亚旅游局在旅游促销时都采用了哪些促销手段？

（2）你认为澳大利亚旅游局旅游促销中哪些手段更为重要？

（3）澳大利亚旅游局旅游促销方面有无独到之处？如果有，你认为体现在哪些方面？

洛 丽 时 装 店

有一家名叫洛丽的时装店，其广告主题是"洛丽的姑娘们"，广告照片是一群穿洛丽时装的美丽少女。这些少女并不是时装模特，而是光顾洛丽时装店的顾客。照片每隔一段时间更换一次，每次都是一群新的时装少女。这样不少购买洛丽时装的少女有机会在广告照片上亮相，从而促进了销售。

问题：这种促销方式有什么优势？

苦恼的私人理财顾问师

王某是一个银行的部门副经理，其从事的管理工作就是管理部门下的客户信贷资产安全，从时髦的意义上讲，这也是西方大学那些学生花很多金钱辛苦读出来后从事的职业"私人理财顾问师"。

可是，令他很苦恼的是，那些客户，他根本没有办法管理。王某以人为本，投入了积极的态度和大量的精力为他们服务，可是，成效甚微。看着那些客户宁肯承担高额息差，也不愿接受他作为银行专职服务人员的合理化建议。他想知道该怎么面对这些"上帝"，使他的上司和客户都满意，并且能够积极有效地进行管理。王某采用的一些管理手段包括：人性化关心、激励、制订计划、定时指导、培训服务等。可是，被管理人往往采取这些姿态：① 你不要侵犯干扰我的私人时间；② 抱怨服务不充分；③ 指责品牌和形象不顺眼；④ 说我的普通话不够标准，听不明白讲的是什么意思；⑤ 以很忙回避，让我联系别人；⑥ 提出一些我不能接受的要求作为条件来交换等。

案例中王某可谓颇费苦心，为客户着想，但结果却事与愿违。从王某提到的问题中可以看出他非常在乎他的客户。但是问题的关键是他在乎客户的心理，客户并不能了解到。

（资料来源：齐栋梁．http://manage.iccun.com/crm/cfw/manage_3368.shtml）

问题：为什么客户宁愿选择高额息差，而不选择王某的方案呢？对王某采用的一些管理手段给予评价，采用其目的是为了什么？通过这个案例，你认为顾客关系营销的核心是什么？

实务自测题

（1）促销组合包括哪些内容？

（2）简述服务广告、销售促进、人员推销和公关关系策略的主要内容。

实训题

（1）了解一个服务企业的产品以后，进行一次该类产品的市场调查。然后，根据你所学习的相关专业知识，为该企业尝试性地设计出你认为新颖有效的促销方案来。（提示：你还可以登录中国营销传播网、中国策划网参阅有关营销实战人士的促销策划方案作为借鉴。）

（2）学习人员推销理论后，以两个同学组成一组，互换角色扮演推销员与顾客，进行推销模拟演示，其他同学观看后进行公开分析讲评，并进一步归纳提炼推销理论。

项目八　服务人员与内部营销

学习目标

（1）了解服务营销中的人员类别。
（2）理解服务人员在服务利润链中的作用。
（3）理解内部营销的作用。
（4）掌握内部营销实施的过程和方法。

联邦快递：让员工与企业一起成长

　　每一位进入联邦快递的员工都会发现：培训是生活和工作中不可缺少的一部分——你的笑容、仪表、举止，说话的轻重急缓都会得到专门的训练。另外，道德操行方面，公司也有一整套培训测评。

　　受训员工被要求递送一件客人急需的物品，途中目睹了一起车祸（事先设计的），先去送物品，还是先把受伤者送往医院？如果简单地选择了前者而置受伤者不顾，你可能会"不及格"甚至"下课"。如果你妥善处理了受伤者，又想别的办法把物品及时送到顾客手中，你就可能得"满分"——这是联邦快递人力资源主管告诉我们的一个关于培训的小故事。

　　培训是没有贵贱的。即使最普通的员工每年都能得到 2500 美元去念书，每个速递员在递送第一件物品前，都要接受 40 个小时的"刚性"培训。

　　联邦快递亚太区副总裁陈嘉良先生谈到，快递行业的饭不好吃——全球快递业的前15 名已有 13 个进驻中国，中国邮政手里还捏着"特快专递"这张王牌，中国快递业的开放之门仍半开半掩。市场竞争如此激烈，而联邦快递却能业绩骄人，成为"领跑者"，靠的就是"人性化服务"。"服务人性化，靠的就是人和其心智，而这些很大程度是能通过培训得到的。"

　　联邦快递公司在中国的本土化程度相当高，在中国 600 名员工中，外籍人员不足 10 人。陈先生感慨，在服务化程度不算太高的中国，公司花费了大量的培训成本对员工进行服务意识的培训。

　　每时每刻，联邦快递都有 3%～5% 的员工在接受培训，它在员工培训方面的花费每年约有 1.55 亿美元，成为美国在培训方面投入最大的企业之一。

　　（资料来源：从白手起家到百万富翁，世界创业实验室）

任务一　服　务　人　员

一、服务人员和顾客

1. 服务人员的重要作用

活动依靠服务人员与顾客的交往活动来实现，服务人员对服务行业至关重要。像医疗、航空、教育、商品零售等服务行业，员工因素显得尤其重要。由于服务的无形性特征，顾客往往将服务人员等同于服务本身。如人们对银行服务质量的判断，很大程度上从银行工作人员着眼，如果他们服装整洁、态度亲切、语言和蔼、业务熟练，人们就会对这家银行有个良好的初步印象，对其产品的服务质量也能建立起基本的信任。因此，对服务企业来说，高素质的员工参与是提供服务必不可少的条件；同时，员工的服务态度和服务技能也是决定顾客对服务满意与否的一个关键因素。服务人员在服务过程中的关键作用主要有以下几点。

（1）服务人员是服务的重要组成部分。对于大多数服务来说，生产和消费是同时进行的。在一些高接触的服务行业，服务产品的生产依赖于服务人员的现场活动，服务人员与服务产品是不可分割的整体，他们是服务的重要组成部分。服务人员是对顾客服务的直接提供者。

（2）服务人员是企业的形象代表。服务人员构成了企业与外界的直接中介角色，是企业信息及形象宣传的重要载体，是影响公众价值观念的中间纽带，起着沟通企业与公众双方信息的作用。在服务接触过程中，服务人员的一言一行和态度都会影响到顾客对企业的感知，企业的企业文化和服务质量能够直接地表现出来，从而留给公众良好的印象，有利于企业优良形象的树立。在顾客看来，服务人员实际上就代表着整个企业，如银行的柜员、飞机上的空姐、酒店的服务员、教师、护士及其他前台员工，都代表了企业的整体形象。

（3）服务人员是营销者。由于服务人员是服务的重要组成部分，且是企业的形象代表，因此可以说他们扮演了企业营销者的角色。从促销的角度上，服务人员就是企业的活广告。有些服务人员甚至扮演了更传统的销售角色，如越来越多的银行要求其柜员销售在为顾客服务的同时，介绍和销售银行产品，这与传统的银行柜员的职能相去甚远。

【案例 8-1】

在每一个海底捞的办公室里，墙上都会贴着一张"金点子排行榜"，这就是思想火花的来源。每个月，由各大部长、片区经理组成的创新委员会，会对员工们提出的创意服务做出评判，一经评上就会推广到各个分店，员工可以获得 200～2000 元不等的奖励。员工们的自觉与热情，来自张勇一个最朴素的思想：员工才是企业的核心资产，他们的重要性远超过利润，甚至超过了顾客。

在海底捞，每天两班倒的员工，白班的一直会被安排白班，晚班的一直会上晚班。这样员工不需要被迫改变作息时间来适应。这样细心的安排还包括：员工宿舍离工作地点不会超过20分钟，全部为正式住宅小区，且都会配备空调；有专人负责保洁及洗衣服；公寓甚至配备了上网电脑；如果员工是夫妻，则考虑给单独房间。仅员工的住宿费用，一个门店一年就要花掉50万元人民币。为了激励这些大多来自农村的员工的工作积极性，海底捞有一个传统，是将员工的奖金中的部分直接寄给他们的父母亲人，虽然每月只有 400～500 元，但这让员工的家人也分享到了这份荣耀。海底捞有近 6000 名员工，流动率一直保持在 10% 左右，而中国餐饮业的平均流动率为 28.6%。与此同时，海底捞 4 年只开出了近 40 家店，这与其单店上千万的年营业额、每晚 3~5 台的翻台率是极不匹配的。为了保证服务质量的连续性和一致性，海底捞的每个店都必须保证 30% 左右的老员工"压阵"。在这一点上，张勇非常清醒："*支撑海底捞发展的根本，从来不是钱，而是员工。在没有培养足够合格员工之前拿钱拼店数，是失去顾客进而让海底捞品牌消失的最快死法。*"

（资料来源：《海底捞成功秘诀：留住人心的顶尖服务》，新浪网，2009-09-01，http://www.sina.com.cn，有改动。）

2. 服务员工的分类

不同的人员，直接参与营销活动的程度不同。贾德（Judd）按参与营销活动的程度或接触顾客的程度，将服务人员分成四类。

（1）接触者（contactor），又称一线员工，即一线的服务生产和销售人员。他们直接参与营销活动的程度或接触顾客的程度都比较高。他们需要很好地领会企业的营销战略和承担日常的服务责任。企业应根据他们适应顾客的能力对他们进行招聘、考核和奖励。

（2）改善者（modifier），又称二线员工，即一线的辅助服务人员，如接待或登记人员、信贷人员和电话总机话务员等。他们直接参与营销活动的程度比较低，但直接接触顾客的程度比较高。他们需要具备适应顾客需要和发展顾客关系的能力。虽然他们直接参与营销活动的程度比较低，但他们也需要懂得企业的营销战略。企业要对他们进行培训和监督。

（3）影响者（influencer），即二线的营销策划人员，如服务产品开发人员、市场研究人员等。他们直接参与营销活动的程度比较高，但直接接触顾客的程度比较低。企业对他们进行招聘、考核和奖励时，应注意他们对顾客需要反应的能力。企业应让他们有机会多接触顾客。

（4）隔离者（isolated），即二线的非营销策划人员，如采购部门、人事部门和数据处理部门的人员等。他们直接参与营销活动的程度或接触顾客的程度都比较低。他们主要对一线服务人员起支持作用（支援者），也就是主要服务于"内部顾客"，对为后者服务质量及行为的好坏和对企业的营销业绩是有较大影响的。

3. 顾客

一位顾客对某项服务质量的感受，很可能会受其他顾客意见的影响。顾客经常会与其他的顾客谈到服务企业，或者当一群顾客同时接受一项服务时，对服务的满足感往往是由其他顾客的行为间接决定的。

人在服务的生产与营销中，扮演着一个相当独特的角色。人的服务代表了任何服务营销策略及服务营销组合中一个不可或缺的要素。服务企业与制造型企业的一大区别是，顾客所接触的服务业人员的主要任务是实现服务，而不是营销服务。在工业产品市场，顾客与操作层次的接触很少，对于整个产品的提供顾客不可能有任何责任。但在服务业市场，绝大多数的企业员工都与顾客有某些形式的直接接触。

顾客接触的员工可说是公司里的关键人物。员工与顾客接触量的多寡，则因服务业种类而有所不同，有的公司的员工和顾客的接触较频繁，有的则较少。

在研究服务业员工与顾客接触的问题时，需要区分员工与顾客接触的程度。可依据顾客处于服务体系中所有时间里,接受服务所占时间的百分比来界定高接触度与低接触度的服务。各种不同的服务体系对于营销管理者有不同含义,会影响到服务传递过程。

二、服务人员管理

服务人员管理一般包括以下几个方面。

1. 服务人员的选聘

管理人员必须认真筛选服务人员,招聘到适合服务岗位的人。对服务人员招聘的投资并不是成本,而是一项必需的投资,任务测试和角色扮演等方法都可以用来寻求称职的服务人员。此外,除了需要考虑服务人员的技术和专业知识,还应该测评他们的服务价值导向。一线服务工作需要员工的情感付出,挑选员工时应尽量选择能够应对情感压力的应聘者。

2. 服务人员的培训

服务人员需要进行必要的技术、技能与知识培训才能提供优质服务。同时,加强培训,可以增强服务人员的服务意识,帮助员工掌握沟通技能、营销技能和服务技能。最初的培训内容通常是对各种资源和标准流程的熟悉,比如如何做记录,如何使用数据库等。随后,进一步的培训内容就要涉及如何处理顾客抱怨,如何推销服务,以及如何提高绩效。当员工掌握整个服务过程后,企业还要允许他们进行创新。

3. 服务人员授权

企业要想对顾客需求做出快速反应并做出及时的服务补救,就必须授权给服务人员。授权增加了服务人员的决策自由权,从而增加服务人员对工作的热爱与热情,并会将热情融入到为顾客服务中。

4. 服务人员绩效考核

科学客观的绩效考核依据是服务人员绩效评估的前提。例如,以顾客满意为依据,员工就会努力使顾客满意;反之,如果以服务的顾客数量为依据,员工就只会关注操作过程和量化指标。企业可以根据360°绩效考核法评估服务人员的绩效,还可以辅以现场观察法对服务人员进行评价。

5. 对服务人员进行奖励

对一线服务人员要进行合理的奖励,恰当的奖励会强化员工正面行为的重复。奖励可以是货币形式(如奖金或红包),也可以是非货币形式(如月度最佳员工奖或专属停车位),还可以征求服务人员的意见,询问他们希望获得哪些奖励,从而使员工更加忠诚于组织。

【案例 8-2】

管理接触性员工的理论模型

Hartline & Ferrell(1996)在前人研究的基础上建立了一个管理接触性员工的理论模型,并通过实证研究证明了该模型的有效性。我们也可以通过这一模型(见图 8-1)发现管理接触性员工的有效方法。

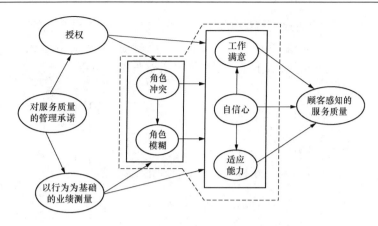

图 8-1 管理接触性员工的理论模型

（注：图中虚线框内的部分为接触性员工行为和态度特征。资料来源：Hartline M. D.，Ferrell O. C.，"The Management of Customer Contact Service Employees: An Empirical Investigation," Journal of Marketing，Vol. 60，October（1996），pp.52-70.）

模型中影响顾客感知服务质量的变量分别为：工作满意、自信心、适应能力、角色冲突和角色模糊。其中，工作满意、自信心、适应能力直接对顾客感知的服务质量产生积极的影响；角色冲突和角色模糊这两个因素会直接对工作满意、自信心和适应能力这三个因素造成负面影响，从而间接地与顾客感知质量形成了负相关的关系。此外，自信心对工作满意有积极的影响，对适应能力也有积极的影响，而角色冲突则会干扰员工在工作中获得有效的信息，从而导致角色模糊。由于这 5 个变量是影响接触性员工行为和态度的主要因素，因此，对接触性员工的管理可通过对这 5 个变量施加影响来实现。

模型中同时还列出了影响 5 个变量的 3 种管理行为：授权、对服务质量的管理承诺和以行为为基础的业绩测量。合理的授权是管理接触性员工的重要方法；对服务质量的管理承诺是指在选择企业战略和战术行为时要有质量意识，具体到接触性员工管理方面，企业应当充分考虑接触性员工对内部服务质量的感知；以行为为基础的业绩测量是根据员工的行为过程而不是行为结果来对他们的工作进行评价，衡量业绩的主要指标是员工工作的努力程度、友善程度、团队精神、顾客导向程度及解决顾客所提出问题的能力等，而不是销售额、利润、服务次数等指标。

（资料来源：寿志钢：《内部营销理论的拓展研究》. 武汉，武汉大学. 2005. 略有改动。）

三、服务人员与服务利润链

1. 服务利润链

在服务营销组合中，处理好人的因素，就要求企业必须根据服务的特点和服务过程的需要，合理进行企业内部人力资源组合，合理调配好一线队伍和后勤工作人员。以一线员工为"顾客"，以向顾客提供一流的服务为目的，开展好企业内部营销工作。前已述及，顾客对企业服务质量评价的一个重要因素是一线员工的服务素质和能力，而要形成并保持一支素质一流、服务质量优异的一线员工队伍，企业管理部门就必须要做好员工的挑选和培训工作，同时要使企业内部的"二线"、"三线"队伍都围绕着为一线队伍的优质服务提供更好的条件这一中心展开。只有为一线员工创造了良好的服务环境，建立了员工对企业的忠诚，进而才能实现为顾客服务的热忱，通过较高的服务质量赢得顾客对企业的忠诚。服务利润链（Service-Profit Chain）对这一思路做出了很好的说明，如图 8-2 所示。

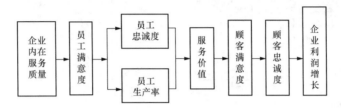

图 8-2　服务利润链

服务利润链最初是由哈佛大学商学院的 Heskett 等几位学者在探究了大量服务企业成功经验的基础上，整合市场营销、人力资源等多学科知识，提出的一种服务管理模型。服务利润链理论源自于以下三个理论研究的成果：一是詹姆斯·赫斯科特（James. L. Heskett）的战略服务观理论；二是阿尔·萨塞（Earl W. Earl. Sasser）的顾客忠诚度理论；三是李奥纳德·施莱辛格（Leonard Schlesinger）的员工及顾客忠诚度决定因素理论。1997 年，他们三人合作出版了《服务利润链》一书，书中综合了战略服务理论、顾客忠诚度及员工忠诚度与企业利润的关系，提出了"服务利润链"这一观点。

2. 服务人员管理的重要性

服务利润链表达的"公司—员工—顾客"之间的链式关系说明了员工在服务营销中的地位和作用。在服务组织内部的人力资源管理比一般的人力资源管理起着更为重要的作用，这一重要性主要体现在如下关系上。

（1）员工的满意程度与企业内部质量相关。

（2）员工的忠诚度与员工的满意度相关。

（3）员工的生产效率与忠诚度相关。

（4）服务的价值与员工的生产效率相关。

这一系列的关系说明内部质量是基础，可以通过评价员工对自己的工作、同事和公司的感觉而得到。最主要的是来自于员工对自己工作的评价，而员工对企业内其他人的看法和企业内部人员互相服务的方式也对内部质量产生影响。换句话说，企业内部对人力资源的管理影响着员工的满意程度，从而最终导致企业服务价值的实现。服务是通过服务人员与顾客的交往来实现的服务人员的行为对企业的服务质量作用。因此，在服务营销中企业对员工的管理尤其是一线服务人员的管理相当重要。

【案例 8-3】

海底捞的服务利润链

1994 年，后来成为海底捞餐饮集团董事长的张勇，在简阳市的街边摆起了四张桌子的麻辣烫摊位。刚开始的时候张勇不懂麻辣烫的制作，只好现学现做，如此出来的麻辣烫口味肯定不理想。张勇说："想要生存下去只能态度好些，别人要什么快一点，有什么不满意多陪笑脸。"张勇发现，对于明明口味不怎么样的麻辣烫，但在经过他热情服务过后，客户居然也会连连点头称赞味道不错。

要想服务做得好，就需要员工首先乐意为顾客服务，所以从一开始，善待员工就是张勇在内部管理的一个导向。用中国式管理来定义的话，张勇对员工的管理及对客户的服务均可谓之"人性化"。这个价值转移的过程简而述之，就是"企业对员工好—员工有干劲—员工对客户好—客户体验良好—忠诚顾客再次消费和口碑推广—企业获利"这样一个很简单的逻辑。其实，在西方服务营销理论中，早就有一个对应的概念——服务利润链。海底捞的人性化管理无疑加速了企业的利润循环，然而在人本管理的背后，仍然离不开作为一家连锁餐饮企业的整套标准化流程，而海底捞模式的成功，就在于人性化与标准化的出色结合。

［资料来源：黄林.海底捞的顾客体验与服务利润链.销售与市场，2010，（7）：86-88，编者略有删改。］

四、对员工真正授权

在20世纪末，向服务员工授权的管理思想，逐步引起了管理实践者的重视。管理者期望通过员工授权来改善服务质量、提高服务绩效。与实体产品的生产过程不同，服务员工的行为对顾客的行为会产生直接影响。因此，授予员工完成他们的日常工作及处理意外事件的权力，对于服务组织来说是非常必要的。

1. 员工授权对于提高服务质量的作用

从服务的提供过程来看，一种极端的情况就是生产线式的服务。麦当劳就是这方面的典范。按照这种方式提供服务，为保证稳定的质量和高效的运转，例行工作在完全受到控制的流程下完成，员工只有很少的自主权。这种模式下组织为顾客提供服务的数量受到限制，可能对员工满意度和顾客满意度都产生负面的影响。如果顾客越来越重视个性化的服务，那么就意味着员工授权非常必要。向员工授权可以为服务企业带来诸多的便利和好处。

（1）有利于提高员工的满意度。要有满意的顾客，首先要有满意的员工。拥有权力和自主性是员工的自然要求，人们有成长和自我实现的愿望。授权有利于提高员工的成就感、自豪感和满意度。

（2）提高处理应急事件的能力和为顾客提供个性化服务。顾客的服务要求不同且难以预测，如果员工得到授权，对顾客特殊要求做出快速反应，就有更大的可能在短暂的接触时间内让顾客满意。当服务失败发生时，服务员工现场解决问题的能力，对于补救服务失败具有重要的影响。

（3）发挥员工的主动性和创造性，充分利用蕴藏在员工中的资源和智慧。一线员工和顾客直接接触，他们最清楚哪些政策和规定是可行的，哪些是不可行的，顾客对企业的反映如何。授权可以使员工有责又有权地去满足顾客的需求。一方面，可以使员工不必因为事事需向他的上级请示，而耽误了对顾客需求做出快速反应的关键时刻，同时，授权可以使员工产生为顾客服务的主动性。当一个员工被授权"可以全权解决顾客的问题"时，他就会产生被信任的感觉，从而激发员工的创造性，更好地为顾客服务。

2. 员工授权的原因

对一线服务员工进行授权，可以使其更好地把握销售机会或者由于服务传递过程的互动性而发现交叉销售机会。有关这一点，已经成为公认的实施授权的主要原因之一。通常，可以把授权的原因归结为以下两种：以提高员工的积极性和生产力为目的和以改进顾客服务和更有效地行销产品为目的。

在服务营销的环境下，一线员工的授权，既可以改变员工的态度，也可以改变员工的行为。其中，态度改变是由于授权可以提高工作满意度、减少角色压力以及减少角色模糊。有研究表明，决策影响力、任务自主性、决策自由度可以增加员工的工作满意度，并降低角色压力。提高工作满意度的一个直接结果，就是员工的工作热情比原来要大得多。同时，授权对员工的行为也有很大影响。例如，授权可以提高员工的"自我效能"，因为决定权允许他们去选择完成既定任务的最佳方法，使员工的调节能力更强，而调节能力是同自主性和决策影响力联系在一起的。随着员工的行动自由度的增加，员工根据顾客需求和工作环境进行工作调节的能力也越强，员工将顾客需求告知一线管理者的过程中浪费的时间更少，对顾客需求的反应速度更快。

从市场营销的角度来讲，由于服务的生产和消费是同时进行的，并且整个生产过程中顾客频繁地参与进来，使得服务产品的定制化程度和机会要远远大于制造业的产品。事实上，定制化和顾客参与已经成为服务的关键属性。服务的提供过程定制化，构成了差异化和竞争优势的来源，提高了顾客的满意度。因此，企业应该根据服务的定制化程度和顾客接触员工为迎合顾客需求而具备的决定权的程度，对服务进行分类。很明显，这一过程往往需要对顾客接触人员进行适度的授权。此外，服务补救也是进行员工授权的一个重要原因。当服务失败发生时，迅速的服务补救是非常重要的。如果服务失败没有得到迅速的和令人满意的矫正，顾客将对整个服务的可靠性失去信心。对一线员工进行授权，是打破服务"失败循环"的关键内容，也是服务企业实施顾客满意战略的重要组成部分。

3. 有效授权的过程与方法

有效的授权必须按照完整的授权过程，选择适当的方法进行授权管理。

（1）授权的过程。授权是一个过程，包括分派任务、授予权力、明确责任和确立监控权4个步骤。

1）任务的分派。在这个阶段，需要明确受权人所应承担的任务。

2）权力的授予。在这个阶段，需要给予下属行动的权力或指挥他人行动的权力，它是实现所分配任务的基本保证。

3）责任的明确。在这个阶段，受权者向授权者承诺保证完成所分派的任务，保证不滥用权力，接受授权者的奖励或处罚。

4）监控权的确立。在这个阶段，授权者可以向下级分派工作责任，但自己仍要对组织负有最终的责任。授权者给予受权人的只是代理权。因此，授权者有权对下级的工作情况和权力使用进行监督检查，有权调整所授权力或收回权力。

（2）授权的方法。对员工的授权是一门管理艺术。影响授权程度的因素也很多，上级和下级对权力的追求程度、工作岗位的特点、服务对象的特点等决定了授权的方法。一般来说，授权的方法包括以下4种。

1）充分授权。只给予目标和时限，提供必要的资源支持，允许下级有充分的自主权来完成任务。这有利于下属发挥创造力和聪明才智，适合独立工作能力强、经验丰富的下属。

2）部分授权。在给予目标和时限后，提供一定的策略指导，在完成任务的过程中适度监督和控制进程，随时协助处理棘手问题。这在任务比较困难和下属经验不足的情况下采用。

3）制约授权。在某项任务既重要又时间紧迫时，授予多个子系统来协助完成，在任务进程中，各子系统在时限和任务相关上相互制约，形成一定程度竞争氛围。

4）弹性授权。在完成一系列任务时，不同时期采用不同的授权方式，因任务授权限。

任务二 内 部 营 销

一、内部营销的概念、管理过程与目标

1. 内部营销的概念

内部营销是在服务意识驱动下，通过一种积极的、目标导向的方法为创造顾客导向的业绩做准备，并在组织内部开展各种积极的、具有营销特征的、协作方式的活动及其过程。在这种过程中，处于不同部门和过程中的员工的内部关系得以巩固，并共同以高度的服务导向为外部顾客和利益相关者提供最优质的服务。

内部营销是一种将员工视为顾客的管理哲学。员工要对企业雇主、工作环境和同事关系感到满意。人力资源管理和内部营销是有区别的：人力资源管理为内部营销提供使用工具，例如培训、聘用和职业发展规划；内部营销为人力资源管理提供指导，例如通过具有顾客导向的员工实现营销业绩的改善。内部营销的成功实施要求营销和人力资源管理予以配合。

2. 内部营销的两个管理过程

内部营销涉及两个具体管理过程，分别是态度管理和沟通管理。一方面，对员工的态度、顾客意识和服务意识进行管理是企业实施内部营销的先决条件；另一方面，企业内各层次的员工和支持人员都需要各种信息完成工作。这些信息包括工作规定、产品和服务特征及对顾客的承诺（如在广告中做出的承诺）等，这需要内部营销的沟通管理。态度管理和沟通管理相互影响，员工是否可以共享信息对员工态度有重要影响。例如，如果一线服务员工提前知道推广活动通知，就会积极兑现企业在广告中的承诺。

3. 内部营销的目标

内部营销的目的在于：创造、维护和强化组织中员工（不管他们是与顾客接触的员工和支持人员，还是团队领导、主管或经理）的内部关系，更好地促使员工以顾客导向和服务意识为内部顾客和外部顾客提供服务。实现上述目标的前提是员工要拥有必要的知识技能，并能获得各层管理人员、系统和技术的支持。具体来讲，内部营销有5个目标。

（1）确保员工顾客导向和服务意识的行为能够得到激励，能使员工成功地履行兼职营销人员的职责。

（2）吸引、留住优秀员工。

（3）在组织内部和网络组织中的合作伙伴之间彼此提供顾客导向的内部服务。

（4）为提供内部服务、外部服务的人员提供充足的管理和技术支持，使他们顺利履行兼职营销员的职责。

（5）创造内部环境和实施内部活动，使员工乐于进行兼职营销工作。

二、内部营销的作用

（1）内部营销有助于激发创新精神。服务企业通过提高对内部顾客——员工的服务，激发员工对服务工作的热爱与对外部顾客服务的热情，使员工从被动工作变为主动工作，从单纯地被管理变为积极参与到管理过程中，这必然会提高员工主动服务的意识，充分发挥自身

的主观能动性，致力于改进服务流程和进行服务创新工作。

（2）内部营销有助于减少内部矛盾。在服务营销过程中，需要不同部门的共同协作，各个部门处于工作流程的不同环节，内部营销通过有效沟通可以减少工作中的误解，从而减少服务企业内部各部门之间的矛盾。

（3）内部营销有助于提高工作效率。内部营销要求员工或者为顾客服务，或者为服务顾客的员工服务，这会使各部门员工提高内部服务意识，在服务企业内部营造出平等、和谐、互助的工作氛围，减少人际关系摩擦及不同服务环节的推诿扯皮现象，从而提高整体工作效率。

（4）内部营销有助于推进企业文化建设。内部营销强调员工满意度的重要性，强调对员工价值的认同，这会增强员工的荣誉感与归属感，自觉维护企业的对外形象，并信守企业的对外承诺。而且内部营销的信息沟通可以使员工及时了解服务业的经营战略，当所有员工都响应企业经营战略并相互合作时，企业文化才真正深入人心。

【案例8-4】

星巴克的内部营销

在一些企业中，营销关注点往往是通过促销手段达成与外部顾客的交易，而先进的营销管理视角更为注重内外顾客的结合，即要想让外部顾客满意，必须先让企业的第一顾客——内部员工满意。一位著名营销专家称内部营销是"把公司推销给作为'内部消费者'的员工"，其意义是员工的满意程度越高，越有可能建成一个以顾客和市场为导向的公司，星巴克就是这样的公司。

星巴克咖啡公司成立于1971年，一直致力于向顾客提供最优质的咖啡和服务，营造独特的"星巴克体验"，让全球各地的星巴克店成为人们除了工作场所和生活居所之外的温馨舒适的"第三生活空间"，这也是星巴克成功的动力所在。显然，员工的满意程度越高，提供温馨舒适的"第三生活空间"经营目标越有可能实现。

1. 员工为本的企业文化

企业要想在激烈的市场竞争中获得优势，不断地发展壮大，必须转变传统的企业与员工关系的模式。从西方企业发展的历程可以看到，企业与员工的关系首先表现为一种雇佣关系，其次表现为一种管理关系。传统管理模式下，企业雇佣雇员，雇员只有接受工作的权力而没有选择工作的权力；企业对雇员进行管理，雇员必须在各种制度的管理和制约下为组织目标而工作，雇员处于从属地位。内部营销理论的前提是，企业需像对待外部顾客那样对待员工，即坚持将人放在管理的中心地位，从员工的需求出发，对员工进行管理。

作为一家服务价值驱动型的企业，星巴克公司内有一套被广泛接受的原则。这家公司总是把员工放在首位并对员工进行大量的投资。这一切来得绝非偶然，全都出自于首席执行官的价值观和信念。舒尔兹曾说道："我想建立的公司能给人们带来主人翁意识并能提供全面的医疗保险，最重要的是，工作能给他们带来自尊。人们普遍认同该公司是一家能给他们带来自尊的公司，能尊重他们所作的贡献，不管员工的教育程度和工作地点在哪里。"

一位高管说道："这个地方是人与咖啡相约的地方，我们用最好的机器、最好的咖啡、最好的职员为顾客奉献出最好的体验，所以我们在训练一开始的初衷和主旨上表现了对人的关怀，这和公司的'使命宣言'也是密不可分的。""使命宣言"第一条提到："提供完善的工作环境，创造相互尊重、相互信任的工作氛围。"在星巴克看来，完善的工作环境，不仅是有一份有竞争力的薪水，甚至他还可以学到很多有关咖啡的知识，有关做人的知识。不仅在星巴克可以用到，离开星巴克也会终生受用。

星巴克希望让每一个员工感到公司对他们很重视。他们认为，要想长期在市场上生存并取得成功，企业主管必须与员工和消费者建立一种相互信任的关系，这种关系必须建立在合适的、真实的和真正的商业运作基础上。公司对员工的尊重和信任，体现在各个方面。为鼓励员工献计献策，公司对每位员工的建议都认真对待。星巴克公司经常在公司范围内进行民意调查，员工可以通过电话调查系统或者填写评论卡对问题畅所欲言，相关的管理人员会在两周时间内对员工的主意做出回应。星巴克公司还在内部设立公开论坛，探讨员工对工作的忧虑，告诉员工公司最近发生的大事，解释财务运行状况，允许员工向高级管理层提问。在星巴克看来，员工反映问题可以给管理层带来新的信息、好的思路，从不同角度提供解决问题的方法，值得公司收集研究。此外，公司还定期印发员工来信，这些来信通常是有关公司发展的问题。员工提出的建议可以使公司对细节尤为关注。有时候，那些看似不起眼的建议往往会使公司的业绩跨上一个大的台阶。而公司掌握了细节的高超本领，会使企业更能有效地应对错综复杂的问题，使他们能为竞争对手之所不能为。善于倾听来自员工的小点子使星巴克决策变得更加灵活，反映更快捷，也更有应变力，同时改善了团队内部信任、尊重与沟通的氛围，提高了员工的主人翁意识。

2. 用"薪"对待员工

要让企业的第一顾客满意，在管理中要根据科学的激励理论，针对员工的不同特点，充分考虑员工的需求层次进行适当的激励。给予物质奖励是众多公司激励员工的一种常规方式。在公司里，几乎每个人都需要金钱来维持或提高他们的生活水平，同时，这也是传统的对员工的成就表示认可的方法。因此，向员工表明他们通过帮助公司在市场上获胜就能得到物质利益和奖励，并确实对他们进行相应的奖励是很重要的。

星巴克通过员工激励体制来加强其文化和价值观，并且成为不靠广告而建立品牌的企业之一。与同行业的其他公司相比，星巴克雇员的工资和福利都是十分优厚的。星巴克每年都会在同业间做一个薪资调查，经过比较分析后，每年会有固定的调薪。为了加强及推动公司的文化建设，公司实施了一系列的报酬激励计划。对于全职和兼职员工（符合相关标准），公司提供卫生、牙科保险以及员工扶助方案、伤残保险。此外，一家叫工作解决方案的公司帮助处理工作及家庭问题。这种情况在零售行业里并不常见，大多数企业不会为兼职员工的福利支付成本。尽管支付兼职员工福利的成本增加了公司的总福利成本，但平均福利成本和对手相比仍然很低。尽管投资巨大，但公司仍支付大量红利，那些享受到这些福利的员工对此心存感激之情，因而对顾客服务得更加周到。

星巴克的员工除了可以享受优厚的工资福利外，还可以按照规定低价购买公司的股票期权。早在1991年，星巴克就设立了股票投资方案，允许员工以折扣价购买股票。这样，所有员工都有机会成为公司的主人。星巴克公司股票的价格持续飙升，员工的期权价值与自豪感不断上涨。

星巴克的薪酬激励机制不但提高了员工的收入，而且提升了公司的文化和价值观，降低了员工的流失率。据调查，星巴克员工的流失率约为同业水平的三分之一，员工非常喜欢为星巴克工作。正如舒尔茨所说："实行有效激励机制、尊重员工使我们挣了很多钱，使公司更具竞争力，我们何乐而不为呢！"

3. 培训让员工"升值"

企业员工既是内部营销的参与者，又是内部营销的对象，员工素质的高低、技能的强弱，都是制约顾客价值的要素。因此，企业在内部营销中必须通过培训大力提高员工素质。特别应重视对直接接触顾客的一线服务人员的培训，因为他们不仅直接接触顾客，而且直接参与服务营销活动，企业的形象和服务质量主要通过他们体现出来。在对一线人员进行培训时，既要让他们充分理解和领会企业服务营销的总体目标，增强他们为顾客服务的责任感，又要注意培养他们同顾客打交道、与顾客建立良好关系方面的高层次技能。对一些具有特殊职能的员工，则需根据他们所从事的工作性质增加一些专门训练，帮助他们掌握工作所必需的特殊的沟通和服务技能。

星巴克认为，他们的产品不单是咖啡，而且是咖啡店的体验文化。星巴克一个主要的竞争战略就是在咖啡店中同客户进行交流，特别重要的是咖啡生同客户之间的沟通。

星巴克对每一个职务的员工都有一个相对应的培训，新进人员必须非常清楚自己未来的生涯发展。因为一家店大致上分成四种职务人员，从值班人员、值班经理、店副经理、店经理，每一种职务都有清楚的工作技能要求，员工可以透过和店经理的沟通，更清楚自己未来发展的方向，每预定一个目标，就必须接受不同的职务训练，也因为如此，店经理大部分都是由组织内部晋升上来的。在工作、训练与晋升的过程中，员工受到环境与制度的影响，会产生自主性学习的态度，并且乐于工作。店经理是协助员工成长的角色，由他们来教导员工的工作技能是最恰当的，他们是讲解者并非老师。也因为如此，店经理必须经过四种课程的认证，以及内部讲师认证的培训计划，懂得如何在课堂上给学员正确的回馈，透过观察，能够具体地陈述事实、行为，短时间之内就看到员工的优、弱势。店经理可以从高透明化的工作职能说明中，判断什么人适合接受什么样的训练，而部属也能了解自己如果获得拔耀，必须接受哪些训练，最后主管再上公司网站帮部属报名。

星巴克所有的新进人员都必须经过四种核心课程，包括星巴克体验、咖啡交流、服务技能、吧台技术。这四项训练是针对员工的工作职责所规划的。透过这套课程，员工可以了解组织的文化历史，其中也教导员工运用一套核心工具，来强化人与人沟通的重要性，他们昵称为"星星工具"，运用这套工具，当面对伙伴时，可以重复性强化相互尊重的概念，而这种尊重人性的感觉，也会自然从人与人的应对中自然地散发出来，顾客一进门和服务人员接触后，也能够感受备受尊重的感觉。董事长霍华·舒兹曾经说过，星巴克所从事的是"人的产业"，不是咖啡产品，而是提供好咖啡来服务人，因此他教导员工如何喜欢咖啡、了解咖啡、分享咖啡知识。"咖啡学习护照"就是一本让员工成为咖啡专家的学习手册。员工循着学习途径，每天拨出十分钟，共同品尝、讨论咖啡，从中不断累积咖啡知识，无形中和顾客、伙伴、家人讨论咖啡，形成一种星巴克特有的咖啡文化，组织自然散发出浓厚的咖啡体验。

[资料来源：王化民. 星巴克的内部营销. 企业改革与管理，2008，（4）：46-47，编者略有删改]

三、内部营销策略

内部营销不失为服务企业在竞争中取胜的一大法宝。内部营销管理源于市场、融于企业，具有灵活性、主动性和能以较低成本实现有效管理的优点。那么，如何才能有效开展企业内部营销呢？

1. 在企业内部营造一种内部营销的良好氛围

内部营销要求每一位管理者和员工都必须树立服务内部顾客的意识。首先，管理人员应当成为理解和实施内部营销的倡导者和推动者，在企业内部营造一种尊重人、信任人、关心人、理解人的良好氛围，把员工的发展作为企业经营管理的重要目标；第二，借助内部营销手段对员工推销服务理念与正确的价值观，使"顾客至上"观念深入到员工的心中，从而使每个员工更好地履行自己的职责。第三，各级管理人员应身体力行，给员工做出示范，为企业正确理解和实施内部营销做出表率。通过建立客观、简单、恰当和适时的评估标准，经常衡量员工的工作业绩和贡献大小，让员工在评估和奖励中知道什么是对的，应该发扬的，使每个员工都树立起集体主义观念和团队精神，努力做到"如果你不直接为顾客服务，那么，你最好为那些直接为顾客提供服务的人提供优质服务"。

2. 对员工的分析、培训和教育

企业员工既是内部营销的参与者，又是内部营销的对象。正如对消费者的分析是营销的基础一样，对员工的分析也是实施内部营销的基础，并将影响内部营销的效果。对员工的分析可以包括：员工的需求、感知、认知、行为特点及环境对其行为的影响。对员工的培训主要有三个方面的目标和任务：第一，使每个员工对企业的服务战略及其本人在其中的位置和作用有一个深入和全面的认识；第二，树立和增强员工的顾客意识和服务的自觉性；第三，提高员工沟通、销售和服务的技巧。因此，在制定培训方案时，应把知识与技能和理念与态度紧密结合在一起，使两者相互促进、相辅相成，不可有所偏废。

对员工的培训要有针对性，对不同的服务人员在深度、广度和侧重点上要有所区别。特别应重视对直接接触顾客的服务人员的培训，因为他们不仅直接接触顾客，而且直接参与服务营销活动，企业的形象和服务质量主要通过他们体现出来。在对一线人员进行培训时，既要让他们充分理解和领会企业服务营销的总体目标，增强他们服务顾客的责任感，要注意培养他们同顾客打交道、与顾客建立良好关系方面的高层次技能。对一些具有特殊职能的员工，则需要根据他们所从事的工作性质增加一些专门训练，帮助他们掌握工作所必须的特殊的沟通和服务技能。

3. 加强对员工的激励与认同

实行内部营销要求根据科学的激励理论，针对员工的不同特点，充分考虑员工的需求层次进行激励。在各种激励方式中，物质激励是最基本的激励。企业应根据实际情况，努力提高员工的工资福利待遇，并可根据员工成绩给予不同程度的物质奖励。同时，可适当采取多种形式的非物质奖励，如充分尊重员工的服务性劳动，经常在各种场合强调员工为企业所做的贡献，努力为员工提供合适的工作岗位，以及良好的工作环境和发展机遇。

目前大部分企业对一线员工的激励力度和激励办法都有待于提高和改进。一般企业中与顾客联系紧密的岗位大多是级别和待遇最低的岗位，如营业员、维修员等，而恰恰是这些人员对贯彻企业的服务战略、展示企业形象、与顾客建立长期良好关系具有重大影响。这些人员如果不能得到有效激励，他们对顾客的态度就有可能变得消极，并且会下意识地将这种态

度传递给顾客，对企业的形象和营销绩效造成很大的损害。在这些岗位上表现出色的员工，又往往会晋升到很少需要与顾客接触的岗位，这就使得这些关键的岗位上缺乏优秀的人才。因此，要探索进一步加大对这些人员的激励力度，改善对他们的激励方式，原则是要让员工意识到服务的重要性，意识到为顾客提供优质服务能够得到相应的回报。

激励和约束是同一事物的两个方面，如果缺乏约束的激励就无法达到激励目的。因此，在激励的同时还应对员工的服务行为进行必要的监督。监督和检查应尽可能取得员工的理解和支持，应有利于提高员工的士气，而不可挫伤他们的积极性。

4. 加强信息交流与沟通

信息交流是内部营销成功的关键。要采取各种方式把新的战略、规范、经营思想、经营方法和价值观念等信息传达给员工，使他们理解并融入自己的行动。而内部市场中的供应者与顾客之间也必须建立有效的双向沟通系统，使组织中的每个部门、员工都了解他们的服务期望达到的水平。

首先，管理人员、服务人员及各部门员工，可以通过正式或非正式的互动式信息沟通和信息反馈，理解和接受企业的使命、战略、战术，以及产品、服务和营销活动。这样，企业的服务理念和战略思想才能成为员工的自觉行为。其次，由于服务质量不仅仅取决于一线服务人员的服务态度、技能和水平，而且还取决于一线服务人员与内部其他各部门人员相互的理解、合作与协调。因为所有员工都参与了为顾客服务的过程，很多员工虽然不与顾客直接接触，但他们的工作表现也会间接地影响到顾客所获得的服务，一线员工为顾客服务的能力在很大程度上依赖于其他员工的服务意识。

提供高质量的服务不是一线服务人员或其他某个部门人员所能单独完成的，它是各部门人员相互作用、共同努力的结果。而沟通则有助于实现内部人员之间、部门之间的相互理解、合作与支持。如商店的服务，首先定位于目标顾客，在陈列商品、接待顾客等方面，都尽量去满足目标顾客的需要。其次是注重内部各环节之间的服务，比如，仓库与卖场之间的连接服务，管理层为营业一线的管理服务，开展职工培训服务等，最终都体现为营业一线对顾客的各种现场服务。总之，从购物环境到卫生条件，从员工着装到降低营业成本，方方面面无一不包含为顾客服务的内涵。服务企业内部沟通可采取恰当形式如召开员工会议、加强与员工的个别交谈、领导深入服务第一线，通过体验服务、情境体验、重视员工出版物、出版内部小册子等方式获得信息。

四、内部营销的评估

具体而言，评价企业实施的内部营销活动是否成功，包含下面 7 个方面的内容。

（1）我们争取员工的竞争是否像争取最终顾客的竞争那样激烈？我们有冒险精神吗？我们尝试过新的策略吗？我们是否运用多种媒介？我们是否选择了适当的负责招聘和会见工作的管理人员？什么样的人能给人留下深刻的印象？什么样的人是销售能手？

（2）我们公司的服务是否有价值？我们向员工提供了他们能掌握和信任的形象吗？我们向员工提供了特殊的工作场地吗？我们出色地渲染了公司的形象吗？我们抓住每一个机会改造和完善我们的企业文化了吗？

（3）我们为员工能出色地工作做了哪些准备？我们是否把发展技术知识看做投资而不是花费？我们是否将之看做一个持久的过程而不是偶然事件？我们是否将之看做培养信念和激励士气的行为？我们是否不仅让员工知其然，而且让他们知其所以然？我们的培训和教育工作做得好吗？

（4）我们强调集体协作吗？我们的组织结构有益于培养协作精神吗？我们的物质工作环境怎么样？我们所作的训练和教育努力怎么样？我们的绩效评估和奖励系统怎么样？我们的职员理解他在集体协作中的位置吗？

（5）我们给予员工满足顾客要求的自由吗？我们制定规章制度是为了满足最优秀的员工的要求而不是为了惩罚工作最差的员工吗？我们努力使规章制度和工作程序尽可能的少吗？我们在企业文化中建立分权思想吗？

（6）我们对最重要之处加以评估和奖励吗？我们对为公司形象做出贡献的员工行为进行绩效评估和奖励吗？我们所使用的方法能保证公正吗？我们是否使用多种方法进行绩效评估和奖励？我们的每一名员工都有因工作出色而得到承认的机会吗？

（7）我们是否听取员工的意见？我们使用常规的和非常规的调查方法了解他们的态度、他们关心的事物和他们的需要吗？我们是否积极地征求他们的意见？我们对所了解的情况采取行动了吗？我们应用调查资料去改进"工作产品"了吗？

【案例 8-5】

谷歌：员工福利之王

即使在硅谷，谷歌（Google）也不失为一个巨无霸。它共拥有约 3.2 万名员工。为使员工关系更加亲密，谷歌付出了巨大的努力。

为了让员工保持愉快的心情，谷歌制定了高标准的员工福利政策，包括免费美食，现场洗衣、干洗及改衣服务，户外运动中心，邀请各路名人到访演讲。待遇之丰厚，鲜有公司能与之匹敌。

综合户外运动中心不惜血本

为了让员工保持健康体魄，谷歌从来不惜花费重金。该公司开设了一座大型的户外体育中心——加菲尔德运动中心，以其所在街道的名字命名，内设一个足球场、一个篮球场、两个网球场、两个室外地滚球场、两个用于掷马蹄游戏的马蹄坑、一个高尔夫球场及一个曲棍球场。

室内娱乐设施丰富多彩

如果员工们不想在 Mountain View 谷歌总部的室外地滚球场上打地滚球，谷歌园区中还有保龄球等其他运动项目供其选择，谷歌总部共有 4 条保龄球道供用户预订。谷歌舞蹈工作室（Google Dance Studio）共有 31 种每周一次的课程供员工选择，其中包括卡泼卫勒舞（capoeira）以及实用的"聚会舞蹈入门"，授课的老师既有专业的教练，也有谷歌员工中经验丰富的志愿者。

天下美食应有尽有

谷歌一向不吝为员工提供免费美食，并因此而享有盛誉。尽管公司规模不断壮大，但这项政策迄今仍然没有改变。在位于 Mountain View 的谷歌总部，职工食堂的数量已经由 11 家增加到了 25 家。新增的食堂中包括专门供应亚洲美食的 cafe Gia 和 cafe 150，后者供应的食物原材料全部来自于 150 英里（241 公里）内的地方。

工作方式坐立自由

久坐不利于健康。于是，用立式办公桌代替标准的坐式办公桌在谷歌蔚然成风。谷歌员工只需使用公司的 Ergolab 软件下单，从众多的办公桌类型中任意选择一款，然后就能收至一台与其身高相配的办公桌。据非官方数字统计，目前谷歌已有数百人在使用立式办公桌。

安卓新品免费派发

效力于拥有全球最大移动操作系统的公司有一个优厚的条件，那就是可以免费使用高科技产品。谷歌有向员工派发安卓智能手机的传统。据报道，该公司向大量（如果不是全部的话）员工免费发放了三星 Galaxy Nexus 手机，作为假期礼物。这些手机零售价通常为 299 美元，其中含有为期 2 年的 Verizon 合约。而且，每部手机的背板都是定制的，嵌有谷歌服务部门的图标。

育儿服务一条龙

谷歌为新晋父母们提供了宽裕的假期，初为人母的女员工可享受 18 周的假期，初为人父者假期为 12 周，远远超过了一些州规定的标准假期。谷歌每月都举行新生儿送礼会，除了讲授育儿经，员工还会收到优惠券以及在公司免费享受一次现场按摩。此外，每名初为人父母者还会收到 500 美元，公司称之为"宝宝感情培养费"。这笔钱会存入这些员工的账户，用于支付宝宝诞生头几个月中洗衣、清洁甚至园艺等各项用得到的服务。

（资料来源：大海谷歌：员工福利之王开源中国社区，2012-02-09 ）

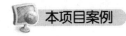 **本项目案例**

沃尔玛员工的服务承诺

全球知名的沃尔玛超市一直向顾客提供超一流的服务。该公司一贯坚持"服务胜人一筹、员工与众不同"的原则。走进沃尔玛的每一位顾客都能够体验到周到的服务。

沃尔玛创始人山姆·沃尔顿曾多次说过，卓越的顾客服务是我们区别于所有其他公司的特色所在。他说："向顾客提供他们需要的东西，并且再多一点服务，让他们知道你重视他们。在错误中吸取教训不要找任何借口，而应向顾客道歉。无论做什么，都应礼让三分。我曾经在第一块沃尔玛招牌上写下了最重要的四个字——保证满意。"

顾客才是真正的老板

山姆·沃尔顿说："所有同事都是在为购买我们商品的顾客工作。事实上，顾客能够解雇我们公司的每一个人。他们只须到其他地方去花钱，就可做到这一点。衡量我们成功与否的重要标准就是看我们让顾客——'我们的老板'满意的程度。让我们都来支持盛情服务的方式，每天都让我们的顾客百分之百地满意而归。"

保证满意

简单地讲，保证满意意味着竭尽所能让顾客满意。修理、换货或退款时，对顾客说声谢谢并笑脸相迎。顾客是沃尔玛的生计所在。沃尔玛人的工作就是通过满足顾客的需求并且超出顾客的期望，使您感觉到顾客是我们生意中最重要的部分。

山姆·沃尔顿提倡："超出顾客的期望。这样，他们才会不断光顾。向顾客提供他们需要的东西，并且再多一点服务。"

日落原则

这条规则说明所有沃尔玛员工应该在收到顾客、供应商或其他员工的电话的当天日落之前对这些电话作出答复。这正是沃尔玛对顾客做出友好的服务承诺的一个例子。迅速回应表明我们关心顾客。我们不一定要在日落之前解决每一个问题或者完成每一项任务，但我们应与顾客保持联络，这体现了我们公司的一条基本原则——我们关心顾客。

盛情服务

满足顾客的需求且超出顾客的期望的方法之一就是采取盛情服务。例如，当顾客询问我们的员工某种商品在哪里时：

告诉顾客商品陈列在哪个部分，可满足顾客的需求。

将顾客带到该商品处，则超出了顾客的期望。

我们鼓励员工做到：当顾客步入我们的商场时，要使顾客感觉到顾客是受欢迎的。我们聘用那些愿意向顾客微笑、并看着顾客的眼睛，向离自己三米之内的每一个人打招呼的员工，这就是我们所说的"三米微笑原则"。我们还将尽可能叫出顾客的名字。

"迎宾员"这一方案是盛情服务的一个例子，并已经成为一种趋势。"迎宾员"具有独特的职责，就是当顾客走进沃尔玛商场时，向顾客表示欢迎。迎宾员的职责包括为顾客推出购物车，微笑，并且让顾客知道我们很高兴顾客光临沃尔玛。

顾客服务原则

第一条，顾客永远是对的。

第二条，如果对此有疑义，请参照第一条执行。

（案例来源：我们的服务宗旨．沃尔玛中国网站 http：//www.wal-martchina.com/service/aim.htm）

讨论题：结合本案例，谈谈你对员工与顾客之间关系的认识。

沃尔玛是如何对待员工的？

沃尔玛的创始人山姆说："我认为，如今我们所从事的这个行业中，对管理者最大的挑战，是如何成为员工的真正领导者。一旦他做到这一点，这支优秀管理者和员工组成的团队，就可以战胜一切！"沃尔玛的组织结构是一个倒三角形，位于最上层的不是公司老总而是员工，管理者和员工是一种服务和被服务的关系。如山姆所说，管理者如何对待员工，员工就会如何对待顾客，员工在沃尔玛受到的重视程度是一般企业不能比的。在沃尔玛，员工被称为"合伙人"、"同仁"，沃尔玛有十大成功的经营规则，其中七条是讲员工的。

目前国内的企业文化建设有声有色，员工的作用被越来越多的企业所重视。特别是一些科技含量比较高的企业，员工普遍受到的重视程度要比普通企业中的员工高。不过商业企业的情况要差些，商业企业作为服务型的行业，人们通常认为员工要求的技术水平较低，因而替代性较强，一些管理者并不真正把他们看做是企业发展的根本要素，所以导致现在商业企业的员工的稳定性很差，跳槽现象非常严重。

问题：面对这种状况，以 3 个同学为一组讨论分析如何对待服务企业的员工，然后由小组代表发言，老师给出评价。

酒店的内部营销

这一年圣诞节前午夜时分，丽都饭店总机当班的小李，接到某外资公司一位客人的电话，询问圣诞活动预订事宜，并说曾打电话给另一家酒店，因该店总机接线员告之订票处已经下班，于是便打电话到丽都询问。

小李接到客人的电话，尽管此事并非她直接的工作范围，但是脑海中立即意识到这事关饭店形象，做好咨询服务是自己应尽的责任和义务，处理得当还能促进饭店的圣诞销售。她马上热情、细致地把有关情况向客人一一作了介绍。客人听后非常满意，并表示他们公司将平安夜活动就定在丽都了。第二天，他们果然来饭店买了160张欢度"圣诞平安夜"的套票。

酒店在日常管理中很注重内部的沟通与交流，包括各部门之间、员工与领导之间、员工之间，注重团结合作。并每月召开几场员工座谈会，充分听取员工意见，每月评选最佳职工，邀请最佳员工的家属来餐厅参观和就餐等。酒店每次的活动细则在内部网站上都有信息发布。这样就形成了良好的合作氛围，从而有利于提高企业的内在服务质量，最终实现外部服务质量的提高。

由此可见，自觉的促销意识正是小李的可贵之处。她平时做有心人，关心酒店的促销活动，提前对这次圣诞活动的各项内容了解得清清楚楚，因而面对客人的询问，她胸有成竹，详细解答，抓住了这个意外的机会。

问题：如何塑造酒店服务营销文化？实施内部营销应注重哪些问题？同学们对以上两个问题进行思考，然后在老师安排下进行课上交流。

实务自测题

（1）管理人员如何加强对员工的管理？
（2）如何理解服务利润链？
（3）什么是内部营销？内部营销的策略是什么？

实训题

请同学们讨论"在服务企业中是员工为先，还是顾客为先"，分成两组，每组可选出4名辩手，就此问题开展一场辩论赛。

项目九　服务有形展示

（1）了解服务有形展示的概念、类型及对企业营销的作用。
（2）掌握有形展示的管理方法。
（3）学会根据服务环境的特点来设计有形展示。

DQ 冷饮店的服务有形展示

DQ 这家来自美国的冷饮店在嘉兴的店面开在江南摩尔附近。当然，距离我们这些消费群体的所在地嘉兴学院是很远的。但是我想，能吃到一顿畅爽的冷饮，距离已经不是问题了。

DQ 的店面大概有 120 平方米左右，不是很大，但相对于一般的冷饮店来说，享用冷饮的空间起码不显得拥挤。首先，进门之后给人的感觉很舒服，干净、有序、氛围很好。服务人员比较专业，穿戴整齐，打扮得体；服务人员有一定的服务素养，能理性地为顾客考虑，推荐顾客喜欢的产品口味，适当的为顾客推荐产品附件的服务；无强迫性。受到服务环境的营销，顾客也显得井然有序，无插队，抢购的情况。

关于价格，大概 12～200 元不等，顾客可选择自己所需的产品。DQ 的消费人群主要是学生和年轻白领，对于这些消费群体，价格还是比较合理的。对于潜在的顾客来说，价格不是吸引顾客的唯一要素，优秀的服务、良好的环境以及产品的特色才是这是潜在顾客选择 DQ 的主要原因。而相比哈根达斯的一个甜筒冰激凌 28 元来说，DQ 的冷饮算是比较便宜的。从顾客所获得服务、享用的环境、DQ 冷饮自身的口味及特色（做好之后的冷饮是倒不出来的）来说，DQ 的性价比是很高的。

DQ 在信息沟通展示方面也是比较成功的，从顾客对 DQ 的赞赏，我们就能看出这一点。DQ 的广告内容也是很吸引顾客的。最重要的一点是，DQ 非常重视顾客信息回馈，在购买或是消费 DQ 的产品后，服务人员总会向顾客提供一张产品服务满意度回馈表，DQ 会从这些信息回馈表里得到反馈信息，从而进一步完善服务。

DQ 产品的有形展示突出了产品的特色，即 DQ 的冷饮做好之后是倒不出来的。这是吸引顾客的重要原因之一。在服务人眼完成一杯冷饮的制作后，都会现场将冷饮向下倒，如有倒出，那么服务人员会再为顾客重新制作一个。这一点不仅仅是 DQ 的一个特色，也是其优秀服务的体现，是对产品质量的现场保证。而它的这一特色，也是为 DQ 吸引了更多的顾客。

（资料来源：根据百度文库资料整理，http://wenku.baidu.com/view/41a67886b9 d528ea81c 779f5.html.）

任务一　有形展示概述

服务具有"不可感知性"，即顾客无法见到实物，只能抽象的理解，在做出购买决策前，明确自己的购买对象及购买目的。因此，如何使这种无形产品尽可能地实体化，能让顾客感知并形成初步印象，就成为了营销人员面临的主要问题。

服务营销商通过提供有形的线索，如服务设备、员工、信息资料、价目表等，增加顾客对服务的认识，以此对服务产品进行预测，并在消费中及消费后对服务进行评价。

一、有形展示的内涵

所谓有形展示是指在服务市场营销管理的范畴内，一切可传达服务特色及优点的有形组成部分，是企业中与提供服务有关的实体设施、人员及沟通工具等的展现。

在产品营销中，企业通过创造抽象联系推广自己的产品，如可口可乐表现出"信任"和"青春"；而七喜给人的感觉则是"明快"与"活泼"，而在服务产品的营销中，则更关注于通过各种有形线索来强调和区分事实。比如，当顾客选择饭店时，饭店的名称、建筑物的外观、周围的环境等将在他心里形成初步印象；若这印象符合他的喜好，他会走进去，而这时饭店的内部装潢、环境的整洁程度、服务人员的礼仪形象等，将直接影响他的选择。

因此，合理运用服务过程中的各种有形要素，有助于企业提高产品推销的有效性。但要注意，有形展示是一把"双刃剑"：若善于管理和利用，有助于顾客感知服务特性，创造更多利益，塑造良好的企业及服务形象，支持相关营销策略的实施；反之，若管理和利用不善，则可能误导消费者，影响顾客对产品的期望和判断，破坏企业形象。

【案例 9-1】

2008 年，全球第十家马克西姆餐厅在北京的蓝色港湾国际商区盛大开业。餐厅的内部装饰几乎完全仿照巴黎马克西姆餐厅：几何状桃花木贴板、墙壁上的鎏金藤条图案、枫栗树叶状的吊灯和壁灯、似乎望不到尽头的水晶玻璃墙、卢浮宫的古典壁画、绚丽的彩画天花板、缤纷的绘图玻璃窗，使人仿佛置身于 19 世纪的法国宫廷。

蓝色港湾马克西姆餐厅是第一家将漫画搬上餐具的餐厅，这些漫画都是上世纪法国著名漫画家山姆（Sem）的杰作，他曾为很多在马克西姆餐厅里就餐过的社会名流留下了漫画素描。茶壶、茶杯、咖啡杯、烟灰缸等，上面的各种人物肖像都是经过精挑细选的。来马克西姆就餐的客人可能会在喝咖啡的时候问到服务员：你这个杯子很可爱，这些漫画是什么？服务员会向他解释：这是马克西姆历史的一部分，这曾经是法国的哪一位社会名流，在法国的历史上曾经有过什么样的令人难忘的显赫地位。来马克西姆就餐，客人们不仅是来品尝杯中酒、盘中餐，更重要的是他们在马克西姆餐厅就餐的时光里，中法文化在此交汇，给人别样的感觉。

（资料来源：新浪乐居商业地产频道.2009 年 09 月 14 日）

二、服务有形展示的作用

有形展示是服务营销组合策略的 7 大要素之一。因此，了解服务有形展示的类型和作用，加强有形展示的管理，创造良好的服务环境具有重要战略意义。首先，有形展示是顾客根据线索形成服务期望的依据，根据这些期望形成了顾客服务评价的参照标准。产品营销首先强调创造抽象的联系，而服务营销则将注意力集中于通过多种有形的线索来强调和区分事实。而对于服务营销商来说，服务展示管理是第一位的。服务营销商通过对服务工具、设备、员工、信息资料、其他顾客、价目表等所有这些为顾客提供服务的有形物的服务线索的管理，增强顾客对服务的理解和认识，为顾客做出购买决定传递有关服务线索的信息。

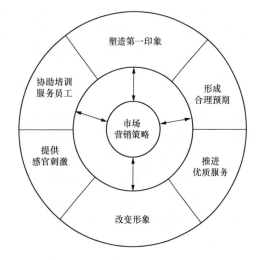

图 9-1　有形展示的作用与市场营销策略之间的关系

有形展示管理的首要作用是支持公司的市场营销策略。在进行营销决策时，应该特别考虑对有形因素的操作，有形展示作为服务企业实现其服务有形化、具体化的一种手段，在服务营销过程中占有重要地位。具体而言主要包括以下几个方面（见图 9-1）。

1．服务有形展示有助于通过感官刺激，让顾客感受到服务给自己带来的好处

顾客购买行为理论强调，产品的外观能否满足顾客的感官需要将直接影响到顾客是否真正采取行动购买该产品。同样，顾客在购买服务时，也希望能从感官刺激中寻求到某种东西。服务展示的一个潜在作用是给市场营销带来乐趣优势。这些营销人员总是以非同寻常的方式来完成交易，从而缓解顾客的厌倦情绪。他们把服务环境当做舞台，把服务传送看做剧场。例如，顾客期望五星级酒店的外形设计独具特色，期望高格调的餐厅能真正提供愉悦的气氛。因此，企业采用有形展示的实质是通过有形物体对顾客感官方面的刺激，让顾客感受到无形的服务所能给自己带来的好处或利益，进而影响其对服务的需求。

2．服务展示有助于引导顾客对服务产生合理的期望

顾客对服务是否满意，取决于服务带来的利益是否符合顾客的期望。可是，服务的不可感知性使顾客在使用服务前，很难对该服务做出正确的理解或描述，他们对该服务的功能及利益的期望也是非常模糊的，甚至是过高的。不合乎实际的期望又往往使他们错误地评价服务，即做出负面评价。而运用有形展示则可以让顾客在使用服务前能够具体地把握服务的特征与功能，较容易地对服务产生合理的期望，避免因顾客期望过高、难以满足而造成负面影响。

3．服务展示有助于影响顾客对服务的第一印象

对于新顾客而言，在购买和享用服务前，他们往往会根据第一印象对服务做出判断。因为服务是抽象的、不可感知的，所以有形展示作为部分服务内涵的载体无疑是顾客获得第一印象的基础，而有形展示的好坏将直接影响顾客对服务企业的第一印象。例如，参加"豪华旅行团"去旅游的顾客，当抵达目的地时，若接旅客去酒店的专车竟然残破不堪，便马上会产生"货不对路"的感觉，甚至可能有上当受骗、忐忑不安的感觉。反之，若接送的专车与导游的服务能让人喜出望外，则顾客会觉得在未来随团的日子里将过得舒适愉快，进而增强对旅游公司服务质量的信心。

4．服务展示有助于提高顾客的服务感知质量

服务质量的高低并非由单一因素决定。根据服务营销学者对多重服务的研究，大部分顾

客根据十种服务特质判断服务质量的高低，而有形展示正是可感知的服务组成部分。顾客不仅会根据服务人员的服务过程，而且会根据各种有形展示的因素来评估服务质量。与服务过程相关的服务环境、服务设施、服务人员仪表等有形展示都会影响顾客感觉中的服务质量。因此，服务企业应该根据目标市场的需要和整体营销策略的要求，强化对有形展示的监督与管理，为顾客创造良好的消费环境。

5. 作为服务环境的一种重要构成，服务展示有助于提升顾客与服务人员的互动质量

有学者曾提出有形展示的三种效果，即能唤起顾客想到该服务的利益，可以强调服务提供者与顾客之间的相互关系及可以连接非有形产品服务和有形物体而让顾客容易辨认。

6. 服务展示有助于塑造服务企业的市场形象

有形展示是服务的组成部分，也是最能有形地、具体地传达企业形象的工具，企业形象或服务的形象也属于服务的构成部分。形象的改变不仅是在原来形象的基础上加入一些新东西，而且要打破现有的观念，所以它极具挑战性。服务的无形性增加了这一挑战的难度。如果没有有形产品作为新设计的形象的中心载体，服务营销人员必须寻找其他有形因素作为代理媒介。而看得见、摸得着的有形展示塑造的是活生生的企业形象，通过有形展示将质量表现在顾客可感知的载体中，增加了企业优质服务的形象的可信度。

7. 协助培训服务员工

前面已经指出，服务营销理论区别于传统市场营销理论的一个重要方面在于承认服务员工也是企业顾客的事实。既然顾客难以了解服务的特征与优点，我们有理由假设服务员工作为企业的内部顾客也会遇到同样的难题。倘若服务员工尚未能完全了解企业所提供的服务，企业的营销管理人员又该如何保证他们提供的服务符合规定的标准呢？所以，营销管理人员可以利用有形展示突出服务的特征及优点，也可将同样的方法作为培训服务员工的手段。

【案例 9-2】

携程旅游网站的有形展示

携程是一家利用互联网等先进技术平台来为商旅客人及旅游爱好者提供旅行服务的公司，拥有一个功能齐备的大型国际性旅游网站，消费者在其网页上基本能享受到各种旅游产品与服务，从该网站的首页，我们可以看到该网站具有宾馆、机票、度假、目的地指南、社区、VIP 专区等几个功能大项。该网站结合网上服务平台和网上的各种软硬件设施，满足顾客的旅行需求。不断创新和前瞻性的思考保证了其迅速成长，推陈出新的产品、服务和设施使其在日新月异的互联网时代能够满足日益多样化的客户需求。

携程将其网站综合定义为 4 种角色，即一站、一社、一区、一部，从而在此基础上建立起携程颇具特色的 3c 旅游网站模式。

一站：即携程网站，Crip.com 就是 Chinese Trip，已成为中国人的旅行网站，也成为中国的旅游网站。携程旅游网提供在线预订服务，包括在线机票预订、酒店预订、旅行线路预订。

一社：建立一个虚拟的网上旅行社。在网上提供吃、住、行、游、购、娱 6 个方面的产品。携程旅游网有覆盖中国及世界各地旅游景点的目的地指南频道，其信息涉及吃、行、游、购、娱及天气等诸多方面，堪称一部日益完善的网上旅行百科全书。

一区：旅行社区为用户发表点评、相互交流提供场所。网站社区频道深受网民欢迎，社区为旅游者提供交流和获取信息的场所，兼有趣味性和实用性于一体的栏目，如"结伴同游"、"有问必答"等。俱乐部开展各种特色旅行活动：对商旅客户按企业的需求定制，实行有效的出差费用管理，随时随地享受服务；对休闲旅游者提供完全个性化服务，信息实用全面化，旅行、交友、娱乐并重。

一部：网友俱乐部，让网友们网上网下都能感受到携程带来的快乐，信息内容主要涉及以下几个方面。

（1）景点、饭店、旅游路线等方面的信息。

（2）旅游常识、旅游注意事项、旅游新闻、货币兑换等。

（3）会员的自助旅游倡议、旅游观感、游记、旅游问答等。

（4）与旅游相关的产品和服务。

（5）服务信息。

（6）各种优惠和折扣。

（7）旅游工具箱。

（8）自助旅游线路介绍。

（9）主题旅游线路介绍。

根据网络营销战略理论，可以看出该网站实施的是宽深营销战略。在网站进入渠道的宽度上，网站采用了与多家大型门户网站联盟，提高在各大搜索引擎上的排名，激励会员主动宣传，向会员定期发送信件，在门户网站上刊登广告的方式，大大拓宽了消费者进入网站的渠道；在网站深度上，网站建立了大型的数据库、预订中心的技术设施和旅游景点介绍，开展社区活动等方式，加强网站的内容、服务项目与质量。

（资料来源：《携程旅游网站案例分析》，http：//www.bhu.edu.cn/page/depart/sxy/jpk/gaolz/anli/11.htmll.）

三、有形展示的类型

对有形展示可以从不同角度进行分类。不同类型的有形展示对顾客心理及其判断服务产品质量的过程，有不同程度的影响。下面从几个不同角度对有形展示进行分类。

1. 根据有形展示能否被顾客拥有分类

有形展示能否被顾客拥有，可以将其分为边缘展示和核心展示两类。

（1）边缘展示。边缘展示是指顾客在购买过程中能够实际拥有的展示。通常这类展示是从顾客的实际需求出发，用实物表现出来的，一般来说没有什么价值。例如电影票、各种门票等，只是顾客接受服务的一种凭证；再如宾馆的主要服务内容就是住宿，而房间里的笔、纸、旅游地图、服务指南等都叫边缘展示，它们是企业核心服务强有力的支撑。

（2）核心展示。核心展示是指在购买和享用服务的过程中不能为顾客所拥有但却对顾客的购买决定起重要作用的展示。核心展示比边缘展示要重要得多，它将直接影响人们的购买决策，通常只有当这些核心展示符合顾客需求时，顾客才会做出购买决定。例如，餐厅的级别是 A 级还是 B 级、银行是国有银行还是地方银行、出租车的牌子是夏利还是捷达等，这些都是顾客在做出最终购买决策之前首先要考虑的核心展示。除边缘展示与核心展示之外，其他一些服务形象要素（如服务人员），也会影响顾客对服务的评价和最终的选择。顾客在购买或接受服务之前，都将通过各种实际线索或表现来评价服务产品的优劣，并形成相应的预期。

2. 按有形展示的构成要素分类

根据有形展示的构成要素，可将有形展示分成实体环境、信息沟通和价格三大类，如图9-2所示。

图9-2　有形展示的类型

（1）实体环境。实体环境包括如下几个方面。

1）背景因素，指空气的质量、气温、温度、通风、噪声、整洁、气味等。这类要素属于消费者不大会立即意识到的环境要素，因此也就不会构成消费者的购买动机的直接原因，但它们也被视作是服务产品内涵的必要组成部分。如果缺少了这些背景要素或某些要素达不到顾客的期望，就会削弱消费者的购买信心。比如，餐厅理应是清洁整齐、安静舒适的地方，如果就餐环境污浊不堪，噪声很大，消费者肯定会望而却步。因此，一般来说，消费者通常认为服务场所的背景因素理所当然应该是完美无缺的。良好的背景要素并不能促使消费者购买服务，但较差的背景要素一定会引发消费者否定购买行为。

2）设计因素，指建筑物式样、结构、风格、颜色、规模、材质等艺术设计因素和陈设、布局、舒适程度等功能因素两类。这类因素最能直接刺激消费者的视觉，被消费者认为是构成服务产品的包装，与背景因素相比，这类因素对消费者感觉的影响较为明显，从而更能使消费者在心中建立有形的、赏心悦目的产品形象。

与环境因素相比，设计因素对顾客感觉的影响更加直接、明显，更能培养顾客积极的感觉，更能促使顾客购买。设计因素在服务市场运用得好，将给企业带来巨大的竞争潜力。

【案例9-3】

一枚由20 000块钛金属板和1200多块超白透明玻璃共同构成的晶莹"巨蛋"坐落在首都人民大会堂的背后，人们给它取了许多形象而有趣的名字"眼睛"、"巨蛋"等，它就是国家大剧院。穿过人民大会堂北侧，远远就能看到国家大剧院那巨大的椭圆形银色外壳，华丽而耀眼、充满了金属质感；它高46.68米，周边环绕的清澈流水与"巨蛋"交相辉映，又给它坚硬的质地中平添说不出的妩媚与柔情。每当夜幕降临，透过渐开的"帷幕"，金碧辉煌的歌剧院尽收眼底，而壳体表面上星星点点、错落有致的"蘑菇灯"，如同扑朔迷离的点点繁星，与远处的夜空遥相呼应，使大剧院充满含蓄而别致的韵味与美感。世界各地的游客在畅游天安门广场后必然会将目光聚焦于这座新崛起的现代化建筑。

（资料来源：赵琳琳. 广州日报，2008-02-11）

3）社会因素，指服务环境中的服务人员和消费者。服务环境中消费者和服务人员的人数、仪表和行为都会直接或间接地影响消费者的购买决策。尤其是服务环境中的服务人员，他们的仪表和行为代表着企业的形象，是服务企业极为重要的实体环境。如果他们衣着整洁、训练有素、行为得体，消费者自然会心情愉悦；相反，如果他们衣衫不整、行为粗俗，消费者自然会认为他们的工作和他们本人一样的杂乱无章。另外，服务人员应尽可能满足顾客的需要和愿望，为顾客提供优质服务。他们的服务态度、行为方式、为顾客提供的信息，都是影响服务质量的无形因素。

归纳起来，实体环境的构成要素如表 9-1 所示。

表 9-1 实 体 环 境 背 景 因 素

实体环境	因素特点	构成因素
背景因素	不会立即引起消费者注意，构成服务内涵的部分	空气的质量、气温、温度、通风、噪声、整洁、气味
设计因素	直接刺激消费者视觉，构成服务产品的包装	艺术因素：建筑物式样、结构、风格、颜色、规模、材质 功能因素：陈设、布局、舒适度
社会因素	直接或间接影响消费者，构成服务产品的无形因素	消费者：人数、仪表、行为 服务人员：人数、仪表、行为、服务态度

（2）信息沟通。沟通的信息来自企业本身及其他引人注意的地方，通过多种媒体传播来展示服务，而展示的结果可能使服务在消费者心目中更好或更坏。

信息沟通主要包括以下方法。

1）服务有形化。虽然服务具有无形性的特点，但有时用适当的手段让服务变得实实在在而不那么抽象也是可能的。常用的办法之一就是在信息交流过程中强调与服务相联系的有形物，从而把与服务相联系的有形物推至信息沟通策略的前沿。

麦当劳公司推行的"儿童快乐套餐"计划的成功，正是运用了创造有形物这一技巧。麦当劳用各种各样的儿童玩具来体现服务产品所提倡的"快乐"宗旨，它将目标顾客的娱乐和饮食联系起来，使用有形因素使服务更容易被感觉，因而更真实。

2）信息有形化。信息有形化主要是指营销人员通过营销手段使得与服务有关的信息更加有形化。信息有形化的一种方法是鼓励对公司有利的口头传播。企业的信息通过大众的口头传播，尤其是某些专家的传播，常会影响消费者对于服务的看法，特别是那些经常选错服务提供者的消费者，更容易接受其他顾客或专家提供的可靠的口头信息，并据此做出购买决定。值得提出来的是，这种口头传播并非都是对企业有利的，它也可能是一些负面消息，所以营销人员要注意发展对企业有利的口头传播。

信息有形化的另一种方法是在广告中创造性地应用容易被感知的展示。实在的展示使广告语不再抽象，而变得活泼生动起来。

（3）价格。价格是市场营销组合中唯一能产生收入的因素。此外，消费者常把价格看做是衡量产品质量和价值的一个线索。价格能培养顾客对产品的信任，同样也能降低这种信任。价格可以提高人们的期望，也能降低这些期望。

在服务行业，正确的定价特别重要，因为服务是无形的，它的不可见性使可见性因素对于顾客做出购买决定起重要作用。价格是对服务水平和质量的可见性展示，由此，价格成为消费者判断服务水平和质量的一个依据。

营销人员把服务价格定得过低就暗中贬低了他们提供给顾客的价值。顾客会怀疑，这样低廉的服务意味着什么样的专长和技术？另一方面，过高的价格给顾客以价值高估，不关心顾客，或者"宰客"的形象。两者都会对顾客产生误导。

与物质环境、信息沟通一样，价格也传递有关服务的线索。价格能展示空洞的服务，也能展示"饱满"的服务；它能表达对顾客利益的关心也能让人觉得漠不关心；制定正确的价格不仅能获得稳定的收益，而且也能传送适当的信息。价格的高低直接影响企业在消费者心目中的形象。

【案例9-4】

现在有车一族越来越多，不过，相信大多数车主都有这个感受，那就是买车容易养车难。特别是修车、做保养，上趟4S店，没个几百上千，车难以出来。那这4S店的价格究竟为什么这么高？经调查得知，4S店的价格包括如下几部分。

（1）服务：所谓的4S店，其功能主要是集销售、配件、维修、信息反馈为一体。其中4S维修服务为邀约—预约—进店维修—完工交车—客服回访—保养提示—下次邀约，它的每一个流程都有专职人员进行跟踪。这是非4S店所不具备的能力。在维修的同时还提供了客户专用的休息和娱乐区域，让客户在店里有一种归家的感觉。专业的客服人员还随时为客户提供优质的服务。

（2）配件：4S店的配件都是严格按厂家的要求进行配置，所有的配件都是厂家直接发货。这样客户就不用担心配件的质量问题，减少安全事故的发生。

（3）技术：4S店做的是单一的技术，所有的技师做的都是重复的工作。他们对车型的构造和故障非常了解。另外4S店的技术都有厂家的直接支持，他的技术人员都要定期到厂家去参加培训。这是在非4S店无法保证的。

（4）保修：4S店因是厂家供货就不存在积压件和来历不明的采购件，厂家的保修政策和4S店的维修承诺就像给客户吃了一颗定心丸，可以完全放心。

（5）设施：4S店的投资规模都很大，动辄几千万以上。还有厂家固定的配套设施，如废气分析仪、制动检测线、四轮定位仪、发动机综合分析仪、专用电脑检测仪等。这是非4S店所无法比拟的。

（案例来源：http: //hi.baidu.com/6thcity/blog）

3. 根据有形展示的性质分类

（1）与服务工作有关的有形展示。任何服务工作都或多或少需要一些有形的物品。有些有形展示和服务过程有关，例如，数据处理服务需要使用电子计算机。在服务过程中使用的各种服务工具和服务设备都会在一定程度上影响顾客感觉中的服务质量。

另一些有形展示与服务结果有关。例如，室内装饰公司为客户装修布置好的办公室，能向客户表明服务企业的服务质量和专业技能。

（2）与服务人员有关的有形展示。服务人员应尽可能满足顾客的需要和愿望，为顾客提供优质服务。他们的服务态度、行为方式、为顾客提供的信息，都是影响服务质量的无形因素。但是，与服务人员有关的各种有形展示也会直接影响到顾客感觉中的服务质量。

第一种有形展示是服务人员的外貌，特别是接待人员、模特、客户经理的容貌，会对顾客的感觉产生重大影响。此外，顾客往往对某些服务人员的外表有特殊的期望。比如，保安人员的外表应能使顾客产生安全感。

第二种有形展示是服装。服务人员的工作服装不仅应合身。便于服务人员做好服务工作，而且应能够增强顾客的信任感。

第三种有形展示是员工使用的销售资料。服务企业销售人员和服务人员经常携带宣传小册子、广告传单、光盘等销售资料，向客户介绍服务项目和服务范围。有时，服务企业还会向顾客赠送销售资料，以便客户今后与企业有所联系。服务企业向重要客户赠送的礼品也属于这类有形展示。

4. 根据有形展示向客户显示的频率分类

有些顾客从未和服务企业接触过，他们并不了解服务企业的各种有形展示；另一些顾客却经常和服务企业接触，对服务企业的有形展示非常了解。一般来说，顾客的知识和经验越丰富，服务企业的有形展示对其购买决策的影响就越小。对初次购买本企业服务的顾客来说，他们往往会根据各种有形展示形成初步印象，推测服务质量，有形展示对其购买决策会产生较大的影响。

5. 根据有形展示对服务质量的影响分类

第一类有形展示可证明服务质量。例如，杂志广告可证明广告公司的服务质量。这类服务工作的成果对顾客的视觉影响很强，最能证明服务质量。

第二类有形展示只能向顾客表明服务质量。在服务工作中使用的各种服务工具并不能证明服务质量的好坏，却可为顾客推测服务质量提供证据。比如，维修人员使用的工具如果是名牌产品，则可向顾客暗示服务质量可能很好，但是不能保证。

第三类有形展示可象征服务质量。例如，保险公司在广告中表现的一把大伞，象征投保的客户可得到保险公司的全面保护。

在企业的营销实践中，有形展示的设计大多是按照有形展示的构成要素划分的，其中的实体环境设计又是目前有形展示设计的主要内容。后面的几种分类方法主要是以法国学者为代表的一些观点，其分类大多与企业的人员和促销策略结合在一起。

【案例9-5】

服务环境新体验：标准化透明厨房

尽管上海许多餐饮企业取得了卫生许可证，但是，在华丽的餐厅背后，厨房和仓库的卫生问题却令人担忧：不少饭店的厨房仓库处于混乱状态，仓库里堆放着各种食物原料，老鼠、虫子没有办法清理；厨房地板上满是油渍和水，没有洗过的鸡蛋、不知是否清洗过的蔬菜、垃圾桶、扫帚混杂在一起。究其原因在于上海的饭店大多处于作坊式、经验式的管理状态，第一线饭店员工文化程度较低，流动性很大。饭店不重视厨房环境，将直接影响菜肴质量和上菜速度。

据悉，目前"饭店业卓越现场管理（6T实务）"已在上海的天天渔港、小南国、美林阁、绍兴饭店、上海人家、王朝等上百家饭店试行，效果颇好。个别试点饭店厨房已经进入安全的第二阶段，对原材料进货进行规范。这套标准将逐步在上海上千家饭店推广，让"见不得人"的厨房能早日"重见光明"。"2007年，上海在全市推广厨房标准化管理，从源头上解决饭店的食品安全问题。"厨房管理标准——"6T实务"（天天处理、天天整合、天天清扫、天天规范、天天检查、天天改进），融合了日本"5S"，要求饭店从5个方面对仓库和厨房进行管理，其中包括用颜色来识别工具和不同食物。

按此标准化管理后，厨房里的颜色将变得丰富多彩。

（1）红色表示生食，蓝色表示熟食，绿色表示蔬菜。

（2）刀具等用具上还贴着不同颜色标志，用来切不同的食物，以防交叉污染。

（3）冰箱内各种原料分放在不同的保鲜盒内，标明原料名称，而冰箱门外则有不同颜色的标示图，让人一目了然，可以在30秒内就取到所需的食物。

（4）洗碗台就有4种颜色，分别代表刮、洗、清、消毒4个步骤。

（5）仓库里的透明储存箱中画有红、蓝两条直线，表示储存箱中货品存放的最大量和最小量。

过去容易生蛀虫、蟑螂的木质货架换成了不锈钢货架，货架要求离地15厘米，以便于每天清扫。每个橱柜上面贴有标记，例如，1号A柜调料类、1号B柜液体类。不同的食物都能在厨房里拥有固定的摆放位置，各就其位，还有一个摆放示意图。

为了避免厨房污水横流，蔬菜滴水的盆下放了一个"联体滤盆"，油放置在专门的装置中。

海鲜讲求的是新鲜，那么如何才能让顾客吃到满意放心的海鲜食品呢？顾客从海鲜池现场点菜开始，所购买的海鲜统一按餐厅的制度分袋装好放上标签。一个个生猛的活海鲜或保鲜的冰鲜产品在顾客的全程关注之下被送进宰杀台。只要顾客愿意完全可以在厨房外面全方位观察这道菜品是如何现场杀洗、现场烹制到成品出锅的，全过程清清楚楚、明明白白。

俗话说"百闻不如一见"，透明厨房让所有顾客真正感受到了什么是"眼见为实"。生猛海鲜、透明消费、高贵服务等一系列举措使得每一位顾客都能吃得开心、吃得放心，吃出健康、吃出品位。

眼下餐饮业的竞争除了菜品、价格、环境和服务外，焦点就在卫生健康，而厨房的卫生则是餐饮卫生的关键所在，看得清楚，吃得才放心。厨房透明化是一个好方案，也将是竞争带来的一种新趋势。这是餐饮业以实际行动对"诚信经营"做出的承诺，消费者将享受到更卓越的服务。

任务二　有形展示的管理

一、有形展示管理的含义

服务产品的不可感知性，要求服务企业要善于利用组成服务的有形元素，突出服务特色，使无形的服务变得相对具体化，让消费者更好地理解"我们买什么产品"，"我们为什么要买它"，能基本准确地判断服务的特征及享受服务后所获得的利益。因此，企业要加强对有形展示的管理，努力借助这些有形的元素来改善服务质量，实现企业经营目标。

对有形展示进行适当管理要着眼于服务产品的"不可感知"的特性。

服务产品的"不可感知"主要有两方面含义：一是指服务产品的看不见摸不着的特性，二是指服务产品的无法界定性，难以从心理上把握。由此可以得出，有形展示的管理策略应从这两个方面入手，即力争使服务有形化和使服务易于从心理上进行把握。

1. 使服务有形化

这里所说的服务有形化就是使服务的深层次内涵尽可能地在实务产品上体现出来，比如现在各大银行都推出金卡、白金卡、信用卡服务，虽然各种卡本身没有什么太大的区别，也没有什么价值，但它代表着银行为顾客所提供的各种不同类型的服务。从不用排队、单独结算房间，到免转账手续费、可享受飞机票折扣优惠，以致只要"一卡在手，走遍全球"等，服务种类五花八门。

2. 使服务易于从心理上把握

除了使服务有形化之外，服务企业还应考虑如何使服务更容易地为消费者所理解、所把握。为此，企业应该注意把服务与一些让消费者容易接受的有形物体联系起来。比如，广告中的"今麦郎弹面，就是这么弹——弹面才好吃"，让消费者非常容易地就理解了今麦郎弹面的特性。产品特色和宣传要名实相符，换句话说，企业要确保这些有形实物所暗示的承诺，产品的质量一定要兑现，这样消费者才更容易接受企业所提供的服务。

二、服务有形展示的管理策略

1. 服务蓝图管理

服务蓝图是详细描绘服务系统的图片或地图，也是描述服务展示的一种有效方法，它能够客观地描述关键服务过程的特点并使之形象化，从而使经理、员工和顾客都明白正在做的服务是什么，以及他们在服务过程中所扮演的角色。服务蓝图主要包括 4 个部分，即顾客行为、前台员工行为、后台员工行为和支持过程。

通过描绘服务蓝图，管理人员可以了解服务传递所涉及的行为、过程的复杂性及员工和顾客之间、员工和员工之间、顾客和顾客之间的相互作用，进而企业可以找出出现服务质量问题的根源并进行有效管理，从而有效提升服务质量。

2. 服务场景管理

服务场景是指服务企业的所有有形设施，可分为外部服务场景和内部服务场景。外部服务场景包括影响顾客的企业外部设施，如外部设计、标志、停车场地、周围环境等；内部服务场景包括影响顾客的企业内部设施，如内部设计、标志、布局、空气质量、温度等。服务的无形性及生产与消费同时进行的特性，使得顾客在决定购买前将服务有形展示作为理解和评价服务的主要提示。这些可见的提示中，服务场景起着主要作用，在很大程度上影响着顾客的反应。

服务场景管理的重点在于通过有效的设计与管理形成良好的氛围，形成服务本身的特色和优势，提高顾客对服务的感知质量水平，同时也需要考虑许多问题，如顾客的逗留时间、员工的逗留时间、服务个性化、作业工具的先进程度、方向指引性等。服务场景是为吸引一些具体类型的顾客而设计的，因此注重服务场景的特色和个性化尤为重要。在这方面，美国的几个著名餐馆都做得很出色，如麦当劳快餐店努力营造适合全家就餐的宁静温馨的气氛，Hard Rock 餐厅以古玩与摇滚乐营造其典型的有形环境，Planet Hollywood 餐厅以播放动画片而出名，它们所提供的独具特色的服务场景都给顾客以鲜明的感觉而使顾客流连忘返。

3. 前后台交互管理

在有形展示管理的过程中，一个不可忽视的问题是服务场景中前台和后台的交互管理。服务场景的前台区域是指服务与顾客的接触区域，如顾客在零售服务中看到的商品、柜台和接触到的员工；在餐厅中看到的摆设、装饰物、品尝到的饭菜及接触到的服务员等。服务场景的后台是指支持前台工作却与前台相隔离的区域。尽管后台可能包括最重要的设备、最重要的员工和顾客体验所必需的关键活动，但是由于其包含着较为脆弱的服务展示，如凌乱的厨房、杂乱无章的仓库等，后台常常与前台保持着分明的界限。

在管理服务的前台与后台时，由于前台的设施和员工行为会极大地影响顾客对服务的评价，服务企业应对这些要素进行适当管理和控制，将某些影响企业统一形象的前台特征转移到后台中去。当然，在一些后台管理与前台同样出色的服务企业里，也可将一些后台特征或活动转移到前台去，让顾客体验不一样的服务特色。如一些餐馆把厨房搬到大厅里，向顾客展示饭菜的卫生程度和厨师的精湛技艺。总之，要有效控制这些前后台的特征或活动，使它们保持一致的服务形象。

4. 更新创新管理

服务有形展示涉及的内容非常广泛，既包括人的要素，如人的着装、礼仪、形象等，也包括一些物质要素，如设备设施、标志、场地、颜色、装饰、布局等。随着时间的推移，有些服务有形展示已经与企业形象不相匹配，必须进行更新和创新。例如，设备设施的老化、磨损、折旧，场地不够用，标志陈旧、过时，装饰破损、颜色褪色、布局不合理等；这些服务有形展示对企业形象的营造非常不利，必须从内部进行更新和创新。另外，相对于制造行业的刚性需求而言，由于服务需求的波动性，一些服务有形展示也必须不断更新和创新，以满足消费者不断变化的需求，特别是对于时尚性服务行业更是如此，如酒吧、舞厅、时尚服装店等，过时的服务场景只会导致顾客的大量流失。服务展示中的布局、颜色、标志等也要随着时代变迁和市场变化不断更新、这样既能给市场营造一种新的形象，又能体现出企业不断创新、紧跟时代步伐的精神。

三、有形展示管理的原则

在服务营销过程中，有形展示设计和管理须遵循以下三条原则。

（1）致力于消费者的关注点。展示设计的有形载体必须是消费者最关心的方面，最好是消费者在服务中所致力于寻找和发现的事物。如果设计人员将希望传达的信息和感受放在消费者毫不关心的事物上，则往往事与愿违。比如，病人住院治疗，其感受医院服务质量的主要着眼点应该是精湛的医术，而地板的质地、品牌、窗帘的图案等尽管设计人员煞费苦心，设计独特，但病人是很少关注的。

（2）确保有形展示的服务承诺到位。有形展示所暗示的服务承诺，在正式的服务过程中一定要兑现，也就是服务的实际质量必须比有形展示时给消费者留下的感受要有过之而无不及。不然的话，如果消费者的期望值远远高于服务本身，就会导致消费者极大的失望，会影响消费者的情绪，以至于他们会对服务做出不利的评语，从而拒绝该服务产品，影响企业的总体形象。

（3）注重企业与消费者的长期合作关系。服务的有形展示不仅仅是使消费者对企业服务产生明确的认同、对服务相关信息作系统的了解，实现购买服务的目的，而是要通过有形展示的一条有形线索在消费者与服务企业之间建立持久的联系。进而强化消费者对企业品牌的忠诚度、发展与消费者的长期关系，从而实现越来越多消费者与企业服务特色的有形载体的共同联系，为企业的可持续发展铺平道路。

四、有形展示管理的执行

服务展示管理并不仅仅是营销部门的工作（当然，营销部门应该唱主角），企业每个人都有责任传送有关服务的适当线索。下面列出的是一份行动问题清单，所有的管理人员都应定期考虑如下问题。

（1）我们有一种高效的方法来进行服务展示管理吗？我们对顾客可能感觉到的有关服务的每一件事都给予了充分的重视吗？

（2）我们是否积极地进行了服务展示管理？是否积极地分析了如何使用有形因素来强化我们的服务概念和服务信息？

（3）我们对细节进行了很好的管理吗？我们是否关注"小事情"？举例来说，我们保持了服务环境的整洁吗？管理人员有没有举例向员工说明没有任何细节小到不值得管理？

（4）我们将服务展示管理和市场营销计划结合起来了吗？例如，当我们做出环境设计的决定时，是否考虑到这一设计能否支持高层营销策略？我们作为管理人员，是否熟知展示在市场营销计划中的作用，进而对计划作了有效的补充？

（5）我们通过调查来指导我们的服务展示管理了吗？我们有没有寻找来自员工和顾客的有价值的线索？我们预先是否测定了我们的广告向顾客传递了什么样的信息？在服务设备的设计过程中，我们征求过顾客对员工的意见吗？我们有没有雇用"职业顾客"按照清洁度、整齐度、营销工具的适用性等标准对我们的服务环境做出评价？我们作为管理人员，在提高公司整体形象的过程中，是如何运用环境设备和其他展示形式的？

（6）我们将服务展示管理的主人翁姿态扩展到整个组织范围了吗？在服务营销中，我们向员工讲授了服务展示管理的特点和必要性了吗？我们是否向组织内的每个人提问，让他们回答个人在展示管理中的责任？

（7）我们在服务展示管理过程中富有创新精神吗？我们所做的每件事都有别于竞争者和其他服务提供者吗？我们所做的事有独创性吗？我们是不断地提高展示水平使之合乎时尚呢，还是处于沾沾自喜、自鸣得意之中？

（8）我们对第一印象的管理怎么样？和顾客接触早期的经历是否给我们留下了深刻印象？我们的广告、内部和外部的环境设备、标志物及我们员工的服务态度，对新顾客或目标顾客是颇具吸引力呢，还是使他们反感？

（9）我们对员工的仪表进行了投资吗？我们有没有向员工分发服装并制定符合其工作角色的装扮标准？对于负责联系顾客的员工，我们考虑到为其提供服装津贴了吗？我们考虑过提供个人装扮等级津贴吗？

（10）我们对员工进行服务展示管理了吗？我们有没有使用有形因素使服务对员工来说不再神秘？我们是否使用有形因素来指导员工完成其服务角色？我们工作环境中的有形因素是表达了管理层对员工的关心呢？还是缺乏关心呢？

任务三 服务环境的设计

一、服务环境的功能

服务环境在整个服务营销管理中具有贯穿性的作用，顾客的服务期望、服务调研、服务标准、服务人员、服务承诺、服务定价等都直接与服务环境有关。服务环境内的各组成部分实际上可被视为有形实据，在服务过程中具有服务包装、服务使用、服务关系和服务特色 4 大功能。

1. 服务包装

服务环境就是服务包装。一家服务机构的服务是无形的、不容易被感知的，因此需要用环境对服务进行包装，让顾客根据环境包装感知和判断"里面"的服务质量，这也有助于强化服务在顾客脑海中的印象和促进建立服务机构的形象。包装，是服务环境的首要功能。

2. 服务使用

服务生产及消费的不可分性和服务过程顾客的参与性，需要顾客使用服务环境，并在环境的使用中感知服务质量。让顾客通过使用服务环境，如服务场所为生产和消费服务，是服务环境的一个重要功能。这类似于产品包装的使用功能。如香水瓶，不仅是香水的包装，而且在使用香水时具有喷雾的功能。服务环境也是存放服务"香水"的"瓶"，不仅能包装和提示里面的服务"香水"，而且能在顾客享受服务时发挥各种功能。尤其在顾客自助服务中，服务环境的使用功能更加明显。如零售超市、仓储店、便利店的内部环境，包括货架的设计、布局、商品的陈列、商品的标牌、各种信息或促销指示牌、室温、灯光、行走路线、食品冷藏条件、手推车、篮筐等，都具有明显的使用功能。

3. 服务关系

服务环境可以用来建立和发展顾客关系，即用来开展关系营销。比如，关系营销的一项策略是开展社交活动，而开展社交活动需要提供活动场地或环境。又比如，结构型关系营销策略要运用结构性整合手段，而许多结构性整合手段都涉及服务环境。例如，健身房向顾客提供免费培训是一种结构性整合手段，而提供免费培训需要场地、健身器材和培训手册等，这些都属于服务环境的内容。

4. 服务特色

服务环境还具有明显地展示服务特色的功能，许多服务特色是通过服务环境的各方面来体现的。如智利首都圣地亚哥有一座造型别致的双蜗牛商场就是靠环境设计来体现特色的。这家商场的建筑是连在一起的两只"蜗牛"——顾客走进其中一个商场，沿着坡面，在选购商品的过程中，不知不觉地从底层走到顶层；然后经过通道，走到另一个蜗牛商场，又在不知不觉中从顶层走到底层。由于它建筑形式新颖、独特，顾客不必走回头路，便于流通。既免除了乘电梯的烦恼，又满足了部分顾客逛商场的心理需求。

【案例 9-6】

风波庄的环境设计：武侠文化

安徽风清扬投资公司管理的风波庄连锁餐厅，在环境设计的每一个细节上都绞尽脑汁地向其武侠主题靠拢。"武侠"是风波庄环境设计的一个极富生命力的创意源泉。店面布局采用了类似武侠电视剧中"客栈"的布置，木桌竹凳、"金盆"洗手，墙上贴有同武侠小说有关联的对联或字画，包房则以武林各派的名字来命名，如"少林派"、"华山派"等；服务员自称店小二，并以"客官"称呼消费者，谈吐和动作也都模仿了武侠小说和电视剧中的店小二的样子，让消费者仿佛身临武侠小说中的江湖客栈。菜式虽然是普通的菜式，然而菜名却都以武侠名词来代替，例如糯米丸子名为"大力丸"，叫花鸡叫"凤舞九天"。不仅是菜名，一些用具在风波庄也都有它们各自的特殊称谓，例如菜谱叫"武林秘籍"，牙签叫"暗器"等。

［资料来源：曹伟遐，等. 创意餐厅新食尚. 上海经济，2010（8）.］

二、服务环境的特点

对大多数服务企业而言，环境的设计和创造并不是一项容易的工作。虽然对于在顾客处所或家庭中提供服务的服务业，这个问题并不很重要，但它们也应该注意到器械装备的设计、制服、车辆、工具及可能会在顾客心目中形成对服务公司印象的类似事项。从服务环境设计的角度看，环境具有如下特点。

（1）环境是环绕、包括与容纳，一个人不能成为环境的主体，只可能是环境的一个参与者。

（2）环境往往是多重模式的，也就是说，环境对于各种感觉形成的影响并不是只有一种方式。

（3）边缘信息和核心信息总是同时展现的，都同样是环境的一部分，即使没有被特别注意的部分，人们还是能够感觉出来。

（4）环境的延伸所透露出来的信息总是比实际过程的更多，其中若干信息可能相互冲突。

（5）各种环境均隐含有目的和行动及种种不同角色。

（6）各种环境包含许多含义和许多动机性信息。

（7）各种环境隐含有种种美学的、社会性的和系统性的特征。因此，服务业环境设计的任务关系着各个局部和整体所表达出来的整体印象，影响着顾客对服务的满意度。

三、影响服务环境形成的关键因素

任何一家服务型公司所要塑造的形象，都要受很多因素的影响。营销组合的所有构成要素，如价格、服务本身、广告、促销活动和公开活动，既影响顾客与当事人的观感，也成为服务的实物要素。影响服务环境形成的关键性因素主要有两点。

1. 实物属性

服务业公司的建筑构造设计，有若干层面对其形象塑造产生影响。一栋建筑物的具体结构，包括其规模、造型、建筑使用的材料、其所在地点位置及与邻近建筑物的比较，都是塑造顾客观感的因素。至于其相关因素，诸如停车的便利性、可及性、橱窗门面、门窗设计、招牌标示和制式车辆等也很重要。因为外在的观瞻往往能引起牢靠、永固、保守、进步或其他各种印象。而服务业公司内部的陈设布局、装饰、家具、照明、色调配合、材料使用、空气调节、标记，视觉呈现如图像和照片之素质等，所有这一切合并在一起往往就会创造出印象和形象。从更精细的层面而言，内部属性还包括记事纸、文具、说明小册子、展示空间和货架等项目。

能将所有这些构成要素合并成为一家服务公司有特色的整体个性，需要相当技术性和创造性。有形展示可以使一家公司或机构显示其个性，而个性在高度竞争和无差距化的服务产品市场中是一个关键特色。

2. 气氛

服务设施的气氛也会影响其形象。氛围原本就是指一种借以影响买主的有意的空间设计。此外，气氛对于员工及前来公司接洽的其他人员也都有重要的影响。许多服务业公司似乎都开始了解气氛的重要。餐馆的气氛和食物同样重要是众所皆知的，大饭店旅馆应该温暖与亲切，零售商店也应注意尊重顾客，而增添一些魅力到气氛中；有些广告公司细心地花工夫做气氛上的设计；银行、律师事务所和牙医诊所的等候室，往往由于是否注意气氛的缘故，而有宾至如归或望而却步的差别。影响气氛的一些因素如下。

（1）视觉。视觉呈现是顾客对服务产品惠顾的一个重大原因，照明、陈设布局、颜色，显然都是视觉商品化的一部分，此外，服务人员的外观和着装也是不可忽视的。总的来说，视觉呈现有助于形象的建立和推销目标的实现,是影响顾客对服务产品印象的一个重要因素。

（2）气味。周围的气味可以遍布整个环境,顾客可能会察觉到气味的存在,但也可能察觉不到。气味的存在不仅对顾客的心情、感觉及他们对服务的评价都有很大影响,同时也会刺激顾客的潜在意识和内在行为。零售商店,如咖啡店、面包房、花店和香水店,都可使用芳香和香味来推销其产品。

（3）声音。声音往往是气氛营造的背景,例如,电影制造厂商很早就觉察其重要性,即使在默片时代,配乐便被视为一项不可少的气氛上的成分;再比如青少年流行服装店的背景音乐造出的气氛与大型百货商场中听见的乐曲气氛大不相同;背景音乐对餐厅就餐者的影响如表9-2所示。

表9-2　　　　　　　　　　　背景音乐对餐厅就餐者的影响

餐厅行为	快节奏音乐环境	慢节奏音乐环境	快节奏与慢节奏音乐环境的区别	
			绝对差异	相对差异
顾客在餐桌上花费的时间/分钟	45	56	+11	+24
食物上的花费/美元	55.12	55.81	+0.69	+1
饮料上的花费/美元	21.62	30.47	+8.85	+41
总花费/美元	76.74	86.28	+9.54	+12
预期利润/美元	48.62	55.82	+7.20	+15

［资料来源：MILLIMAN R E. Using background music to affect the behavior of supermarket shoppers. *Journal of Marketing*，1982，56（3）：86-91.］

（4）触觉。厚重质料铺盖的座位的厚实感、地毯的厚度、壁纸的感觉、咖啡店桌子的木材感和大理石地板的冰凉感,都会带来不同的感觉,并发散出独特的气氛。但不论任何情况,产品使用的材料和陈设展示的技巧都是重要的因素。

总之,气氛可以说是服务企业的一种竞争手段,尤其是在当今竞争越来越激烈的市场中,营造气氛成为许多服务企业赢得顾客,尤其是特殊阶层或生活方式的顾客的一种重要手段。

【案例9-7】

让产品自我宣传

正所谓"眼见为实",顾客更愿意相信亲眼所见与自己的切身感受;而让产品自我宣传,则正是企业不做任何非凡的宣传活动,只是将其提供的产品巧妙地陈列出来,让顾客自己亲自去看、去感受、去评判、去抉择。

最典型的要数糕点房了,各式各样的糕点陈列于透明的玻璃橱窗里,外形各异、做工精致的小点心,看在眼里,很轻易挑动人的食欲,使顾客不知不觉走进糕点房。更绝的是,糕点房弥漫着的香味展示,进一步传达出美味的信息,更会刺激顾客的购买欲。于是自然而然,让顾客轻松满足的交易就达成了。

很多蛋糕店不会将各种蛋糕全部做出来,而是做成惟妙惟肖的蛋糕模型,陈列于橱窗中,或制成精美的画册，供顾客选择，这些都是让顾客对产品形成确切的感观，既做了宣传，又让顾客觉得可以信赖。与此同时，制作人员会被安排在玻璃隔板的房间里，引得众人驻留观看。而在很多拉面馆里，厨师一般都会在现场进行拉面制作。

还有超市里生鲜区食品的现场展示，快餐店里的成品、半成品乃至原材料的现场展示等，都归于此类，均可达到引起好奇心和购买欲的效果。

逼真的样品、模型现场展示和成品展示类似，都是通过视力冲击的宣传，以实物吸引顾客注意力。生产过程的现场或模拟展示一方面满足顾客的好奇心，吸引顾客；另一方面满足顾客的监督心理，让其充分相信产品的质量。

（资料来源：http://www.china-b.com/jyzy/scyx/20090220/24724-1.html）

四、服务环境设计的原则

要想设计出理想的服务环境并非易事。除了大量的资金花费外，一些不可控因素会使环境设计困难重重。一方面，现有的对于环境因素及其影响的知识和理解还很不够；另一方面，每个人都有不同的爱好与需求，他们对同一环境条件的认识和反应也各不相同。尽管如此，服务企业如果能够深入了解顾客的需求，根据目标顾客的实际需要设计环境，仍然可以达到理想的营销效果。例如，虽然顾客之间需求各异，但某些顾客群体却具有需求共性，如同一年龄阶段的顾客、处于同一阶层的顾客或者其他群体等。企业根据他们的需求共性来设计服务环境，无疑将拥有更多的顾客。

在环境设计的过程中需要遵循以下原则。

（1）设计理念集中于统一的具体形象，各种设施要素必须相互协作，共同营造一种形式统一且重点突出的组织形象，一点小小的不和谐因素都可能破坏整体形象。

（2）服务的核心利益应该决定其设计参数，外部设计要为服务的内在性质提供暗示。

（3）设计必须适当。

（4）设计的柔性，即考虑未来的设计。

（5）美学与服务流程是服务环境设计中时刻要考虑的两个因素。

以对麦当劳快餐店的调查为例。许多顾客认为麦当劳在服务环境设计方面做得不错。快餐店门口巨大的"M"惹人注目，麦当劳大叔的形象和蔼可亲，而餐厅内色调柔和，音乐优美，给人一种轻松愉快的感觉。即便如此，大多数被调查者仍然认为麦当劳只是一家普普通通的快餐店，并没有什么特别的地方。其原因主要在于，人们觉得麦当劳的服务人员职业训练不足，职员之间缺乏沟通，为顾客提供服务的速度也略显迟缓。鉴于此，麦当劳要想真正提高其服务质量，改善企业形象，就一定要从提高员工素质入手，增加员工职业培训方面的投资。

五、理想服务环境的创造

从服务环境的内涵我们可以得知，服务环境包含的要素非常广泛。因此，对于大多数服务企业而言，理想服务环境的设计和创造并不是件容易的事情。除了需要大量的资金花费外，设计人员对于环境因素及其影响的知识及理解程度、设计人员的想象力、见闻及企业要达到一个什么样的目的等在设计中至关重要；同时，一些不可控制的因素也会影响环境设计。比如，每个人都有不同的爱好和需求，他们对同一环境条件的认识和反应也各不相同。企业在设计时，不可能面面俱到，只有通过深入了解消费者的需求，找到目标消费群体的共性需求，才能更好地设计服务环境，从而收到较好的效果。例如，对于客流量比较大的机场、车站、大酒店、特色饭店等的设计，就要采取折中的方式，照顾到绝大多数消费者的感受，按照群体共性需求设计，无疑会赢得更多的消费者。

下面以一家饭店为例，可做如下服务环境设计。

（1）适当的地理位置。适当的地理位置容易吸引更多的消费者，这是服务企业环境设计的首要因素。所谓适当的地理位置主要是指饭店除了应处于客流量较多的繁华商业区或交通便利的地方，还应位于目标消费者集中的地区。因此，在设计之前企业应充分了解各个地段的特点，了解该地段消费者的消费需求，这是有效地推广本企业服务产品的必由之路。

【案例 9-8】

地点是饭店经营的首要因素，餐饮连锁经营也是如此。连锁店的正确选址，不仅是其成功的先决条件，也是实现连锁经营标准化、简单化、专业化的前提条件和基础。

肯德基对快餐店选址是非常重视的，选址决策一般是两级审批制，需要通过两个委员会的同意，一个是地方公司，另一个是总部。其选址成功率几乎是百分之百。

通常肯德基选址按以下步骤进行。

第一步，商圈的划分与选择。商圈规划采取的是计分的方法，例如，这个地区有一个大型商场，商场营业额在 1000 万元算 1 分，5000 万元算 5 分，有一条公交线路加多少分，有一条地铁线路加多少分。这些分值标准是多年平均下来的一个较准确的经验值。通过打分把商圈进行分类，之后选择商圈，即确定目前重点在哪个商圈开店，商圈的成熟度和稳定度也非常重要。

第二步，聚客点的测算与选择。确定这个商圈内最主要的聚客点在哪里。肯德基开店的原则是：努力争取在最聚客的地方及其附近开店。古语说得好，"一步差三市"。开店地址差一步就有可能差三成的买卖，这在选址时都要考虑进去。另外，选址时一定要考虑人流的主要动线会不会被竞争对手截住。

第三步，肯德基的跟进策略。肯德基与麦当劳市场定位相似，顾客群基本上重合，所以我们经常看到一条街道一边是麦当劳，一边是肯德基，这就是肯德基采取的跟进策略。因为麦当劳在选择店址前已做过大量细致的市场调查，挨着它开店不仅可省去考察场地的时间和精力，还可以节省许多选址成本当然肯德基除了跟进策略外，它自己对店址的选择创民有优秀之处可以值得借鉴。

（2）饭店的环境卫生状况。环境卫生是经营饭店的最基本条件。病从口入，所以环境卫生也是消费者最挑剔的地方。消费者选择饭店前首先要看的就是饭店是否清洁卫生。从外部看，它要求招牌整齐清洁、宣传文字字迹清楚、色泽明亮、盆景修剪整齐；从内部看，要求座椅独特、摆放齐整、店堂清爽宜人、陈列台、厨房、备餐间及洗手间等整洁干净。

（3）饭店的氛围。饭店的氛围也是影响消费者是否接受服务的重要一环。因而，无论是饭店外部的结构与装饰还是内部的设计与装潢，都要烘托出某种氛围，以便突出饭店的主题，从而强有力地吸引现有的和潜在的消费者。此外，饭店的照明、色彩、音乐等都会影响饭店的氛围。比如饭店通常都要播放音乐，不同类型的饭店选择音乐的风格是不一样的。格调高雅的饭店适合旋律舒缓的、优美的古典音乐；而在专门提供快餐的饭店则可以放一些节奏感较强的流行音乐。此外，音乐音量的高低也是有讲究的。缓慢的、音量适中的音乐能使人赏心悦目，增加食欲；反之，热烈的、音量过大的音乐则可能影响人们交谈的兴趣，使人感到厌烦。

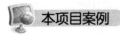 **本项目案例**

锦江之星旅馆与"速八"酒店之虚拟客房比较

经济型酒店的概念产生于 20 世纪 80 年代的美国，近几年才在中国出现。经济型酒店的特点之一是功能简化，它把服务功能集中在住宿上，力求在该核心服务上精益求精，而把餐饮、购物、娱乐功能大大压缩、简化甚至不设，投入的运营成本大幅降低。所以酒店客房价格也大幅下降，满足了大量游客的需要。中国旅游饭店业协会给中国经济型酒店下的概念是：中国经济型酒店是指体现中国文化特色、涉及各行各业的、由各投资主体兴办的三星级及三星级以下的或无星级的中低档、小规模酒店，这类酒店具有餐饮服务功能、提供专业化服务，是让消费者花费不高、开支节俭、获得实惠并提供优先服务。

按照中国消费者的消费习惯和网络发展阶段，顾客在购买网络产品前对其将要购买的产品都要有更多的了解。

锦江之星的网页有两大突出特点：一是精致；二是实用。

（1）在色彩设计上，以淡色和暖色为主，与酒店房间实体色彩设计相一致。这样不仅保持了品牌形象的一致性，而且以干净、舒适和温馨的感觉打动旅客，符合中国人的审美习惯和传统的客房标准。而且整体色调的一致性，使得网页整体效果清爽而简单，对经济型酒店的主要目标顾客来说，其便捷性的要求可以得到更好的心理满足。

（2）在结构设计上，分为订房、新闻、促销、俱乐部、连锁店和客户服务。每一个层次都清晰地表达出了其功用和定位，且细分得当。订房系统用简洁完备的流程来完成房间预订；新闻栏列出酒店所有相关信息和报道，可以帮助提升顾客的了解和信任，同时，有利于提升酒店形象和增进口碑；促销栏起吸引订购和提供利益的功能，为注重实际利益和价值的住户提供更多的满意；俱乐部栏展示各种会员信息和相关优惠商户和活动，有利于保持顾客的忠诚度；连锁店的地图形式可以帮助顾客在某一范围内了解酒店的细化信息；客户服务可以帮助酒店完善其服务，并树立负责和细致的认知和形象。这种设计，从顾客了解、认知、使用、利益和保持上满足不同的诉求，并自成一个完整的体系。

（3）网页内容信息全面，重点突出，涵盖了顾客普遍意义上需要的信息。主体部分是预订系统、促销信息和实体展示。一方面，突出了预订系统这一主题，使旅客能方便快捷地达成目的；另一方面，以强有力的视觉展示，使顾客全面地了解酒店布局，这就使网络使用中的信任问题得到了解决，并有效地促进了酒店形象的提升。此外，促销信息的展示考虑到了目标顾客的需求和特点，更好地进行了情感的吸引和说服。

（4）网页的链接方便浏览，传输速度和图片下载速度快，无死链接、调不出图形等情况存在。这就给顾客更多的信心和耐心来了解酒店的各项服务和活动。

在锦江之星的首页，对酒店大厅、客房、餐厅、茶室都有全景图展示，可以自主调节角度和方向，对酒店的每个细节进行观察和评估。这样，就将网络的便利性和传统订房的优势结合起来，使顾客对酒店环境有一个确定的概念和亲自的感受，增加订房的信心。由此看出，锦江之星的网站设计更多地考虑了中国人的审美和消费习惯，并且充分考虑了经济型酒店的消费人群和网上订购者的需求特征，在一开始就拉近了与消费者的心理距离。

[资料来源：根据锦江之星旅馆网站（http：//www.jj-iin.com），速八酒店中文网站（http：//www.super8.com.cn/），速八酒店英文网站（http：//www.super8.com）相关内容改编。]

迪士尼乐园——内心的童话世界

"只要你来到这里，在任何一个角落，你都能找到一个属于你内心的童话世界。"提起迪士尼，人们便会想到家庭娱乐，想到"米老鼠"。人们进入迪士尼就如同进入梦幻世界，在这里可以看到我们这个星球的过去和未来，从中得到假日的娱乐。而从前的娱乐只是少数人的"特权"，大众难以进入。靠着"在娱乐之中学习知识"的诀窍，迪士尼成了名留青史的企业巨头，开创并主宰了一个全新的卡通世界。迪士尼的与众不同之处在于它生产的是精神产品、无形产品、文化产品和娱乐产品，目的是为孩子和家长提供娱乐、创造人间的欢乐童话。

迪士尼把生产有形产品推进到生产无形产品的远见卓识是领先于时代的，正是这种远见使其能在竞争激烈、复杂险恶的市场环境中始终比别人先走一步。在动画片由无声到有声，由黑白到彩色，由短片到长片的关键转折过程中，它总能够走在时代的前列，始终引领动画片的发展方向，不断开拓新的领域，从而走向更大的成功。

迪士尼在"产品"上不断求变。经营者不但创作卡通，而且还朝着全方位的家庭娱乐组合发展，包括电视、主题公园以及都市规划。通过主题公园的形式，迪士尼致力于提供高品质、高标准和高质量的娱乐服务。同时，公司还提供餐饮，销售旅游纪念品，经营度假宾馆、交通运输和其他服务支持行业。迪士尼品牌，如米老鼠、唐老鸭、古非等动画人物，均享有极大的影响力和商誉，并包含着巨大的经济利益。然而，整个迪士尼经营业务的核心仍是"迪士尼乐园"本身。而该乐园的生命力，在于能否使游客欢乐。由此，给游客以欢乐，并由游客和员工共同营造"迪士尼乐园"的欢乐氛围，成为"迪士尼乐园"始终如一的经营理念和服务承诺。

引导游客参与是营造欢乐氛围的另一种重要方式。游客们能同艺术家同台舞蹈，参与电影配音，制作小型电视片，通过电脑影像合成成为动画片中的主角，亲身参与升空、跳楼、攀登绝壁等各种绝技的拍摄制作等。

在"迪士尼乐园"中，员工们得到的不仅是一项工作，而且是一种角色。员工们身着的不是制服，而是演出服装。他们仿佛不是为顾客表演，而是在热情招待自家客人。当他们在游客之中，即在"台上"；当在员工们之中，即在"台后"。他们表现的不是他们本人，而是一个具体角色。根据特定角色的要求，员工们要热情、真诚、礼貌、周到，处处为客人的欢乐着想。简而言之，员工们的主体角色定位，是热情待客的主人。

（资料来源：业务员网 http://www.yewuyuan.com/article / 200808210053.shtml.）

讨论：

（1）有形展示有哪几种类型？

（2）迪士尼乐园是如何进行产品有形展示的？

（3）结合本案例分析有形展示对迪士尼乐园起到了什么作用？

不 是 为 了 钱

日本有一家叫木村事务所的企业想扩建厂房，看中了一块近郊的土地意欲购买。而同时其他几家商社也想购买这块土地。可地主是一位老太太，说什么也不卖。

一个下雪天，老太太进城购物，顺便来到木村事务所，她本想告诉木村先生死了这份心。老太太推门刚要进去，突然犹豫起来，屋内那么干净，而自己脚下的木屐沾满雪水，肮脏不堪。正当老人欲进又退之时，一位年轻的小姐出现在老人面前："欢迎光临！"小姐看到老太太的窘态，马上回屋想为她送一双拖鞋。不巧没有了，小姐便毫不犹豫地把自己的拖鞋脱下来，整齐地放在老人脚下，让老人穿上。等老人换好鞋，小姐才问道："老太太，请问我能为您做些什么？""哦，我要找木村先生。"小姐像女儿搀扶母亲那样，小心翼翼地把老太太扶上楼。于是，就在要踏进木村办公室的一瞬间，老人改变了主意，决定把地卖给木村事务所。那位老人后来告诉木村先生说："在我漫长的人生里，遇到的大多数人是冷酷的。也去过其他想买我地的公司，他们的接待人员没有一个像你这里的小姐对我这么好，你的女职员年纪这么轻，就对人那么善良、体贴，真令我感动。真的，我不缺钱花，我不是为了钱才卖地的……"

（资料来源：国际商报，2008-7-28.）

讨论

（1）案例中运用的是哪种有形展示？有什么作用？

（2）试说明有形展示对企业生存和发展有什么意义？

实务自测题

（1）如何理解有形展示对服务企业产品营销的重要作用？

（2）有形展示的类型有哪些？

（3）分析服务环境设计应考虑哪些因素？

（4）以一家服务企业为例，指出它的实体环境有哪些。

实训题

组织学生到商业企业进行学习和调研，了解和分析企业是如何将服务有形化的？是如何设计和管理服务环境的？分析成绩、问题和原因，提出解决问题的建议和对策并撰写调研报告。

项目十 服务质量管理

学习目标

（1）掌握服务质量的内涵和构成。
（2）了解服务质量的评估模型与差距模型。
（3）了解服务质量的管理模式。
（4）掌握提高服务质量的方法。

导入案例

福特汽车公司的硬标准和软标准

福特汽车公司根据对 2400 名顾客进行的市场调查，了解到他们对汽车销售和服务的期望，建立了下面 7 条对顾客至关重要的服务标准。

（1）顾客对服务的预约在约定日期一整天都有效。
（2）必须在 4 分钟内接待顾客。
（3）礼貌地指出顾客需要的服务，准确地记录到修理单上，并且与顾客逐一核对。
（4）每次进行服务一定要正确。
（5）顾客询问后的 1 分钟内提供服务的基本情况。
（6）在约定的时间将替代车准备好。
（7）提供详细的作业、保险范围和收费说明。

1. 硬标准和尺度

上面有几项标准属于硬标准，它们可以被计数、计时或通过核算观测到，如第 2 条标准和第 5 条标准，可以由员工在开始服务时计时。硬标准可以是：达到某种标准时间次数的频率或者百分比；次数的平均数（如开始接待顾客的平均时间）。其他可以计数或者核算的标准有第 1 条、第 4 条、第 6 条。接电话的服务员可以记录下顾客预约服务在一整天都有效的天数。顾客重新拜访的次数可以计算出来，从而作为衡量第 4 条的尺度。在约好的时间准备好的替代车的数量也可以在顾客取车时清点得到。

2. 软标准和尺度

正如阿尔伯特·爱因斯坦曾经说过的："并非所有有价值的东西都可以计数，也并非所有能够计数的东西都有价值。"看看第 3 条和第 7 条标准，我们就会发现它们与刚刚讨论过的其他标准不同。因为不能被计数或计时，这些标准代表着一些被需要的软行为。标准 7 要求一种不同形式的衡量尺度：顾客对这些行为是否有恰当的感知与看法。这并不是说软标准不能被衡量，相反，它们必须以一种不同的方式来衡量。

软标准在员工满足顾客需求的过程中提供指导、准则和反馈，并且通过测量顾客的理解与信任得以度量。这些标准对于人际互动性服务，如专业服务中的销售和提供过程尤为重要。

（资料来源：阳林，服务营销）

任务一　服务质量概述

服务是服务营销学的基础，服务质量则是服务营销的核心内容。可以说，顾客永远追寻的目标便是服务质量，这也是顾客满意度的主要驱动因素。任何组织，无论是生产有形产品还是服务业，服务质量都是企业建立持久性竞争优势的第一要务。

一、服务质量含义

服务质量是顾客感知服务、评价服务的关键因素。有关服务质量的研究始于 20 世纪 70 年代中后期，一直以来都是服务营销最关键的领域，它也成为管理学科研究领域中极具活力的研究课题之一。其中，北欧学者和美国学者都对此进行了较为深入的研究，也有一些颇具影响的成果陆续问世。在研究中，不同的学者从各自的角度阐述了有关服务质量的定义。芬兰学者格罗鲁斯提出了"服务质量"即"感受服务质量"（Perceived Service Quality）的概念，认为服务质量是一个主观范畴，是一种感知质量，是顾客根据消费后质量绩效体验与购买前服务期望的差距比较得出其对服务的质量评价。

美国学者奥利弗（Richard Oliver）认为服务质量是顾客对于事物较具延续性的评价。它不同于顾客的满意度，后者是顾客对于事物一种瞬间、情绪化的反应。

美国营销协会（AMA）对服务质量所从事的大规模市场调查指出，服务质量是一个相对标准，而非绝对观念，顾客对企业服务质量是否满意，决定于其事前所持有的期待与实际所感受到的服务之间的比较。

对于服务提供者和服务接受者来说，对服务质量的定义也并不相同。从服务提供者的角度出发，服务质量意味着企业的服务活动与规定或要求的符合程度，即要以服务生产为中心，强调生产率和内部效率，追求以最小的成本获得最大的产出。从服务接受者（顾客）的角度出发，服务质量意味着服务可以达到或者超过其期望的程度。不同的顾客会对同样的服务有着不同的质量水平感受，这也是特定因素影响顾客购买服务的行为的必然结果。服务质量发生在服务生产和交易过程中，是在服务企业与顾客交易的真实瞬间实现的。

上述的定义分别从不同的角度对服务质量进行了分析。综合来看，服务质量是企业提供的服务能够满足行业内规定或顾客需求的特征的总和。服务质量也是顾客对特定服务所能感知到的对象。服务企业应先对服务质量支持系统，从而为顾客提供最优质的服务。

二、服务质量的特点

服务质量概念是逐步发展和完善起来的。学者们对服务质量还有不同的看法，归纳上面的有关观点，我们可以得出服务质量的基本特点。

1. 服务质量是一种主观质量

这与有形产品的质量存在很大的差异，有形产品的质量可以采用许多客观的标准来加以度量，如对一部汽车，其耗油量、时速、刹车性能等即使对于不同的顾客，也存在一个客观的标准，这些标准不会因为产品提供者的不同或购买产品的消费者不同而产生变化。但服务质量却并非如此，不同的顾客可能对同一种服务质量产生不同的感知。例如，服务过程中的可靠性常常被视为一个非常重要的服务质量维度，但不同文化背景的顾客对这个问题的感知却存在较大的差异。我们通过对中国顾客和外国顾客对这个问题感知情况的调查表明，中国顾客比外国顾客更重视服务的可靠性。对于其他服务质量维度，也存在类似的情况。即使是同一个顾客，在不同的时段，可能对质量的要求也会产生变化，这是我们在研究服务质量问题时必须注意的一个问题。

2. 服务质量是一种互动质量

产品质量是在工厂里生产出来的，在没有出厂之前，质量就已经形成了。在整个质量形成过程中，消费者基本上是没有"发言权"的，当然，企业必须根据市场调查的结果，按照消费者的期望来提供产品，但在质量形成过程中，顾客的作用是微弱的。而服务质量不同，服务具有生产与消费的同时性，服务质量也是在服务提供者与顾客互动的过程中形成的，如果没有顾客的紧密配合、响应，或者是顾客无法清晰地表达服务要求，那么，服务过程就将失败，服务质量将是低下的。正是由于这个原因，有些学者将服务营销称为互动营销。

3. 过程质量在服务质量构成中占据极其重要的地位

正因为服务质量是一种互动质量，所以，服务过程在服务质量形成过程中起着极为重要的作用。过程质量是服务质量构成极其重要的组成部分。服务结果是顾客购买服务的根本目的所在，如果没有服务结果，或者服务结果很差，那么，再好的服务过程也是无法弥补的。同样，即使服务结果很好，但服务传递过程很糟，最后形成的顾客感知服务质量也可能是低下的。忽视结果或者是忽视过程，在服务质量管理中都是错误的。

4. 对服务质量的度量，无法采用制造业中所采用的方法

在制造业的服务质量度量中，我们可以将视野聚焦在内部效率上，即可以通过检验来证明产品与我们事先所制定的产品标准是否吻合，如果吻合或者超过，则说明质量是合格的或者是优异的。但在服务业中，不但要考虑服务质量与服务标准的吻合问题，更重要的是，还要衡量质量的外部效率，即对顾客关系质量的影响。也就是说，这种服务质量对服务提供者与顾客建立持久的关系具有什么样的影响作用。明确这一点，对于提高服务质量管理水平，具有非常重要的意义。

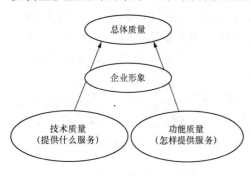

图 10-1　服务质量的两个构成要素

三、服务质量的构成

从图 10-1 中我们可以看出，企业总体质量取决于技术质量和功能质量，两者共同构成了顾客对服务质量评价的两个重要维度。技术质量指的是企业向顾客提供什么服务，即服务结果；而功能质量指的则是怎样提供服务，即服务过程。但我们需要注意的是，企业形象的好坏，会在顾客服务质量感知过程中起到"过滤器"的作用。如果企业形象非常好，当顾客遇到服务质量问题时，会倾向于"降低"服务质量问题的严重性；而当企业形象非常糟糕时，如果顾客遇到服务质量问题，会倾向于"放大"问题，进而形成对企业不利的感知。

【案例 10-1】

丽兹·卡尔顿酒店的服务

作为世界一流的饭店，丽兹·卡尔顿酒店通过精确的市场营销策略来留住顾客。为了达到这一目的，丽兹·卡尔顿酒店花了数年的时间深入了解、积累酒店运作程序中的各种知识，把信息技术和个人技能与革新结合起来，使酒店能够跟踪了解到每位顾客的喜好。

比如酒店员工对客人进行调查，记录下他们的喜好，然后把这些信息数据储存在全公司的信息网络上。当客人再次入住时，使得其他员工能够利用这些信息，提供最人性化的服务。比如当顾客入住登记的时候，他们会得到自己喜欢的房间和位置，在丽兹·卡尔顿酒店逗留期间，有专门的主管人员负责对每一位顾客相关细节的了解，以便提供个性化的服务，例如提供特别的枕头、最喜欢的饮料、最爱看的报纸，等等。据独立公司的调查结果显示，丽兹·卡尔顿酒店 92%～97%的客人在离开时对该饭店的服务感到满意。

（资料来源：杰里米·克迪. 100 个伟大的商业理念. 张荣 译. 中华工商联台出版社，2009，编者略有删改。）

任务二 服务质量评估与管理

一、服务质量评估模型

优质的服务意味着既要符合企业制定的服务标准，又要满足顾客的需要。早在 1982 年，芬兰的 Gronroos 就提出服务质量的评价模型——差异比较结构，如图 10-2 所示。这种服务质量评估模式得到了绝大多数学者的赞同，奠定了服务质量研究的基础。

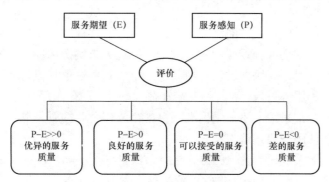

图 10-2 服务质量的差异评价模型

在服务质量的差异模型结构中，服务期望被定义为"将接受的服务会是什么样的"，它主要受 4 个因素的影响：市场沟通、企业形象、顾客口碑和顾客需求。在这 4 种因素中，只有市场沟通直接为企业所控制，它主要包括广告、直接邮寄、公共关系及促销活动等。市场沟通是企业与顾客的最先接触，在很大程度上影响着顾客的期望。所以，企业要向顾客传递正确的信息，既要防止客人期望过高而最终对服务失望，也要避免期望过低不能引起顾客的关注。对于企业形象和顾客口碑，企业只能间接地控制，它们一般表现为企业绩效的函数。而顾客需求是企业的不可控因素。顾客需求的千变万化及消费习惯、消费偏好的不同，决定了这一因素的不可控性。所以，企业应根据自己的市场定位和目标顾客的喜好来开发出针对性强的产品，用以满足目标顾客的需求。

顾客服务质量的评估是一个复杂的过程，最终顾客评估服务质量不仅与顾客实际经历的服务质量有关，而且与顾客对服务质量的期望有关。

二、服务质量的评估标准

根据服务质量的基本构成要素和 5 个基本属性，以及考虑服务管理的自身特点，一项优质的服务应满足以下标准。

1. 服务的规范化和技能化

服务提供者必须具有一定的专业技能和知识，并达到一定的行业、国家或国际通用的等级标准。在提供服务的过程中，能运用专业知识和技能规范，解决顾客疑问，为顾客提供满意服务。

2. 服务过程中的专业态度和行为

服务人员应以和蔼可亲的态度，文明规范的行为举止为每位顾客提供良好的服务。

3. 提供服务的灵活性

提供服务的时间、地点、人员和服务系统的安排与设计，应充分考虑不同层次顾客的需求，并根据顾客的不同需求灵活调整，使顾客满意。

4. 服务的可靠性

服务机构在服务过程中是否能履行自己明示或暗示的一切承诺，并最大限度满足客人的利益，使顾客在服务过程中得到舒心的感受。

5. 及时有效地服务补救

对于服务过程中出现的各种差错和意外情况，能够提供及时可行的补救方法，这是提高顾客服务满意度的重要手段。

6. 服务企业的信誉度

企业良好的业绩和品牌价值，能够为企业创造良好的声誉。对于顾客来说，一个值得信赖的企业经营活动，是他们选择投资的重要因素。经过大量实证和理论研究基础上提出的上述服务质量评估标准，对一般服务过程管理具有一定的实用价值。但是基于不同的服务行业具有特定的服务内容和服务对象，因此除上述评估标准外，还存在行业内专业化的质量标准。在实践过程中，即使全部采用上述 6 项标准，根据行业和企业性质，也会有不同侧重。

三、服务质量评估的一般方法

服务质量评估一般采取评分量化的方式进行，其具体程序如下。

（1）根据行业特点，选取服务质量的评价标准。

（2）根据每条标准的重要程度确定其权重系数。

（3）针对每条标准设计 4～5 道具体问题。

（4）制作调查问卷。

（5）发放调查问卷，进行市场调研，请顾客逐条评分。

（6）对调查问卷结果进行统计。

（7）根据消费者期望模型对统计结果进行分析，获得评价结果。消费者期望值模型公式为：服务质量=预期服务质量-感知服务质量。差值越小表明服务质量越好；反之，则表明服务质量越差。

【案例 10-2】

PZB 的 SERVQUAL 量表见表 10-1。

表 10-1　　　　　　　　　　　　PZB 的 SERVQUAL 量表

要素	组 成 项 目
有形性	1. 有现代化的服务设施 2. 服务设施具有吸引力 3. 员工有整洁的服务和外表 4. 公司设施与他们所提供的服务相匹配
可靠性	5. 公司向顾客承诺的事情能及时地完成 6. 顾客遇到困难时，能表现出关心并提供帮助 7. 公司是可靠的 8. 能准确地提供所承诺的服务 9. 正确记录相关的服务
响应性	10. 不能指望他们告诉顾客提供服务的准确时间※ 11. 期望他们提供及时的服务是不现实的※ 12. 员工并不总是愿意帮助顾客 13. 员工因为太忙以至于无法立即提供服务，满足顾客需求※
保证性	14. 员工是值得信赖的 15. 在从事交易时顾客会感到放心 16. 员工是有礼貌的 17. 员工可以从公司得到适当的支持，以提供更好的服务
移情性	18. 公司不会针对不同的顾客提供个别的服务※ 19. 员工不会给予顾客个别的关怀※ 20. 不能期望员工了解顾客的需求※ 21. 公司没有优先考虑顾客的利益※ 22. 公司提供的服务时间不能符合所有顾客的需求※

注：1. 问卷采用 7 分制，7 表示完全同意，1 表示完全不同意。中间分数表示不同程度。问卷的问题随机排列。

　　2. ※表示对这些问题的评分是反向的，在数据分析前应转换为正向得分。

四、服务质量差距管理

厂菲茨西蒙斯夫妇认为"服务质量是一个复杂的论题，它包含可靠性、响应性、保证性、移情性和有形性 5 个维度。这就引入了服务质量差距的概念，这是基于顾客对服务实际的感知与事先持有的期望进行比照得出的"。

美国学者 Parasuraman、Zeithaml 和 Berry 提出了服务质量差距模型，专门用来分析服务质量问题的根源（见图 10-3）。这一模型有助于企业发现服务质量差距，根据差距的特征，找出形成差距的原因，并采取相应的措施改善服务质量。由于该模型提出了 5 个差距，所以被称为服务质量五差距模型。

模型中的差距 1 是指管理者对顾客期望的感知与顾客对服务的期望之间的差距，即管理者不了解顾客的期望。形成这一差距的原因主要在于市场调查不足或信息分析不准确、向上沟通的渠道不畅通、管理层级太多造成信息传递失真等。

差距 2 是指管理者对顾客期望的感知与服务质量标准之间的差距。形成这一差距的原因主要在于没有设定目标或目标设定不明确、对服务质量缺乏承诺、内部组织管理混乱、缺乏高层的有力支持、工作的标准化程度不够等。

差距 3 是指服务标准与服务传递间的差距。比如，有些证券公司员工实际提供的服务与公司的服务标准之间存在差距，这一差距产生的原因可能在于证券公司服务标准本身过于复杂、僵硬，一线员工不认同服务标准而不愿改变自己的行为习惯，员工对标准的认识及把握不足，团队协作性较差，管理和监督控制系统不力，缺乏有效的内部营销，技术及运营方面的支持不足等。

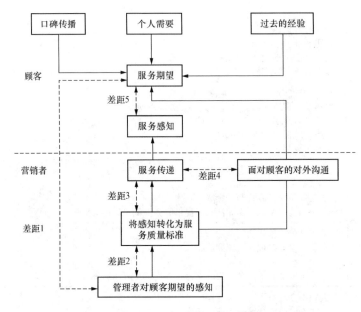

图 10-3　服务质量五差距模型

差距 4 是指服务传递与面向顾客的对外沟通间的差距，即实际提供的服务与市场宣传的承诺不符。这一差距产生的原因主要在于企业生产运作部门与市场部门的水平沟通不足及对顾客不切实际的过度承诺。例如，随着市场竞争的日趋激烈，有些家电企业为博取消费者对产品的青睐，纷纷把产品包修、包换、包退的期限放宽，推出了"保修若干年"或"终身维修"等诸多服务承诺，其中有的承诺要远远高于国家"三包"规定的标准。但在实际操作过程中，这些企业无法切实履行这些承诺，导致消费者不满。

差距 5 是指顾客期望与顾客服务感知间的差距。差距 1、2、3、4 的存在导致了差距 5 的出现。这又可能改变对现在接受的服务的感受。

【案例 10-3】

丰田汽车："顾客第一"实现顾客满意度最大化

丰田汽车公司（以下简称丰田汽车）作为日本最大的汽车公司，创立于 1937 年，是世界十大汽车公司之一。现在已发展为以汽车生产和销售为主，涉及机械、电子、金融等行业的庞大工业集团。

随着丰田汽车销售量增加，售后服务变得越来越重要。售后服务质量和水平已经成为制约其市场可持续发展的重要因素。

丰田汽车贯彻"顾客第一"和"顾客至上"的理念，对应顾客多样化需求，实现顾客满意度最大化。

首先，改善顾客服务中心对应体制。从 2007 年 11 月起，实施 24 小时 365 天顾客对应体制。将顾客多方面的心声向公司内外的关联部门进行了广泛反馈，很多方面得到了相应改善。

其次，推进系统化，减少顾客来电咨询等待时间。在提高顾客咨询师对应能力的同时，致力于相关部门的合作，不断充实顾客对应 Q&A 等信息。推进顾客对应系统的开发和引进工作，积极构筑包括经销店在内的第二代综合顾客对应体制。

第三，为经销店提供顾客对应培训。丰田公司定期举办以经销店为对象的顾客对应培训，对进行实例演练。

公司引进了 E-CRB（Evolutionary Customer Relationship Building）经销店操作系统，并在中国所有经销店广泛运用。该系统由销售商谈辅助系统、针对潜在客户及购车顾客进行跟进的 CR 综合管理系统、入厂维修及维修进度管理系统，以及向入厂维修车辆的顾客显示维修进度的 CS 看板等系统。该系统的特点是贯穿于顾客购车、交车、交车后的定期保养等售后服务，以及顾客再次购车的循环过程，并与各个阶段相对应，通过提供及时、准确的服务信息，使顾客感到方便和放心。

在实施顾客服务中心顾客对应体制后，顾客来电件数在 2007 年达到了 13 万件，2008 年达到 20 万件，极大地方便和满足了顾客的需求。通过引进 DCRB，向所有顾客提供了"愉悦的购车体验"、"信息化的顾客交流"、"高品质的售后服务"等服务内容，顾客感到非常放心和方便。"顾客第一"和"顾客至上"理念拉近了丰田与顾客的关系，促进了销售业务提升，实现了市场的可持续发展。

任务三　提高服务质量的方法基本策略

一、提高服务质量的方法

企业要提高服务质量必须采取适当的方法。近年来，理论界和企业界人士曾提出许多方法和技巧来提高企业的服务质量，这里主要介绍两种常用方法：标准跟进法（Benchmarking）和蓝图技巧法（Blue Printing Technique）。

1. 标准跟进法

标准跟进法是指企业将自己的产品、服务和市场营销过程等同市场上的竞争对手，特别是与优秀竞争对手的标准进行对比，在比较和检验过程中逐步提高自身的水平。标准跟进法最初来自于生产性企业，目前在服务行业中也普遍应用。在运用此方法时，企业可以从策略、经营和业务管理等方面着手。

首先，在策略方面，企业应将自身的市场战略与竞争对手的成功经验相比较，比如研究竞争对手主要集中的细分市场，了解竞争者实行的是低成本战略还是价值附加战略，对手的投资水平如何等。通过系统的分析比较和研究，企业能够发现对手成功的战略因素，并根据企业自身特点制定出符合市场条件和自身资源水平的经营服务战略。

其次，在经营方面，企业主要集中于从降低竞争成本和提高竞争差异化的角度了解竞争对手的经营手段，并相应制定自己的经营策略。

最后，在业务管理方面，根据竞争对手的做法，企业要重新评估企业内部的支持性部门对整个企业的重要性。比如，企业的后勤部门，可能由于缺乏适度灵活性，而无法同企业前台的质量管理相适应，学习竞争对手的经验，使后勤部门和前台之间在为顾客提供服务过程中的步调一致，是提高服务质量的重要保证。

2. 蓝图技巧法

若想提供较高水平的服务质量和顾客满意度，企业必须了解顾客对服务产品认知产生影响的各种因素。蓝图技巧法，又称为服务过程分析法，通过分解组织系统和架构，鉴别顾客同企业员工的接触点，从中寻找改进企业服务质量的路径。蓝图技巧法最初由萧斯塔克引入服务市场学中，借助流程图分析服务传递过程的各方面，包括从前台到后勤服务的全过程。通常涉及如下4个步骤。

首先，通过流程图清晰描述服务各项内容，使服务过程清楚客观的呈现；其次，将容易导致服务失误的关键步骤找出来；再次，确立体现企业服务质量标准的服务执行标准和规范；最后，找出顾客能够看得见的服务证据，这些证据被视为企业与顾客之间的服务接触点。

需要指出的是，在蓝图技巧法中甄别和管理这些服务接触点，对于企业的服务质量的提高具有重要意义。在每个服务接触点，企业员工都要向顾客提供不同的功能质量和技术质量。同样，在这些接触点，顾客对于服务质量的感知程度也将极大地影响他们对于企业服务质量的整体印象。

此外，由于服务产品具有无形性和不可分离性，产品质量可能不符合顾客的期望值，导致顾客在购买服务产品时往往犹豫不决，此时，如果服务企业能够消除或减少顾客的"产品低期望值"风险，无疑是一种提高服务产品质量的有效手段。

二、提高服务质量的基本策略

一些管理水平较高的服务公司所进行的各种研究表明，它们在质量方面有些共同的做法。菲利普·科特勒在《营销管理》一书中列举其中数条如下。

1. 战略概念

名列前茅的服务公司十分了解其目标市场和顾客的需要，并尽力加以满足。它们为满足这些需要制定了明确的战略，以赢得顾客的长期信赖。

2. 最高管理者有负责质量管理的传统

如麦当劳、马利奥特、迪斯尼和德尔达等公司的最高管理者都对质量完全负责。这些公司的管理者不仅按月查核财务业绩，而且也查核服务成绩。麦当劳公司的雷伊·克劳克坚持连续地评估该公司的每个商店在 QSCV，即质量（Quality）、服务（Service）、清洁（Cleanliness）和价值（Value）方面是否符合要求，淘汰不符合要求的特许经销商。

3. 规定高标准

最佳服务提供者一般都为其服务质量规定很高的标准。例如斯威塞尔公司的目标是：要求96%以上的旅客评价其服务为优良或上等，否则便采取改进行动。花旗银行的目标是电话铃响10秒钟之内必须有人接听，顾客来信必须在2天内做出答复。建立标准应有适当的高度。标准能精确地达到98%听起来很好，但结果是使联邦快递每天丧失了64 000个包裹；允许每页纸上拼错10个单词，每天就会写错400 000份药方，1年中就会有8天的饮水不安全。区别一个公司就在于它是提供"最起码"的服务还是"有突破"的服务，即瞄准100%的无缺点服务。

4. 服务绩效监督制度

一些最大的服务公司对它们自身的服务绩效和竞争者的服务绩效均定期地进行审计。它们使用一些方法来衡量绩效，如比较性购物、佯装购买、顾客调查及设建议与投诉表格等。通用电气公司1年发出70万张调查卡给许多家庭，请它们对公司服务人员的绩效进行评比。花旗银行在ART，即准确性（Accuracy）、反应性（Responsiveness）和时间性（Timeliness）这几项标准上不断进行检查。

5. 使顾客不满变为满意的系统

经营有方的企业都对顾客的抱怨做出随和、友善的反应。达拉斯的一家汽车经销商第一次没把车修好，于是便开着一辆拖车到顾客家把汽车拉回去重修，并免收任何费用。当该顾客的汽车修复后，顾客还同时收到了一件表示问候的礼物。在西特尔的一家饭店贴出了一张告示："当顾客等候的时间比他预订的要晚10分钟，但是不超过20分钟时，我们免费奉送3杯饮料。如果等候时间超过20分钟，这顿饭就我们请客。如果客人坐下5分钟以后面包还未送到，我们将免费赠送杂烩小吃。"

6. 使顾客满意和使员工满意

管理工作杰出的服务公司认为员工关系会反映顾客关系，因而管理层创造出一种能够得到员工支持并对优良服务绩效给予奖赏的环境。管理层应经常地检查员工对工作满意的情况。过去，花旗银行规定顾客满意度为90%和雇员满意度为70%。然而，问题就来了，如果有30%的雇员不高兴，哪来90%的顾客会满意呢？卡尔·阿尔布雷克特观察到不高兴的雇员是"恐怖"的。在《顾客是第二位》一书中，罗森布拉和彼得的观点更甚，他们认为，如果真正希望使顾客满意，那么应该是公司雇员，而不是公司的顾客必须是第一位的。

7. 创造良好的服务环境

服务环境对顾客感觉的整体服务质量有很大影响。在服务消费过程中，顾客不仅会根据服务人员的行为，而且会根据服务环境中的有形证据评估服务质量。因此，服务企业应根据目标细分市场的需要和整体营销策略的要求，做好每一项服务工作和有形证据管理工作，为顾客创造良好的消费环境，以便提高顾客感觉中的整体服务质量。

【案例10-4】

"神秘顾客"法

资料显示，工业越发达的国家，服务业越兴旺，服务质量的竞争就越激烈，企业家就越注重改善服务质量。但如何有效地改善服务质量，提高客户满意度，各行各业的老总和营销精英们高招迭出，可谓八仙过海、各显神通。其中聘请一般消费者通过暗中接受服务或实际消费，然后进行打分或评价的"神秘顾客"法近年开始出现，并且被老总们视为企业"一级商业机密"，对外鲜有宣传。"神秘顾客"法最早是由肯德基、罗杰斯、诺基亚、摩托罗拉、飞利浦等一批国际跨国公司，引进国内为其连锁分部进行管理服务的。

第一个把快餐带进中国的罗杰斯快餐店总经理王大东先生认为，罗杰斯设"神秘顾客"的原因是为了让他们客观地评价餐饮和服务做得是否好，要他们给员工打分，而他们打的分数与餐厅员工的奖金等是直接挂钩的，但之所以叫"神秘顾客"，就是因为员工们都不知道哪位是"神秘顾客"。美国肯德基国际公司对于遍布全球 60 多个国家、总数 9900 多个分店的管理，也是通过"神秘顾客"的方式，专门雇佣、培训了一批人，让他们佯装顾客、秘密潜入店内进行检查评分。由于这些"神秘顾客"来无影、去无踪，而且没有时间规律，这就使快餐厅的经理、雇员时时感受到某种压力，丝毫不敢懈怠，从而提高了员工的责任心和服务质量。

中国电信下属许多分公司都聘请在校学生、下岗职工、政府工作人员和企事业单位职工作为"神秘顾客"，监督窗口服务。方式为询问营业员简短问题，用半小时观察营业员的整体表现，然后填写有关监测问卷，按月度整理后反馈给有关部门。有关部门据此对营业员进行考核，决定是否继续予以聘任。这种方式使电信的服务在短时间内有了极大的改观，杜绝了过去应付检查的现象。

（资料来源：季辉等，服务营销）

三、全面服务管理

全面服务质量管理是指由企业所有部门和全体人员参加的、以服务质量为核心，从为顾客服务的思想出发，综合运用现代管理手段和方法、建立完整的质量体系，通过全过程的优质服务，全面满足顾客需求的管理活动。

1. 全面服务质量管理的主要内容

（1）全企业的服务质量管理每个企业的服务质量管理都可以分为上层、中层和基层管理，涉及整个企业。上层管理主要侧重于服务决策，协调各部门、各环节的服务质量管理活动；中层管理则要实施领导层的服务决策，对基层工作进行具体的业务管理；基层管理要求员工按照企业制定的标准进行操作，严格检查实际操作情况。

（2）全员性的服务质量管理在顾客眼中，企业的员工不代表员工个体，而代表整个企业。顾客在接受企业服务的过程中，会因为对服务过程中某一环节的不满意，而将对某个个体员工的不良印象扩大到整个企业及企业的其他员工，这种思维被称为"顾客思维"。随着社会的进步和企业的发展，一方面顾客对企业服务的要求趋高趋多，另一方面企业的服务工作也不断向综合性发展，这种综合性表现为企业的每一项服务工作都需要各职能部门通力协作，共同完成。其中既包括直接提供服务的业务部门，也包括提供服务支持的资源保障部门。因此企业服务绝不仅仅是销售部门的事，它要求企业的生产、技术、采购、保管、财务、人事等部门都要关注企业的服务质量，参与企业的服务质量管理。

（3）全过程的服务质量管理服务产品的质量是在企业为顾客提供服务的过程中体现的，服务质量管理要求企业从产品的设计、制造、成套供应、安装、调试到使用过程中故障的排除、维修等，为顾客提供从售前到售后的长期服务。实施服务质量管理子必须对服务质量产生的全过程进行管理，只有这样才能保证和提高服务质量。

2. 提升全面服务质量管理的途径

搞好全面服务质量管理，提高服务质量，必须要加强和健全各项服务管理工作，要重点做好以下工作。

（1）建立服务的计划制是实现营销服务工作正常化、制度化的重要手段。企业每年要制定年度的各项服务计划，如技术服务计划、顾客访问计划、顾客技术培训计划、备品和备件供应计划等，以保证服务工作有目的、有节奏地进行。

（2）建立服务质量责任制是企业各部门、各岗位和员工在服务质量管理工作中为保证服务质量所承担的任务、责任和权力，建立服务质量责任制使企业内部各管理部门之间和各部门之间明确职责范围、工作或服务标准，把服务的各项工作同员工的积极性相结合，形成严密的质量体系，保证服务质量的提高。

（3）制定服务工作标准就是根据服务质量责任制的要求，制定各项服务工作标准，如接待顾客工作标准，访问顾客工作标准，检修、安装、调试服务工作标准，质量三包服务工作标准，技术培训工作标准等，以便根据标准来检查、考核服务工作质量，根据工作质量来决定服务人员的奖酬。

（4）建立服务的信息管理制度。顾客信息的收集和反馈对提高产品质量、发展新产品、提高服务质量有重要作用。因此，要建立服务信息管理制度，如顾客档案制度、产品档案制度、顾客服务信息传递等，以利于实现服务工作的连续性和为营销决策提供依据。

（5）做好服务决策工作。服务决策是整个服务工作的基础，企业领导必须在顾客意见和本企业服务质量和竞争者的服务质量相比较的基础上做出最佳决策。在服务项目决策中，鉴于售后服务是最重要的服务工作，因此要建立既能满足顾客要求又不过多增加企业服务成本的售后服务体系，在此原则下决定是否提供送货上门、安装调试、人员培训、维修保养、事故处理、零配件供应、产品退换等售后服务项目。

3. 建立和完善营销服务组织

企业服务在现代市场竞争中显露出的综合性、全面性、快速性和重要性等要求企业必须建立一个配备有各种技术、业务力量的精干高效的服务组织。服务组织的建立要根据企业规模、产品类型、市场范围及竞争对手的情况来决定。一般来讲，大中型企业应设立服务部门，要根据企业具体的服务项目设置服务部门，比如顾客接待组、技术培训组、设备安装调试组、质量信息反馈处理组等，形成既有分工，又有相互协作的服务系统。小型企业可以在销售部门下设立服务组织。如果服务工作量很小，可临时组织服务小组，服务工作结束后解散。服务组织结构一般要求配备知识水平较高、技术娴熟、经验丰富并善于交际的服务人员。他们能够准确地回答顾客提出的各种疑难问题，能迅速、熟练地为顾客进行技术服务，能认真听取和收集顾客对产品质量的意见和要求，具有及时处理和反馈能力。

服务人员直接面对顾客，代表企业形象，企业要重视对服务人员的选拔、培养和考核，加强服务质量意识教育和服务技能教育，提高服务人员的综合素质，把为顾客服务的思想真正落到实处。

【案例 10-5】

上海铁路局推进全面质量管理

20 世纪 70 年代末我国从国外引入全面质量管理，上海铁路局作为全国与此同步引入的铁路运输企业之一，30 年来，该局根据铁路发展各个不同时期的特点和要求，积极采用现代质量管理的理念、方法和手段，组织动员全局干部职工学以致用，不断在传承创新中实现深化提高，取得了显著成效。曾先后获得"全国质量管理小组活动优秀企业"、"全国实施卓越绩效模式先进企业和特别奖"、"百家中国优秀诚信企业"、"上海服务业百强企业"和"上海市质量金奖企业"等多项荣誉称号，质量管理工作进入了有序发展的良性循环。

上海铁路局在着力建设质量贯标体系过程中，有着鲜明的"铁路特色"：一是企业质量目标战略化，确立了新形势下在东部铁路率先实现现代化的卓越绩效目标；二是质量管理活动全员化，建立推行卓越绩效管理、ISO 9000 质量贯标和质量管理小组活动协同展开机制；三是质量管理标准体系化，适应铁路运输行业特点转换 ISO 9000 标准。

1. 承上启下，各有侧重，创立"三全"质量管理活动新格局

全企业、全过程和全员是全面质量管理的基本特征和原则要求。近几年来，上海铁路局根据铁路改革发展"四新"即新体制、新布局、新速度、新设备的特点，在深化全面质量管理活动中，立足长期积累下来的质量管理基础，同时着眼铁路改革发展的新形势、新变化和新要求，围绕提升企业核心竞争力，深入推进全面质量管理"三全"活动。首先，围绕"全企业"质量管理活动的开展，路局根据企业发展的战略定位和战略规划部署，以提升经营质量为重点，组织实施《卓越绩效评价准则》，推行卓越绩效质量管理；其次，围绕"全过程"质量管理的要求，路局以提升产品质量为重点，深入开展运输站段 ISO 9000 质量贯标活动，持续改进完善质量管理体系，不断提升过程管控的有效性；最后，围绕"全员"质量管理的要求，铁路局以强化运输生产、经营管理的基础建设为重点，深入组织开展群众性质量管理小组活动，强化生产现场管理和岗位执标与达标。

2. 立足实际，务求实效，建立铁路运输行业质量管理新规范

上海铁路局在深入推进 ISO 9000 质量贯标的实践中，积极把质量贯标的重点向前、中、后三端拓展。一是在质量贯标的前端拓展上，着力于铁路运输行业质量管理体系标准的制定工作，2007 年以来，该局在深入研究 ISO 9000 标准的基础上，对照铁路运输生产管理的实际，着手进行国际标准转换和行业实施标准的制定工作，全局集中数十名优秀外审员、内审员及质量管理骨干人员，在深入学习、研究和比对的基础上，组织集体策划、分组编写和广泛研讨，编制了《铁路运输行业质量管理体系标准》，充分应用铁路运输生产的管理语言、行事习惯和固有方式，ISO 9000 标准，形成了具有铁路运输行业特点的铁路术语和质量管理体系标准。二是在质量贯标后端的拓展上，上海铁路局着力于提升质量管理体系内部审核的针对性、操作性和有效性。为此，该局认真回顾总结了 2001 年以来与铁道企协质委会联合开展内部行业认证的工作经历，充分应用多年来开展行业内部认证审核的经验积累，着手编制《铁路运输行业质量管理体系内部行业认证审核指南》。该审核指南的框架、结构、内容和案例，力求为质量贯标单位提供具有指导性、针对性和操作性的内部审核思路、方法和参照模版。2008 年 10 月初稿形成后，路局随即以此为版本，联合铁道企协质量体系咨询中心组建六个行业认证小组，利用 40 天时间，对局管内运输站段开展内部行业认证，全面检验"审核指南"使用效果。三是在质量贯标的中端拓展上，上海铁路局质量贯标部门向自身工作的质量管理拓展，有关部门按照质量贯标的要求，首先规范自身质量贯标的组织和指导工作，提高质量部门的工作质量和效率。2007 年起，路局质量贯标办公室应用 ISO 9000 标准，对质量贯标中的重点、容易出错和反复要做的工作，进行了全面的梳理，按照工作的时间节点、工作内容、工作流程和工作要求，分别制定、实施了行业内部质量管理体系认证工作管理程序、第三方质量管理体系认证工作管理程序、质量管理体系行业内部审核员队伍管理程序、质量管理体系行业认证审核员队伍管理程序等 8 个常项工作的程序管理标准，强化质量贯标的管理基础建设。

3. 着眼全局，立足发展，建构企业卓越绩效质量管理新模式

2004 年起，上海铁路局开始进行《卓越绩效评价准则》的学习、宣传和实施工作，把全

面质量管理活动提升至一个新的发展阶段，经过几年来的推行，初步形成了具有铁路局特点的卓越绩效管理实施模式。一是加强组织领导。路局成立了由局长、党委书记任组长，主管企业管理的副局长、工会主席任副组长，机关各部门负责人为成员的领导小组。领导小组下设推进办公室，负责推进全局实施卓越绩效模式的具体工作。二是建构战略推进体系，形成了以"建设强局，科教兴局，质量立局，安全稳局"为发展战略，"创造国内铁路一流业绩，追赶世界铁路先进水平"为战略目标，"打造精品局，创一流企业"为战略规划，坚持"四个发展"（即科学发展，创新发展，安全发展，和谐发展）和推进"四个率先"（即率先建成发达的铁路网，率先实现技术装备现代化，率先转变经济发展方式，率先创造一流的经营业绩，在东部铁路现代化和建设和谐铁路的实践中创造新业绩）为发展思路的上海铁路局战略推进体系。三是建立卓越绩效管理模式。从决策、规划、目标、顾客、资源、管理等方面入手，构建卓越绩效质量管理体系，加强运输经营管理。同时，强化动态监测，建立适应战略规划及发展方向的综合信息管理系统，从安全、运输、服务、质量、营收、成本、利润等方面，加强对价值创造过程、支持过程和整体绩效的监测。

4. 聚焦服务，强化监管，营造质量管理体系有效运行新机制

上海铁路局坚持以旅客、货主关注焦点为重点，加强管理制度和机制建设，不断改进执行偏差，进一步提升运输服务的社会满意度，增强客货运输服务的亲和力。一是实行质量贯标检查通报制度，由专业部门根据贯标要求，对检查发现的不合格项，发出限期整改通知，促进过程控制与管理优化有机结合；二是加强日常质量跟踪，设立路局服务质量监督监察网点，同时聘请外部社会监督员，根据客户投诉、社会反映，提出改进管理的建议；三是建立顾客满意度测评模型和服务质量评价机制，从2001年起委托上海市质协对特等站、直属一等客货运站和进京直通特快客车，进行用户满意度第三方测评，针对主要问题完善管理办法和措施，实现运输质量持续改进和提高。2007年、2008年春运期间，在上海市春运办组织开展的旅客满意度测评中取得了较好成绩。其中，2007年铁路局以85.54分的成绩首次在公路、民航、水路和市区交通等行业中名列第一。

[资料来源：中国铁道企协质委会调研组：《适新求变提高运输服务质量-上海铁路局推荐全面质量管理侧记》，载《中国质量》，2009（2）。有改动。]

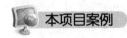 **本项目案例**

杨女士的一次购物经历

为了给小孩买些玩具，工作繁忙的杨女士选择了三家较大的婴幼儿用品网上购物企业。经电话咨询后，杨女士选择了介绍比较详细、感觉比较专业的一家企业，并从他们的宣传册上选中了一个木马大礼包和另一件玩具。

由于送货人员临时改时间，杨女士让家里人代为签收玩具。然而，当杨女士下班回家看到玩具时，发现礼包中的拼图实物无论大小、颜色、内容都比宣传册上的拼图差。杨女士很生气，打电话给那家企业，以下是杨女士与那家企业客服人员的对话。

杨女士：小姐，中午是我家人签收的玩具，我是刚刚看到的，发现所订的木马大礼包上

的拼图与你们宣传图上的不一样，这个拼图是不是有许多种，你们送货是随机的吗？

客服：是有好多种，送货是随机的。

杨女士：为什么送货之前不告诉我一声呢？你们宣传册上面的拼图是动物的，可你们送我的拼图都是锤子、钳子、电钻什么的，我觉得动物类的更适合我女儿，我孩子才一岁多，一个小女孩，颜色鲜艳的更好些。

客服：我也是位母亲，从母亲的角度，我觉得您给孩子选玩具时，不要人为划分是男孩还是女孩。锤子、钳子也好，都是平时经常用到的。而且我们这个礼包原来只有3样玩具，现在增加到了5样。

杨女士：那么你认为我现在还占了你们便宜了？

客服：我不是这个意思，这是木马的公司行为，礼包也是提前配好的。

杨女士：我并没有想为难你的意思，我希望你们下次给其他家长送货前，应该跟人家说清楚拼图是随机配送的。

打完电话后，杨女士的心里仍然很不舒服，第二天又在那家企业网站的留言栏中说明了事情的缘由。客服人员回复说，他们的宣传册上印制的图片是错误的，把木马的另一个产品"木马大农场的拼图"当作普通拼图印上去了，还问杨女士如果他们有这个农场拼图还要不要购买。杨女士余气未消，一口回绝了。

（资料来源：http://chinasourcing.mofcom.gov.cn/content2.jsp?id=45082）

讨论题

（1）试用服务质量差距模型，分析杨女士的购物经历中服务质量出现了哪些差距？造成这些差距的原因是什么？

（2）可以采取什么措施弥合上述差距，挽回顾客的信任？

JCPENNEY 公司的质量管理创新

1. 配送中心的基本情况

JCPENNEY 公司位于俄亥俄州哥伦布的配送中心，每年要处理900万种订货，或每天25 000笔订货。该中心为264家地区零售店装运货物，无论是零售商还是消费者的家，该配送中心都能做到48小时之内把货物送到所需的地点。哥伦布的配送中心有200万平方米设施，雇佣了1300名全日制员工，旺季时有500名兼职雇员。JC公司接着在其位于密苏里州的堪萨斯城、内华达州的雷诺及康涅狄格州的曼彻斯特的其他三个配送中心成功地实施了质量创新活动，能够连续24小时为全国90%的地区提供服务。

2. 质量管理创新

JC公司感到真正的竞争优势在于优质的服务。管理部门认为，这种服务的优势应归功于20世纪80年代中期该公司所采取的三项创新活动：质量循环、精确至上及激光扫描技术。

（1）质量循环：小改革解决大问题。1982年，JC公司首先启动了质量循环活动，以期维持和改善服务水准。管理部门担心，质量服务的想法会导致管理人员企图简单地花点钱来"解决问题"。然而，代之这些担心的是经慎重考虑后提出的一些小改革，解决了工作场所中存在的一些主要问题，其中包括工人们建议创建的中央工具库，用以提高工作效率和工具的可获得性。

（2）精确至上：不断消除物流过程的浪费。精确至上的创新活动旨在通过排除收取、提取和装运活动中存在的缺陷，以提高服务的精确性。因此，提供精确的顾客信息和完成订货承诺被视为头等大事。显然，在该层次上讲求服务的精确性，意味着该公司随时可以说出某个产品项目是否有现货，并且当有电话订货时，便可以告知对方何时送货上门。该公司需要提高的另一个精确性与在卖主处提取产品有关。为了确保产品在质量和数量上的正确，JC 公司针对每次装运中的某个项目，进行质量控制和实际点数检查。如果存在差异，将对订货进行 100% 的检查。与此同时将对 2.5% 的装运进行审计。订货承诺的完成需要把主要精力放在提高精确性上，为此该公司的配送中心经理罗杰·库克曼说道："我们曾一直在犯错误，想在商品预付给顾客之前就能够进行精确的检查"，但问题是在质量循环中是否已找到了解决办法，或者能够对该过程进行自动化。对此，库克曼感觉到："只有依赖计算机系统，人们才有能力精确地检查。"于是，该公司开始利用计算机系统进行协调，把订购商品转移到"转送提取"区域，以减少订货提取者的步行时间。

（3）激光扫描技术：用科技改进质量管理。第三项质量管理创新活动是应用激光扫描技术，以 99.9% 的精确性来跟踪 230 000 个存货单位的存货。JC 公司最初的密尔沃基的配送中心是用手工来处理各种产品项目的储存和跟踪的，接着便开始用计算机键盘操作替代手工操作，这一举动使产品项目的精确性接近了 80%。而扫描技术则被看做是既提高记录精度，又提高记录速度的手段。但是，刚开始启动扫描技术时的结果并不理想，因为一系列的扫描过程需要精确地读取每一个包装盒子上的信息。然而在某些情况下，往往需要扫描四次才获得一次读取信息。看来，JC 公司需要一种系统，能够按每秒三次的速度，从任何角度读取各种包装尺寸的产品信息。于是，公司内部的系统支持小组优化了硬件和软件来满足这一目的。其结果是该配送中心的四个扫描站耗资 12 000 美元，削减了每个扫描站所需的 16 个键盘操作人员。

3. 质量管理创新需要协调员工与技术的关系

看来，"加重工作"的质量循环与"减轻工作"的技术应用之间，会产生一种有趣的尴尬境地。JC 公司需要在引进扫描技术的同时，还要保持其既得利益和改进成果。然而，该公司在时间上的选择却是完美的。因为公司在大举扩展的同时将需要增加雇员。于是，该公司便告诉其雇员，技术进步将不会导致裁员。

讨论：

（1）JCPENNEY 公司的质量管理创新的特点是什么？

（2）JCPENNEY 公司的质量管理创新对中国企业有何启示？

实务自测题

（1）简述提高服务质量的基本策略。

（2）什么是全面服务质量管理，它包含的主要内容有哪些？

实训题

组织学生对某一商业企业进行调研，学习、了解和分析企业的服务质量管理工作，总结成绩、发现问题、提出改进措施并撰写调研报告。

项目十一　服务失败与补救

学习目标

（1）掌握服务失误的概念及原因。
（2）掌握顾客对服务失误的行为反应类型。
（3）了解顾客抱怨、不抱怨的原因。
（4）掌握服务补救策略。

导入案例

电信服务中的"失败"与"补救"

某地一位小灵通客户在一个电信代理点前向人抱怨：所用小灵通机身质量出现问题，代理商推三阻四地不管，这位客户打算放弃小灵通去买个手机算了。这时，一位电信代理点的工作人员走上前去，在问明情况后，建议他提供坏了的机身及相关购机手续，并代替其争取补救措施。在这位工作人员与代理商进行交涉中，首先去查明事情的缘由，并向客户说明其中的原委，通过补救措施促成该用户启用原号小灵通。事后，客户很感激，与该工作人员也成了朋友。

电信服务是一种无形的产品，具有无法储存、生产与消费同时进行、客户参与其中的特点。在电信产品生产过程中，由于种种原因难免会出现"失败"。这时，及时发现并采取相应的补救措施，是电信市场经营者值得研究与探讨的问题。

"失败"导致客户流失。目前，随着竞争的不断加剧，电信市场的你争我夺达到了白热化程度，各大运营商不惜投入大量人力、物力，搞公关、抢人才、争用户、圈市场，这对电信企业的生存和发展，无疑增添了巨大的压力。从上述的例子中不难发现，当客户对电信提供的小灵通服务不满意时，会认为电信企业不能提供他所期望的价值，即电信企业为他们提供的客户让渡价值低于经营移动手机运营商。这时，客户就会简单地拒绝电信企业的服务，转而选择移动运营商的服务，从而形成现有客户的流失。另一种不利影响则是隐性的、间接的，即不满意客户的"抱怨"，在周围人群中传播形成了"坏口碑"，容易使潜在的顾客的购买欲望降低，最终结果是电信市场萎缩、企业形象受损、竞争力下降。

"补救"是企业必然的选择。所谓采取补救措施，其实质是电信企业在向客户提供服务时对出现服务失败所做出的一种实时性和主动性的反应，其目的是通过这种反应，对已经流失或者正在流失的客户采取措施，将服务失败给企业带来的负面影响减少到最低限度，竭尽所能最终赢回客户。首先，高质量的服务补救是企业挽留客户的有效手段。据美国 TARP 机构的调查显示，那些对投诉的处理感到满意的投诉者再次购买同类新产品的占 69%～80%，而投诉没有得到满意解决的投诉者再次购买同类新产品的只占 17%～32%。可见，及时的补救可以维护企业良好的品牌形象，从而造就忠诚的客户。其次，在电信市场中发展新客户比留住老客户的成本更高，并且新增客户中大多数是低端用户，因此通过服务补救保持老客户比吸收新客户更有意义。电信企业保持老客户的关键在于使其满意，只有他们真正满意了，才会再次使用电信的产品，才能长时间地保持对电信企业的忠诚。

"补救"应及时到位。较高的客户满意度会带来重复购买，使企业的交易成本降低、利润上升、竞争力增强。补救源于客户对电信服务的不满意，补救的目标是追求客户满意。所以，电信企业在服务失败发生后应及时、主动、适度地进行服务补救。电信服务的"补救"，首先，要补救及时。进行服务补救的关键是要做到快速反应，反应越快，补救效果越好，否则，没有得到妥善处理的失败会发酵升温，不仅服务补救的成本会上升，补救效果也将打折扣。其次，要补救主动。服务补救虽然是事后修正的重要手段，但"不抱怨，不处理"的做法会严重影响客户对运营商的满意度和忠诚度，所以电信企业不应当只是在客户抱怨时才采取相应的补救措施，而应该主动发现服务失败时及时解决，并做好预防工作。在有效地平衡企业与客户利益的同时，应尽最大努力留住可能流失的客户。最后，补救要适度。事实上，没有一家企业能够使客户百分之百满意，即使是那些最优秀的企业，也无法避免客户的不满。由于各电信运营商都在不断地抢占市场，电信企业要做到客户零流失可以说是不可能的，特别是对其中少量的"不好说话"的客户进行过度的服务补救，将会增加补救成本而得不到相应的补救效果。

总之，电信服务中的"补救"，既是一种客户满意经营观念，也是一种竞争策略。电信企业若能因势利导，顺其自然，"补救"到位，就可能最大限度地提高客户满意度，保持更多的客户，占据更大的市场。

（资料来源：王永贵，服务营销）

对于有着最佳意识的企业乃至世界级的服务系统来说，服务失误都在所难免。随之而来的问题是，如何在失误发生后进行有效的服务补救，并通过提高补救水平来维护客户满意和忠诚，维护企业形象。这既体现了服务企业应对失误和失败的能力，也是服务企业提高竞争能力、保持竞争优势的重要举措。

任务一 服务失败

要实行有效的服务补救，先要对服务失败的内涵和类型有一个客观的认识，包括服务失败的内涵、原因、表现形式、特征和效应等，顾客对待服务失败的态度也会影响企业后续服务补救的实施。

一、服务失败

对于何谓服务失败，可以从服务管理学者们的研究中理解和挖掘。不同学者基于不同的研究视角，从多个角度给出了服务失败的定义，主要有以下观点：从服务提供者的角度出发，认为服务失败的发生是因为企业无法提供消费者所要求的服务、服务未依标准作业程序执行、服务因某种缘故延迟或核心服务低于可接受的服务水平等（Tetrearlt，1990）。从顾客的角度出发，认为不管是谁的责任，顾客觉察到服务出了差错的时候，服务失败就发生了（Adrian.

Palmer，2000)。而综合了服务提供者和顾客感知的双重视角，可以认为，当商家的服务低于顾客预期，或者顾客要求的服务未能实现时，就发生了服务失败(Binter，Booms & Mohr，1994)。通过学者们从不同角度给出的定义可以看出，服务失败具有客观性和感知的主观性。而强调顾客对服务经历的感知和主观判断，相对于企业对其提供服务的判断评价，更具现实意义的顾客导向。因此，基于顾客感知来定义服务失败更有利于帮助企业全方位判定其服务质量，因而具有实践指导价值。

在这里，我们将服务失败定义为：当企业没有依照标准作业程序向消费者提供其所要求的服务，服务没有如约履行，服务不正确或执行质量低劣，或因某种缘故延迟服务，表现为服务水平低于顾客可接受水平，使顾客感知到服务的差错，这时候就发生了服务失败。

【案例 11-1】
情况 1
一位客人到一家餐厅吃饭，他对服务员说，他有急事，要一份快餐炒饭就行。服务员马上开单，然后送到了厨房，厨师正在忙着炒菜，服务员就把这张单子用一个碗压住，并告诉厨师赶快做。但客人等了 20 多分钟也没有见到他的炒饭上来。这位极度不满的客人投诉到了经理处。经理听了他的投诉，马上到厨房去催，可是翻遍了所有的地方也没见到单子，最后终于在地上找到了已经弄脏了的单子，才最终给客人上了一份迟到的炒饭。

情况 2
有两位客人在一家餐厅里就餐。只见餐厅内杯盘狼藉，叫了半天服务员，才有人慢慢走来收拾。客人问她有什么饮料，服务员就连珠炮似的一下报出七八种，听都来不及听。然后客人只见服务员们在聊天，却再没有人问他们需要什么服务。客人等了半小时后，才问服务员，怎么没有人为他们服务。不料服务员却说："你们为什么不举手？不举手我们怎么知道你们需要服务？"客人只能愤然投诉后离去。

情况 3
某高级酒店的西餐厅里，一位客人正在宴请朋友，当浓汤上来后，这位客人尝了一下，对服务员说，自己是吃西餐的行家，能够尝出来这个汤味不正，而且不热，要求重做。服务员向客人道了歉，把汤拿回厨房。过了一会儿，汤又重新端了上来，厨师长跟在身边。当客人对重做的汤表示满意时，冷不防厨师长说出一席话："老实告诉你，这就是你刚才尝过的汤，只不过稍稍热了热。可见你根本不懂西餐，是个十足的外行！"客人大怒。

(资料来源：厨房之家 http://blanc.blog.meadin.com)

二、服务失败的原因
1. 对所提供的核心服务失败的反应失败
第一种服务失败，是指由于员工对于核心服务失败的反应不恰当而引起的顾客不满。它们都是和核心服务的失败直接相关的，而所谓的核心服务的失败主要包括三种：没有可使用的服务；不合理的慢速服务；其他核心服务的失败。研究表明，核心服务的提供出现问题是决定顾客最终是否满意的一个关键点，而服务接触人员对这类事件的解决和反应能力直接决定着核心服务的失败是否会最终造成顾客的不满。

当餐馆因为繁忙而上菜缓慢时，服务员耐心的解释，提供额外的补偿，比如提供免费饮料的行为，会明显提高顾客的满意度，从感情上很好地弥补了可能造成的顾客不满。而另一个例子，在旅游高峰期，一个顾客在景点当地的某个宾馆订好了房间，可到达当天才知道宾馆的订房系统出现失误，标间客满，没有了这位顾客订的房间。面对这种情况，宾馆服务人员很傲慢地表示无能为力，而顾客因为当时再也找不到其他的地方可住，无奈中又原路折返。顾客受到这样的服务之后必然是异常气愤，无疑是重大的服务失败，如果当时宾馆的服务人员稍微灵活机动一些，给顾客一些安慰，利用自己在当地的工作关系给顾客安排其他的住房，或者给这位顾客调到没有订满的或者临时不来的更高级的房间都会有更好的效果，弥合之后的服务仍然不失为一次成功的服务。

2. 顾客的需要和请求的反应失败

第二种服务失败，是对顾客的需要和请求的反应失败。一般来讲，顾客的这些需要都是特殊的，是不包含在常规的服务传递系统中的。比如，航班上的乘客生病，需要药品和护理；淮扬菜馆的顾客偏好麻辣口味，要求调整菜的口味。这就要求服务接触人员要能够根据顾客的需要适当调整所提供的服务，满足顾客的特殊需求。在这种情况下，员工能否提供令人满意的服务很大程度上决定了顾客是满意还是不满意。

顾客的需要可能是明确表示出来的也可能是默示的需要。比如，航班上有旅客生病，他们对药品、护理的需要就是一种典型的默示需要，即使他并不开口要求照顾，乘务员也应该主动地提供帮助。而明示的需要主要包括以下几种。①特殊的需要，如老人需要搀扶，儿童需要额外的保护，有语言障碍的顾客的种种需要。②客户的偏好，上面所提到菜馆的顾客要求吃辣菜的需要就属于客户的偏好。③顾客失误，比如顾客丢失了房间钥匙，丢失了飞机票，他不得不向服务人员请求帮助。④有损害性的其他事件，比如有顾客请求服务人员让影院中的其他顾客保持安静，或者车厢中的乘客请求乘务员要求飞机上的其他顾客不要吸烟。面对这些需要时，服务人员的反应如果不恰当就会造成顾客的不满，造成失败的服务。

【案例 11-2】

游泳丢失衣柜钥匙　顾客被扣百元押金

不慎丢失了游泳馆衣柜的钥匙，一把成本和安装费加起来不到 10 元的钥匙，游泳馆却强收 100 元作为赔偿金。工商部门明确指出，游泳馆的做法属霸王条款，应立即纠正。

5 月 2 日晚，吴忠市的马先生在市区一家游泳馆游泳时，不慎将寄存衣服的衣柜钥匙丢失。游泳馆的工作人员因此要强行扣除其预缴的 200 元押金。一把小钥匙怎么值得了 200 元？这让马先生有些不解，双方因赔偿金额发生争执。然而，无论马先生怎样理论，游泳馆还是强行扣留了 100 元作为赔偿金。

马先生觉得游泳馆的做法太不合理，便向吴忠市工商局利通一分局投诉，希望工商部门为他主持公道。利通一分局执法人员接到投诉后，立即到游泳馆找工作人员核实，证实马先生反映的情况属实。

执法人员认为：丢失的钥匙应该还在游泳池，工作人员应该先帮顾客查找，在找不到的情况下才可以要求顾客赔偿；此外，衣柜钥匙成本和安装费加起来不到 10 元，强行让顾客赔偿 100～200 元属于霸王条款，应该立即纠正。最终，游泳馆负责人向马先生赔礼道歉，并退还了100元押金。

（资料来源：http: //www.cnr.cn/nx/xwzx/fzsh/200705/t20070508-504458909.html，编者略有删改）

3. 服务人员的不期之举

在服务当中，有一类服务人员的行为不是由顾客的需要引起的，也不是服务传递系统中所计划的一部分，被称为服务人员的不期之举。具体来讲，这类行为可以分为以下几种类型：①注意程度；②不寻常行为；③文化准则；④格氏评价；⑤不利条件。这类行为的结果也是不可预料的——可能让顾客非常满意，也可能造成顾客的极度不满。

其中，注意程度包括积极的和消极的两类行为。积极的注意是指员工主动地关注顾客需要并预测顾客需要，会带来顾客满意；而员工忽视顾客需求，比如冷漠地对待顾客，顾客不满也是很自然的结果。所谓的不寻常行为也包括积极的和消极的两种。积极的不寻常行为的典型例子是：一位多米诺比萨饼连锁店的工作人员在给一个地区的客户送货时，碰巧看到有一家人房屋被焚毁，而他们正在废墟里寻找食物，这个员工立即将这一情况报告给经理，于是，半小时后，免费的比萨饼送到这家人手中。这家人对比萨饼店的满意甚至达到了感恩的程度，他们永远也不会忘记多米诺比萨饼连锁店工作人员雪中送炭的善良举动。而工作人员由于自身心情的影响而产生的谩骂和粗鲁地对待顾客就属于消极的不寻常行为。文化准则这一类行为是指那些可能符合也可能违反社会文化准则的行为。公平、公正、真诚是指积极的文化准则，而歧视、欺骗、偷窃都是为社会文化所不认可的行为。符合公平、公正等积极的文化准则的行为会造成较好的顾客满意度，而那些为社会文化所不认可的行为也不会得到顾客的认可，从而引起他们的不满情绪。同时，也有很大一部分的顾客对所接受服务的印象是很整体性的，他们不会将满意或者不满意归因于如上那些具体的因素，而只是做一些很笼统地评价，如"令人感到很愉快"或者"整个服务过程糟透了"这样的评价。这就是所谓的"格氏评价"（Gestalt Evaluation）。对于这一类顾客的分析就无法得出很具体的造成不满的原因，不过这也从另一个侧面给我们一个启示：消费者的满意与不满意是很主观的感受，顾客是将服务的过程作为一个整体来感受的，一着不慎往往满盘皆输。不利条件包括员工在压力条件下的积极的和消极的行为。如果当周围的人"丧失理智"时，员工采取了很有效的手段控制了局面，则顾客对于这种不利条件下的员工表现会留下深刻的印象。相反，一艘船在下沉，而船长和水手在乘客之前就跳上了救生艇，这显然是在不利条件下的一种消极行动。

总而言之，冷漠地对待顾客、消极的不寻常行为、为社会文化所不认可的行为、压力条件下的消极行为都可能成为服务失败的来源。了解了以上这些服务失败的来源将有助于我们更深刻地理解服务失败。

【案例11-3】

<h2 style="text-align:center">农工商116店超市待客真粗鲁　怀疑顾客是小偷拒售</h2>

顾客李小姐反映称"10月15日下午3点多，我母亲去位于农工商116店超市内的万有全专柜购买零售香肠，可是该专柜的男柜员以我妈妈选购的5根香肠太少为由而拒绝磅称。

我母亲表示先买 5 根回去尝尝，该柜员却粗鲁地把香肠倒回货架，还口口声声说农工商领导也同意不卖"。

超市设有零售柜台，是为了满足不同消费者的需要，销售者可以按需求选择购买数量。更不可思议的是该柜员居然说有人称了 5 根香肠，在超市里偷吃了 3 根。生的香肠如何食用呢？

因为购买数量少，就是小偷了吗？

作为为老百姓服务的窗口，该农工商超市工作人员可以无视顾客的需求，按自己的心情随便消遣消费者。与迎世博，讲文明的精神背道而驰。是否随心所欲粗鲁抹黑顾客，客人不再光顾了，工作就可以轻松很多？

（资料来源：http://xiaofel.tbshops.com/Html/news/25/12381.html，编者略有删改。）

4. 顾客的不当行为

很多企业的服务理念是顾客第一，认为顾客永远都是对的。这样一种顾客至上的理念对于企业关注顾客，提高服务水平是有好处的。但是，我们在现实的管理工作中也应该认清：其实，顾客并不总是对的。比特纳女士所做的研究表明：很多时候导致顾客不满和服务失败的原因就在顾客本身——并不是员工服务不努力，而是这类顾客实在"太难缠"。她将这类服务失败归咎于顾客，并且将顾客的不当行为分为以下几类：醉酒、语言和行动上的攻击、破坏公司的规则及不合作的顾客。在现实的服务当中，这类顾客其实也是很常见的，可是，公司的规则和传统的观念往往忽略了他们的存在。忽略的一个结果，就是员工缺乏面对这类顾客的经验和信心。在这种情况下，手足无措的员工会让问题愈演愈烈。所以，企业应该正视这类顾客的存在，首先对服务失败进行客观的归因，不让员工"有委屈却说不出"；同时也应该并且对员工给予一定的应急能力上的培训。

任务二 顾客的抱怨行为

一、顾客抱怨

当服务失败后，顾客会因内在情绪的低落而产生如图 11-1 所示的抱怨行为。可以肯定的是在出现服务失败以后，顾客在某种程度上都会产生一系列的负面情绪，包括生气、不满、失望、自怜和焦虑等。这些负面反应会影响顾客对服务补救的感知和评价，以及顾客对服务企业的评价和选择。许多顾客对其不满采取消极态度，只是停留在口头上，其采取行动的动机在某种程度上取决于顾客是想保持其原有供应商还是转向新的供应商。通常意义上，顾客抱怨不是坏事，那些没有抱怨的顾客最有可能离去。企业应该把抱怨行为看成是顾客对自己仍抱有希望的暗示，积极面对顾客抱怨，企业任何消极面对、甚至不理会不满意的顾客，都是极为不明智的做法。

二、抱怨者的种类及其特点

顾客群体因个性、价值观等方面的差异，在服务失误出现后会表现出不同的反应。根据顾客对服务失误做出的反应，可将其进行分类，一项针对零售业、汽车修理业、医护业、银行及金融服务业的研究将其划分出了 4 种反应类型（J.C.Ward and A.L.Ostrom, 2004），即消极者、发言者、发怒者及积极分子。尽管这 4 种类型在不同的行业背景中可能有不同的比例，但其划分是相对一致的，并且每种都能在所有公司或行业中找到。

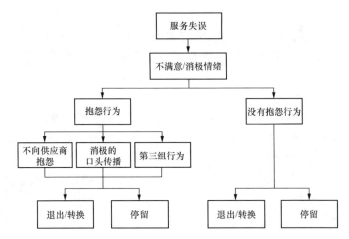

图 11-1　服务失败后顾客的抱怨行为

1. 沉默的消极者

这类顾客极少会采取行动。与那些进行负面宣传的人相比，他们不大可能对服务人员说任何事，也不大可能向第三方进行抱怨。他们经常怀疑抱怨的有效性，认为结果与花费的时间和努力相比不值得，有时其个人价值观或标准会抵制抱怨。与发怒者和积极分子相比，这些顾客以沉默的方式面对服务失误，他们不喜欢找麻烦。

2. 理智的发言者

这类顾客乐于向服务人员抱怨，但他们不大可能传播负面消息、改变供应商或向第三方讲述不满。这些顾客应该算做服务提供者的最好朋友，他们主动抱怨，这样一来就给公司以改正的机会。与消极者相似，这类顾客与另外两类顾客相比不会感到与市场的疏远。他们的个人标准支持抱怨，倾向于认为抱怨对社会有益，所以从不犹豫说出自己的感觉。他们认为向服务人员抱怨的结果非常积极，并且不太相信另外两种抱怨形式，如传播负面消息或向第三方诉说。

3. 离去的发怒者

这类顾客与其他类型顾客相比更有可能极力向朋友、亲戚传播负面消息并改变供应商。他们的普遍嗜好是向供应商抱怨，且不太可能向第三方抱怨。这些人会逐渐感到同市场有些疏远。就像其绰号表示的那样，他们对供应商更加愤怒，虽然他们确实相信向供应商抱怨会带来社会利益。他们不可能给服务提供者第二次机会，取而代之的是转向原供应商的竞争对手，并且一直向朋友、亲戚传播负面消息。

4. 恐怖的积极分子

这类顾客的特点是在各方面更加具有抱怨的习性：他们向供应商抱怨，还会告诉其他人，并且比其他类型顾客更可能向第三方抱怨。抱怨符合他们的个人标准。就像发怒者那样，这类顾客比其他群体更疏远市场。他们对所有类型抱怨的潜在正面结果都感到非常乐观。在极端情况下，这类顾客往往最令企业头疼。

针对不同种类的抱怨者，企业应及时采取有效的应对策略，来降低顾客抱怨所导致的负面影响。尤其是要通过有效的服务补救，来将顾客的不满降至最低。对于与顾客直接接触的一线人员，更应把处理顾客抱怨的能力作为最基础、最重要的业务能力来培养，不断提高企业应对顾客抱怨、化问题为机遇的水平。

【案例 11-4】

星巴克咖啡公司的"恐怖分子"

星巴克咖啡公司已经在其行业处于领先地位——20 世纪 70 年代早期华盛顿州西雅图不起眼的小公司现在已经发展成在全美拥有超过 4000 家商店的咖啡零售巨人。该公司及其传奇的执行官霍华德·舒尔茨（Howard Schultz）因具有世界级的服务水平和杰出的员工关系及利益享有极高声誉。但是即使像星巴克这样的巨人也会跌倒，在服务行业没有谁能在长期服务中逃脱犯错误。并且，有时候一个看似无害的错误可能会升级，就像星巴克在接下来的故事中一样。

故事是从一个星巴克的顾客购买了一台有毛病的卡普契诺咖啡制造机开始的。他把机器退回去想换个新的，当换机器时，他又买了一台作为礼物送给朋友。可是他没有得到应随机赠送的半磅咖啡，并且该顾客抱怨员工的态度很粗鲁。不幸的是，那台作为礼物的机器也出现了毛病。于是该顾客要求星巴克公司给他换一台当时顶尖的卡普契诺咖啡制造机，这比他原来准备送礼的机器价值高出近 2000 美元。该顾客威胁如果其要求被拒绝，他会在《华尔街日报》上刊登整版的广告来揭发星巴克公司。星巴克公司当然拒绝了他的要求，于是一整版攻击星巴克公司的广告出现在《华尔街日报》上，同时该顾客通过 800 免费电话征求其他人的抱怨。当星巴克公司向他道歉并试图更换其两台机器时，顾客表示这还不够，并向星巴克公司提出了更多的要求。他要求公司在《华尔街日报》上刊登整版广告向他道歉并感谢他的仁慈和慷慨。不用说，整个事件引起了全美媒体的关注。

虽然顾客中这种"恐怖分子"确实很少，但例子表明什么事情都可能发生以及这些顾客"恐怖分子"会做出什么事来。

在事件发生期间，专家们被请来为星巴克公司的处境提些建议，所有专家都提到顾客与星巴克公司员工的第一次接触对以后事情的发展进程是多么重要。一名专家确信星巴克公司应该在顾客来退换第一台有毛病的机器时就给他 2 磅咖啡，并且在一周后打一个追踪电话以确认是否所有机器都正常工作。另一名专家建议把遇到问题的顾客列入 VIP 名单，以便将来同这些顾客有生意往来时可以引发所有警示，提醒员工和管理层要绝对小心和优先处理随后的交易。另外还有人认为星巴克公司应该立即毫无疑问地用贵了 2000 美元的机器来更换那台有毛病的机器。这些专家相信，提出这类要求的顾客百分比非常小，所以值得用任何必要的做法来避免类似该例子中顾客"恐怖分子"的潜在行为。另一位专家认为，《华尔街日报》上的广告刚一出现时，公司就应该派人同顾客进行面对面的交流，道歉并倾听顾客的倾诉，看看他想要什么。部分专家承认，超过某个限度后，控制损失是唯一的选择，但由此却可以避免不断升级。

这个故事说明，即使是世界级的服务提供者也可能陷入困境。

[资料来源：A. Lucas. Trouble Brews for Starbucks. Sales and Marketing, 1995, 147（8）: 15，编者略有删改。]

三、顾客不抱怨及产生抱怨的原因

1. 顾客不抱怨的原因

顾客对于抱怨结果的期望能够影响顾客是否抱怨的决策。那些保持沉默的顾客往往不相信通过其抱怨行动对自己或者对别人会有什么积极的事情发生。

服务所固有的无形性和不可分性也在一定程度上让顾客对于服务的投诉少于商品。由于无形性，人们对于服务传递过程的评价主要是主观的，结果消费者常常缺乏客观观察的确定性，他们有可能会对自己的判断产生怀疑。

由于服务的不可分性，客户常常也是整个服务过程的一部分。因此，在服务未能达到理想的效果时，从归因上来讲，消费者本身"难脱干系"。可能是沟通的过程出现了问题，顾客本身没有表达清楚自己到底需要什么样的服务；也可能是顾客缺乏接受服务所需的条件，比如网上购物的消费者因为自己电脑的问题没有收到卖家发出的信息。另外，很多的服务是专业化的，技术性很强。缺乏相关知识的客户可能难以对服务的质量作出评价，因而难以投诉。一个典型的例子是对医疗服务质量的评价，顾客很难判断一个医生给自己开的药到底是否有效、合理。

2. 顾客抱怨的原因

与上面不抱怨的顾客相反，抱怨的顾客相信投诉会有积极的结果并且对社会有益。也就是说，他们相信得到公正的对待和良好的服务是应该的，相信自己将会并且应该由于服务失败而获得某种形式的赔偿。并且，社会责任感促使他们抱着帮助其他人的想法将自己的不满感受告诉服务提供者，同时也能促使自己在下一次不再受到相同对待。根据他们提供的信息，供应商可以改变服务方式，提高服务质量。积极的预期也会带来社会整体效应的提高。

因为不满意而抱怨着的顾客往往是高度情绪化的，从消费者心理学的角度来看，情绪状态下，顾客抱怨的行为也具有一定心理上的原因。首先，抱怨起着一个减压阀的作用，它可以使得抱怨者不满的情绪得到宣泄，起到"消消气"的作用，让顾客重新回到平衡的心理状态。其次，人们向第三方抱怨也是为了博得同情，看别人是否同意自己的意见，寻求一种认同。当别人表示自己在同样的情况下也会有同样的感受时，他们会觉得自己投诉得理直气壮。最后，抱怨者抱怨的时候也是为了制造一种印象，爱投诉的人通常被认为比不爱投诉的人更聪明、更有辨别力，通过投诉，他们觉得自己表现得比不投诉的人水准要高一些。还有一种看法认为，消费者投诉也是顾客借以恢复某种控制力的方式。如果顾客能够影响下一次可能的状态，这就意味着他从被动地接受服务失败的结果转向恢复了控制力。而向第三方抱怨则是出于一种报复心理，通过对冒犯自己的企业进行反面的口头宣传，他们也得到了某种程度上的控制力。

【案例 11-5】

4 个投诉的用户

位于城市郊区的以中产阶级人群为主的为罗街上的 4 个人均是加拿大贝尔公司客户，而加拿大贝尔公司是安大略省多伦多市的一家大电话服务商。他们每个人都遇到了与电话服务相关的问题并且决定找加拿大贝尔公司进行解决。

文思顿·陈先生

文思顿每周末晚都要给东南亚的一些国家去电话，几乎每天中午都要给 Kingston（离多伦多不远的一个小城市）打电话，并且几乎每个周末都要往不列颠哥伦比亚省的温哥华打电话。一天，文思顿先生收到了一张比平常任何时候数额都要高的电话账单。在仔细检查了账单之后，他确信账单数额有误，他被加拿大贝尔公司多收了电话费，因此他决定给加拿大贝尔公司的客户服务部打电话进行申诉并要求其改正错误。

玛利亚·波蒂乐小姐

玛利亚·波蒂乐最近错过了几个十分重要的电话，原因是拨叫者总是听到忙音。她打电话给电话公司以寻求一个比较可行的解决办法。

艾黎那·范的比尔特夫人

在过去的几个星期中，艾黎那·范的比尔特因为接到一系列言语猥琐的骚扰电话而烦恼。这些电话听起来像同一个人打来的，于是她给电话公司打电话希望能让这种令她烦扰的事情停下来。

理查德·罗宾斯先生

已经有超过一个星期的时间理查德·罗宾斯先生家的电话总是发出一种奇怪的嗡嗡声和喀哒喀哒的爆裂噪音，这使得理查德·罗宾斯很难听清电话那边的人在讲什么。他的两个朋友告诉他也听到了这些噪音。理查德·罗宾斯给加拿大贝尔公司打电话反映了这个问题。

（资料来源：李晓，服务营销）

四、顾客抱怨时所持有的期望

当顾客花费时间和精力进行抱怨时，他们往往对于抱怨的结果抱有一定的期望。下面我们将探讨消费者抱怨时所持有的期望，在后面进行服务补救的过程中满足消费者的需要才有可能弥补第一次做错带来的不满意情绪。

研究表明，服务补救中消费者很在乎两个字——公平。服务补救领域的专家史蒂夫·布朗（Steve Brown）和史蒂夫·塔克斯（Steve TaX）总结了三种顾客寻求的公平类型：结果公平、过程公平和相互对待公平。

1. 结果公平

顾客希望自己得到的结果或者赔偿与自己的不满意程度、所付出的时间成本、精力成本是相匹配的。也就是说，必须让顾客感到，企业为自己错误所付出的努力起码应该与自己已经遭受的经济上和情感上的损失相当。企业可以采用经济赔偿、一次性正式道歉、未来免费服务、折价、修理或更换等形式进行补偿。顾客也会将自己的付出与得到的赔偿的比率与他人的付出赔偿比率进行比较。如果其他某位顾客付出了相同的成本，遭受了相同的不满意却得到了比自己更好的补偿，他们也可能会感到不满。这就是所谓的结果公平。

2. 过程公平

除了对得到补偿的结果要求公平之外，顾客也希望抱怨过程的政策、规定和时限是公平的。他们希望抱怨的途径和过程是清晰、快速、无争吵的，并且希望抱怨能够被快速地处理。他们欣赏那种能够快速提供恰当的、令人满意的服务补救的员工和企业。不公平过程的特点是使顾客感到缓慢、拖延和不方便。还有些企业会要求顾客提供服务失败的证明，否则就不承认是自己的服务存在问题，这样的过程会让顾客的不满意程度加重。

3. 相互对待公平

相互对待公平是指顾客在抱怨时，在与企业员工接触的过程中，期望受到员工有礼貌地、认真地、诚实地对待。如果顾客感到企业及其员工漠不关心或者没有承认错误的胸怀，顾客会觉得非常不满意，粗暴的态度可能会抹杀一切结果和程序上的努力。而顾客是否能感受到这种相互对待公平，很大程度上取决于抱怨处理人员的态度、职业素养及是否得到足够的授权。所以，服务企业对于服务补救人员给予一定的礼仪、人际沟通上的培训及授权是很必要的。

【案例11-6】

餐饮业现场服务失败补救中对顾客的理解

餐饮业现场服务管理必须有效揣摩客人的消费心理，理解客户的关于自尊、自由、追求愉悦等的心理需要。首先，客人是具有优越感的人。客人来就餐往往习惯于发号施令，从某种意义上来说，客人到饭店希望感受到一种作为支配者的优越感。为此，在饭店服务中，出现服务失误后，一线人员应出于尊重客人、关心客人、乐于为客人用心服务的心理来为顾客解决问题。其次，客人是情绪化的，客人不是一种工作角色，而是一种生活状态。为此，出现服务失误后，饭店对客人应承担责任，主动道歉，设身处地的为顾客着想，提供人性化服务补救，而客人与饭店之间的理解和沟通是有效补救的基础。再者，客人来饭店是需求美食享受的，这是客人最基本的需求。作为消费者，客人追求的饭菜的物有所值、货真价实、美味可口。饭店的服务补救必须环环相扣，步步到位，即使出现服务失误，仍要详细说明原委，保证向客人提供令其感到更舒适和舒心的服务补救。补救时，不仅要提供标准化服务，同时还应尽可能提供超出顾客期望的新鲜特色服务，如节日里向顾客赠送时令小吃等，就能使顾客的不愉快心理得以扭转。最后，客人是最爱面子的人。几乎所有的客人都喜欢表现自己，而且希望被特别关注，给予特殊待遇。对此，饭店进行服务补救应真诚地理解顾客这种心理，给客人提供充分表现自己的机会，让客人在饭店多一份优越和自豪。此外，饭店员工在整个服务补救过程中必须懂得欣赏和适度恭维客人的艺术，要善于发现客人的闪光点，使服务补救过程充满人性的理解、责任和温暖。

[资料来源：黄亚芬，吴伟琦.论中餐业现场服务补救—基于马斯洛需要层次论，商场现代化，2009，（1）：7，编者略有删改。]

五、顾客抱怨对服务企业的影响

过去，在经营者的观念中顾客只要抱怨，经营者总是认为他们在找麻烦，而且只认识到了抱怨给经营者带来的负面影响。但实际上这种观念是偏颇的。从某种角度来看，顾客的抱怨实际上是企业改进工作、提高顾客满意度的机会。

建立顾客的忠诚是现代企业维持顾客关系的重要手段，对于顾客的不满与抱怨，应采取积极的态度来处理。对于服务、产品或者沟通等原因所带来的失误进行及时补救，能够帮助企业重新建立信誉，提高顾客满意度，维持顾客的忠诚度。顾客抱怨对服务企业造成的影响表现在以下几个方面。

1. 顾客抱怨会影响企业美誉度

顾客抱怨发生后，尤其是公开的抱怨行为，企业的知名度会大大提高，企业的社会影响的广度、深度也不同程度地扩展。但不同的处理方式，直接影响着企业的形象和美誉度的发展趋势。在积极的引导下，企业美誉度往往会经过一段时间下降后反而能迅速提高，有的甚至直线上升；而消极的态度，听之任之，予以隐瞒，与公众不合作，企业形象美誉度会随知名度的扩大而迅速下降。

2. 顾客抱怨是企业的"治病良药"

企业成功需要顾客的抱怨。顾客抱怨表面上让企业员工不好受，实际上给企业的经营敲响警钟，使其明白工作在什么地方存在隐患，解除隐患便能赢得更多的顾客。同时，保留着忠诚的顾客，他们有着"不打不成交"经历，他们不仅是顾客，还是企业的亲密朋友，善意的监视、批评、表扬，表现出他们特别的关注和关心企业的变化。如此来看，顾客对不满来抱怨不是极好的事吗？对企业应是求之不得的好事。

如果企业换一个角度来思考，实实在在地把顾客抱怨当作是一份礼物，那么企业就能充分利用顾客的抱怨所传达的信息，把企业的事业做大。对企业而言，顾客的不满唾手可得，但作为来自顾客及市场方面的资源，顾客的不满并没有得到充分利用。其实，顾客的不满是企业改善服务的基础。企业成功必须真诚地欢迎那些提出不满的顾客，并使顾客乐意将宝贵的意见和建议送上门来。

3. 顾客抱怨是提高顾客忠诚度的良好机会

有研究发现，提出抱怨的顾客，若问题获得圆满解决，其忠诚度会比从来没遇到问题的顾客要来得高。因此，顾客的抱怨并不可怕，可怕的是不能有效地化解抱怨，最终导致顾客的离去。反而，若没有顾客的抱怨，倒是有些不对劲。哈佛大学的李维特教授曾说过这样一段话："与顾客之间的关系走下坡路的一个信号就是顾客不抱怨了。"

美国一家著名的消费者调查公司 TRAP 公司曾进行过一次"在美国的消费者抱怨处理"的调查，并对调查结果进行了计量分析，以期发现顾客源于再度购买率、品牌忠诚度等参量之间的关系。

从顾客抱怨处理的结果来看，顾客抱怨可能给经营者带来的利益是顾客对经营者就抱怨处理的结果感到满意从而继续购买经营者的产品或服务而给经营者带来的利益，即因顾客忠诚度的提高而获得的利益。

TRAP 公司的研究结果表明，对于所购买的产品或服务持不满态度的顾客，提出抱怨但却对经营者处理抱怨的结果感到满意的顾客，其忠诚度要比那些感到不满意但却未采取任何行动的人好得多。具体而言，他们的研究结果显示，在可能损失的 1～5 美元的低额购买中，提出顾客抱怨但却对经营者的处理感到满意的人，其再度购买比例达到 70%。而那些感到不满意却也没采取任何行动的人，其再度购买的比例只有 36.8%。而当可能损失在 100 美元以上时，提出顾客抱怨但却对经营者的处理感到满意的人，再度购买率可达 54.3%，但那些感到不满意却也没采取任何行动的人再度购买率却只有 9.5%。这一研究结果一方面反映了对顾客抱怨的正确处理可以提高顾客的忠诚度，可以保护乃至增加经营者的利益。另一方面也折射出这样一个事实：要减少顾客的不满意，必须妥善地化解顾客的抱怨。

另有研究表明，一个顾客的抱怨代表着另外 25 个没说出口的顾客的心声，对于许多顾客来讲，他们认为与其抱怨，不如出走或减少与经营者的交易量。这一数字更加显示出了正确、妥善化解顾客抱怨的重要意义，只有尽量化解顾客的抱怨，才能维持乃至提高顾客的忠诚度，保持和提高顾客的满意度。

六、顾客抱怨的处理政策

顾客最讨厌听到的话通常是"很抱歉，我无能为力，这是公司的规定"。很多企业没有制定欢迎顾客抱怨的政策。实际上，很多企业根本就没有处理抱怨的政策，尽管书面上制定了政策，但没有考虑到如何在行动上执行这些制度，让顾客尽情抱怨，最终让顾客满意，而是一心想减少企业的麻烦。

因此，企业必须制定相应的政策和制度，使顾客抱怨能准确、及时地解决。

1. 以顾客为中心制定有利于抱怨的政策

许多企业制定政策和制度的前提是如何让企业运作得更顺利、更有效，这是把企业内部体系放在优先位置来考虑。

（1）专为顾客而设的服务窗口开放的时间却并不方便顾客。很多顾客服务部门午餐时间都要关门休息，但对忙碌紧张的上班族来说，午餐时间是他们方便退货的时间。

（2）退货程序要求顾客必须保存原始包装才能退。很多顾客家里没有充足的空间来堆放多余的箱子，就算有地方，他们也不想在家里放一大堆废品。

（3）保证程序要求顾客保留原始收据，否则保证书不能生效。

（4）对最初所购产品不满意的顾客不能享受售后的差价优惠。

（5）购买家用产品的顾客浪费了很多时间在家里等候送货员或等修理人员。企业通知他们："技术人员会在下午一点到五点之间到你那里。"而今天的很多小家庭，在企业正常上班时间，夫妇俩也都在上班，家里没人，这种处理方式对他们十分不便。

（6）尽管顾客对某些烦人的程序怨声载道，但企业依然如故。

由此可见，以企业为中心的政策，无疑为顾客流失和顾客抱怨提供了滋生的土壤。因此，企业制定为顾客服务政策时，应首先考虑到顾客是否愿意并且便于接受，如果顾客要求对不希望的事进行变动或自愿选择时，应有便利权。对所提供的服务不满意时，应鼓励抱怨。企业应充分考虑顾客的利益，征求顾客的意见，制定出顾客乐于配合的管理政策。

2. 企业内部协调，统一执行对顾客的政策

很多顾客都有这样的经历：最初向顾客提供服务的明明是某一个部门，最后却像踢皮球似地被推到另一部门去了。这种情况往往发生在汽车经销商的维修部、医院及帮顾客运筹资金以便进行大宗采购的公司。这些企业最初向顾客提供的服务可能个人针对性很强，但是一旦到了另一个部门，就很快变得不明确了，服务质量自然大打折扣。波士顿咨询公司对美国企业进行的一项调查发现，企业内部几乎所有的活动（95%～99%）都与顾客无关。他们引用调查情况说，保险公司处理顾客的申请表平均要花 22 天时间。推算一下处理这些表格所需的时间，其实只需 17 分钟就行了。那么，另外多花的时间都耗在了哪里？答曰：签字、呈报、开会。对顾客抱怨的处理也是一样，如果企业能够协调好处理顾客抱怨的各个部门的职能范围，高效地处理抱怨，那么每个人都会成为赢家。

3. 授权一线员工

现在许多管理者存在一种偏见，即一线员工的品质素质较差，他们并不可靠，一线员工只能按规范的程式和程序为顾客服务，这种不信任导致管理者不敢向一线员工授权。授权意味着一线员工不用去重复老一套的接待词，而可以根据情景和顾客的不同灵活地为顾客提供

得体服务；授权意味着一线员工可以立即处理顾客的投诉或抱怨，而不会因为处理程序复杂导致矛盾激化；授权还可以充分发挥员工的创造性、积极性和主动性，提高顾客服务质量。因此，管理者应适当地授权一线员工，充分发挥他们的潜能去为顾客服务。

4. 表彰和奖励受理顾客抱怨最佳的员工

有些企业的奖励制度与受理抱怨之间有矛盾。例如，某家企业为争夺市场而拼命宣传所提供的服务百分百令顾客满意，但其销售部门却背道而驰。业务人员为了拉一笔生意向顾客夸下海口并承诺，但企业对此很少过问。业务人员一心只想把顾客的钱挣到手，顾客有了问题，企业不问不管，顾客或服务人员只好自负。

有些企业急功近利，只顾短期利益，使顾客抱怨无法得到妥善解决。企业甚至对这种行为进行表彰和奖励。例如，某位经理只要能迅速降低该部门的产品进货率，在短期内提高利润，就能获得奖金。路易斯·葛斯特勒出任美国联通公司总裁时，曾经对这一问题发表看法："这是大多数公司的内部不合理造成的，顾客服务人员既辛苦又要承担费用上的风险，却没有得到一点好处。他们的优秀表现只体现在市场营销尤其是对新产品的开发上，但他们本人始终得不到公司的回报。"

因此，公司要建立相应的表彰机制和员工自主机制，鼓励员工积极处理顾客抱怨，并对优秀的员工给以奖励。使员工能够积极有效地处理顾客抱怨，为建立高效的顾客抱怨体系打下基础。

5. 及时准确地向管理高层传达顾客的抱怨

通常一线员工能最先接触到顾客。如果企业不鼓励员工将来自顾客的信息传达给经理，那么大部分的顾客抱怨在一线就会石沉大海；如果一线员工和经理人之间未能坦诚地交换意见，那么提高服务质量纯粹是一句空话。

企业的高层主管一方面要尽可能地与顾客进行面对面的交流，亲身体会一下顾客的愤怒，另一方面要建立监督机制，对顾客抱怨从一线员工传达到管理层的过程进行监督，看看究竟有多少顾客抱怨传达到了企业高层，这些传达到的抱怨是否准确。

如果经理人打算花更多的时间直接了解一线员工的情况，不妨深入员工基层走走看看。美国著名的沃尔玛超市的前总裁山姆·沃尔顿（Sam Walton）说："我们最好的点子往往来源于送货员和库存员。"很有可能这些员工的灵感都是受顾客的抱怨而启发的。沃尔顿说，员工不能仅靠耍耍嘴皮子就对顾客说，他们对顾客有多重视，关键是要落实到行动中去。面对抱怨连天的顾客，经理人不妨时时提醒自己"以身作则"。

目前，为加快一线员工与高层主管的沟通速度，许多企业将企业内部组织扁平化，减少周折加快流通。企业内部结构的精简意味着不必花好几天，甚至好几周的时间将所出的问题层层上报。当今我们面临的严峻挑战是市场流通不断加快，促使我们不得不加快恢复顾客抱怨的速度。

任务三 服务补救策略

俗话说得好，亡羊补牢，为时未晚。随着经济发展重心的转移，以服务作为经营重点的企业所占比例越来越大；顾客日渐挑剔，企业发生服务失误的可能性也越来越高，甚至就算企业做对了，顾客也会鸡蛋里挑骨头——反正提供服务的又不是只有你一家。在这种情况下，企业应该怎么做才能避免因服务失误而导致利益损失？或者，能否通过成功的服务补救而增加利益？

服务产品的 5 个特征注定了服务失误不可完全避免且大量存在。即使对于有着最佳服务意识的、世界级的服务系统来说，服务失误也是难以杜绝的。只要有一次服务失误就可能导致顾客不满，并可能永远失去该顾客的信任。服务补救可以提供一个弥补这些缺陷并能让顾客留下正面服务印象的机会。

恰当、及时和准确的服务补救可以减弱顾客不满情绪，并部分地恢复顾客满意度和忠诚度，某些情况下，甚至可以大幅度提升顾客满意度和忠诚度。TARP（美国技术支持研究计划协会）经过研究发现，在批量购买中，未提出批评的顾客重购率为9%，抱怨未得到解决的为19%，抱怨得到解决的为54%，抱怨得到快速解决的则达到了82%。成功的服务补救对企业收入和利润增长的影响巨大，服务补救的投资回报率可达到30%～150%。

服务补救不仅仅是企业重新获得消费者满意的一种手段，同时也是一种改进服务质量的有效工具。

一、服务补救概述

所谓服务补救，是指服务型企业在对顾客提供服务出现失败和错误的情况下，对顾客的不满和抱怨当即做出的主动的补救性反应。其目的是通过这种反应，重新建立顾客满意和忠诚。由定义看出，服务补救是一种反应，是企业在出现服务失误时，对顾客的不满和抱怨所做出的反应。有关学者在早期研究中，认为对顾客抱怨的处理就是服务补救。随着研究的深入，明确指出服务补救有着更广泛的内涵，它面向处于服务失败和错误情况下的所有顾客而不是只有抱怨的顾客，并且是主动地进行补救。服务补救具有以下特征。

1. 主动性

服务补救要求服务提供者主动地发现服务失误并及时采取措施解决，采用这种管理模式对企业来讲无疑更有利于提高顾客满意度和忠诚度水平。

2. 实时性

服务补救通常在服务失误出现的现场，如果等到服务过程结束，服务补救的成本就会急剧上升，因此会导致服务补救的效果不尽如人意。

3. 全程性

服务补救是全员性质和全过程的管理工作，服务提供企业往往会授权一线员工在服务失误发生时就采取补救措施。

【案例 11-7】

GE 公 司

美国的GE公司已经从以往85%的收入来自销售产品转变为今天的75%的收入来自服务，公司有一套全面的服务补救战略。其完善的报修系统能保证公司对顾客投诉及时做出反应，如平均响应时间2小时的线上服务，使工程师可以在顾客需要的第一时间到达现场，并以精湛的维修诊断技术及强大的后台技术支持，及时准确地判断故障并解决问题。在接到顾客投诉后，服务人员通过公司数据库中的顾客和产品资料，能迅速分析和解决问题，从而提高了反应速度。

在服务补救过程中，公司将生产线上品质管理的六西格玛标准运用到其顾客服务上，为服务制定了严格的标准。公司积极鼓励并支持顾客投诉，努力为顾客开辟投诉渠道。如公司每年为一天 24 小时、一年 365 天不间断运作的通用电气回复中心而花费 1 亿美元，该中心每年要处理 300 万个电话。GE 的所有产品上都印有 800 电话，鼓励顾客遇到困难时，直接向公司寻求支持。同时，公司注重对员工的培训，工程师定期接受与世界同步的维修技术培训，服务人员也要接受服务技巧和公司服务理念培训，以努力达到公司六西格玛的服务标准。公司挑选了大批高素质的员工并刺激他们不断学习公司的精神、主张以及赖以生存的基础，这之中当然包括了服务补救理念的传播和学习。

（资料来源：财经界，http://magazine.moneychina.cn）

二、服务补救的策略

尽管很多企业也认识到在出现服务失败或失误时进行补救的重要性，但是却未必能恰当地采取有效的补救措施。事实上，服务补救不当和不采取任何补救措施同样糟糕，甚至在有的情况下会更糟糕。以下介绍几种常用的服务补救措施：道歉、紧急行动、移情、补偿、动态追踪访问。

1. 道歉

尽管道歉是远远不够的，但道歉是服务补救的开始，是解决服务失败的浅层策略。顾客的光临表达了对服务提供机构及人员的信任，服务提供者应尽一切努力提供其所需服务，当顾客感到不满时，应表示歉意。虽然一些服务失败是由服务的异质性等特点所决定的，服务失败的风险是服务企业固有的特征。但当顾客产生不满、抱怨时，要真诚地道歉、沟通，争取顾客的谅解。道歉解释既是对顾客的一种尊重，也是重新赢得顾客信任的过程。

2. 紧急行动

顾客抱怨的目的是希望尽快解决问题，道歉解释并不是顾客最终所期望的。只有当服务提供者迅速采取行动，为纠正错误而努力时，才证明它对顾客的抱怨非常重视。假如服务提供者对顾客的不满反应迟钝，或没有采取相应的行动，会加剧顾客的不满情绪。但是，如果员工能积极迅速采取行动，并给客人以惊奇的解决方法，结果会适得其反。

3. 移情

在采取紧急行动、对顾客的不满做出反应之后，还要对顾客表示一点移情。对怒气未消的顾客表示理解，从顾客角度去分析令顾客失望、愤怒的原因也是有效的服务补救需要的。恰当的移情会使顾客意识到企业对其处境的关心及为了挽回服务失败而努力的意愿和行动，从而可以有效平息怒气。然而，如果移情的努力不真诚，则会火上浇油，让顾客更为不满。

4. 补偿

有时，服务出现失误后，仅仅向顾客道歉、表示理解和同情、并提供协助，只能是缓解或消除顾客的不满情绪，但不能超出顾客预期的期望，不能使顾客十分满意。顾客由于服务失败而付出的时间或心理代价并没有得到补偿，这种情况下服务提供者应该进行一定程度的补偿。虽然这种补偿从表面上看增加了成本，但却提供了顾客重新评价自身服务质量、获得顾客满意和忠诚的机会，最终实现利润的持续增长。补偿有合理补偿和超值补偿两种，合理补偿是指在一线员工在现场对顾客做出合理的赔偿，超值补偿是送给顾客认为有价值的东西。

5. 动态追踪访问

在采取了一定的补救措施后，企业还要看这些举动有没有产生效果。通过进行动态追踪访问，企业可以知道顾客的不满是否已经得到缓解或消除。如果发现所采用的服务补救措施并没有达到预期的目标，那么就要考虑其他新的补救措施。动态追踪访问的形式有很多，比如口头询问、电话回访、电子邮件、信件等。

对于不同行业、不同服务机构、不同顾客而言，服务补救方式及其有效性是不同的，应该具体分析。例如，Hoffman、Kelley 和 Rotalsky（1995）以餐馆服务业为研究样本，应用关键事件技术法（Critical Incident Technique）探究了消费者抱怨行为及厂商可采用的补救措施。研究结果发现：餐饮业者最常用的补救方式为替换（33.4%），接下来是提供免费食物（23.5%），最不常使用的补救方式则为给予折价券（只有 1.3%的使用比例）。然而，在消费者看来，补救手段有效性从高到低依次为免费用餐（8.05%）、折扣（7.75%）、给予消费者折价券（7%）、管理者出面解决（7%）、替换（6.35%）、更正（5.14%）、道歉（3.72%）以及不作任何处置（1.71%）。

【案例 11-8】

英国航空公司把鼓励、帮助和追踪顾客投诉作为其高效服务补救过程的重要组成部分，采取了新颖的方式倾听顾客心声，及时处理顾客抱怨。公司在机场设立了一个小录音室，心有不满的顾客可以即刻进入录音室向总裁投诉。通过扫描和人工录入，公司会将与投诉有关的所有顾客信息输入一个顾客投诉数据库。顾客服务代表拥有各种工具和权力，他们被授权可使用任何必要的资源来保留住顾客，并接受新的培训，如倾听技巧、怎样处理愤怒以及怎样争取谈判的双赢。英航不仅利用这些信息和系统直接保留不满意的顾客，还据此分析出一般失误类型，并且设计出早期预警机制来警示公司注意未来的潜在失误。

除了在机场设置投诉录音室之外，公司还建立了 12 个不同的"倾听哨"和其他联系渠道（包括已付邮资的明信片、顾客集会、调查和一个"跟我飞"计划等）作为顾客投诉的通道。

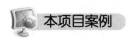 本项目案例

英国航空公司的顾客抱怨管理及服务补救

英国航空公司（British Airways，BA）是欧洲，乃至世界上最知名的航空公司之一，也是世界上历史最悠久的航空公司之一。它秉承提供优质服务的优良传统，在世界上各个国家享誉盛名，被世界各地的乘客所钟爱。英国航空公司在全世界的一百多个国家设有分公司，它的飞行网络也遍布世界各地，飞行 130 个国家，567 个目的地。在欧洲，它的服务随处可见；在美洲，英航是本地航空业中重要的组成部分；在亚洲和非洲，英航被越来越多的乘客认可。英航两个主要的机场为坐落在英国伦敦的希思罗（Heathrow）机场（世界上最大的机场）和盖特维克机场（Gatwick）。设置在希思罗机场附近的英航总部，有一个令人神往的名字——在水一方，为员工的工作、培训和生活提供了最安全、舒适和最现代化的环境。英航拥有 47 702 万名世界上最优秀的员工，它的技术人员、机组人员、地面支持人员都会定期接受各种培训，以适应不断发展的前进步伐。与此同时，英航非常关注对社会的回馈，每年都

花费大量的时间和金钱关注世界各地需要帮助的人们。

英国航空公司的广告强调了公司的品牌战略定位在"世界最受欢迎的航班"上,事实上,英国航空公司是世界旅行者的最爱,但也不是一直如此。英国航空公司从一个自认为是一个通过允许公众乘坐它的飞机的官僚机构转化为一个顾客敏感的、世界一流的服务提供商,应该归功于它在那个时候的 CEO-Colin Marshall 先生。Marshall(现在的董事会主席)被提升来进行一次大的转变,他做到了。它的传统一直沿袭下来并且推动航班发展并获得了现在这样更深远的成功。

这个成功的很大一部分原因是找到了新的聆听顾客和处理顾客抱怨的方法。Marshall 做的事情之一就是在希思罗机场安装了录像亭,这样,不高兴的顾客还在机场时就可以立即去录像亭并直接向他抱怨。除了这种创新的行动,Marshall 推行了一系列的系统和训练转变以鼓动并响应顾客的抱怨。直接引用他的话就是,"我坚信顾客的抱怨是抓住即将把业务转向其他公司的顾客的宝贵机会,也是我们发现需要解决的问题的机会。"

最初,英国航空公司做了调查来了解在业务上不满意和背叛的顾客的影响。调查发现 50%的不满意并且没有将问题反映给英国航空公司的顾客离开了英国航空公司。然而,在将问题反映给公司的顾客中,87%保持着对英国航空公司的忠诚。很明显,抱怨应该受到鼓励。考虑到平均每个商务舱的乘客的生命价值是 150 000 美元,鼓励抱怨并保留他们的业务是必要的。

英国航空公司通过建立一个"让顾客成为优胜者"的模型来回应顾客的抱怨。这个新系统的目的在于:①更有效地利用顾客的反馈来提高质量;②通过小组合作来达到避免未来的服务问题的目的;③从小组的角度来补偿顾客,而不是从公司的角度;④训练顾客保留,而非审判,最底线的目的在于:避免顾客的背叛。

为了达到这个目的,英国航空公司设立了一个四步过程来指导它的技术和人力传递系统。这个过程是建立在顾客期望他们的抱怨怎样被解决的基础之上的。过程的第一步是道歉并承认顾客的问题,不要去寻找某个人来指责而是成为顾客的拥护者;第二步是快速回应,要在72 小时之内处理,最好是立即给出解决的方案;第三步是使顾客相信问题被解决了;第四步,尽可能多地通过电话解决问题。英国航空公司发现顾客希望能够亲自同可以解决他们问题的顾客服务代表交谈。

为了推动该过程,首先,英国航空公司买进了叫做 Cares S 的计算机系统,该系统可以通过扫描和人工输入跟顾客抱怨有关的顾客信息到顾客抱怨数据库以取消纸张作业。一个特定顾客的信息可以很容易地得到,数据还可以用来分析以建立模型。处理抱怨的过程同样也因避免了大量的不必要和冗长的步骤而缩短了:处理抱怨所需要的步骤由 13 步缩减到了 3 步。公司还给顾客服务代表提供了工具和权力,他们被授权使用任何可以保留顾客业务的技巧。新的关于如何倾听的技巧、如何处理愤怒、如何赢得谈判的训练,这些获胜的方法都可以被顾客服务代表使用。最后,顾客被鼓励去抱怨。英国航空公司了解到只有 10%的顾客曾经直接和航班交流过。不管是好的还是坏的原因,航班因此努力工作以获得顾客的抱怨并提供意见。意见的提出是通过建立 12 种不同的"倾听站"或交流的方法来实现的,这些方法包括已付邮资的卡片、顾客讨论会、调查和"同我一起飞"项目——顾客服务代表和顾客一起坐飞机来体验并直接倾听他们的反映。

英国航空公司不仅应用它所建立的信息系统来直接保留不满意的顾客,还应用数据和信息来升级系统。它利用信息来描绘出普遍的失误模型并设计出早期警戒系统机制来警告公司潜在的未来失误。

英国航空公司发现它们所有的关于抱怨管理的努力都得到了回报。每花在顾客报怨上的一英镑得到两英镑的回报。英国航空公司继续以传递高水平的顾客服务为骄傲。在 2000 年 1 月，公司启动了价值 600 000 000 英镑的顾客服务行动以在接下来的两年中持续发展。毋庸置疑，英航会一如既往地为全世界的人们提供最为舒适的服务和飞行空间。

思考题：

（1）为了有效接收到顾客抱怨，英国航空公司是如何建立顾客反馈系统的？

（2）英国航空公司为应对顾客抱怨，建立了怎样的服务补救策略系统？取得了怎样的效果？

丰田"踏板门"中的补救策略——给未拉下的安灯线买单

从来不犯错误的企业或个人存在吗？即使对于一贯最佳、行业标杆的企业乃至世界级的企业来说，错误似乎也是不可避免的，区别可能就在于错误的大小、程度、时间和应对的策略罢了，业界神话丰田也不例外。当通用汽车差点倒下，丰田终于成为世界第一时，丰田神话到达顶峰，但神话通常都是容易打破的，极度扩张带来的隐忧可能造成了丰田成立以来最大的危机。

丰田认为企业是由员工组成的，员工并不是完美的，所以有可能存在失误，而丰田生产方式（TPS）的目标就是保证质量、消除浪费。为了在任何时候都不让有"质量嫌疑"的汽车进入到消费者手中，丰田建立了立即暂停制度以解决问题，从一开始就重视品质管理的文化为核心的生产原则。为了让员工放心的拉安灯线，丰田把问题视为机会，甚至会鼓励犯错误的员工，因为他们让问题得以暴露，从而为彻底解决提供了机会。但这一次，安灯线没有拉下，超过丰田年销售量的约 910 万辆有质量缺陷和安全隐患的汽车离开了生产线，"召回"成为必须要做的事情，即便要付出几十亿美金和股价下跌的代价。

在 20 世纪 40 年代，丰田同样曾经面临危机，当时的掌门人丰田喜一郎先是诚实地向所有员工说明当前真实的财务状况，成功地裁掉了 1500 人；接着自己引咎辞职，因为他认为不管是否因为经济危机，运营的责任是自己必须承担的；同时，在和管理层讨论并思考未来后，确定了丰田的永不放弃经营，工人与管理者的关系建立在相互信任基础上，致力于产品改善和质量提升的经营管理原则。如今，丰田又一次面临选择。

丰田把精益当成文化而不是一个工具来使用，零缺陷强调第一次做对，但既然已经出现严重后果，补救怎么做大有学问。当然，有种理论说当一个开始不满意的客户在经历了优质的服务补救之后，可能更加满意，更加忠诚，这就是"服务补救悖论"。但只有那些水平最高的补救系统才能带来增加的满意度和忠诚度，除非补救工作非常出色，否则不足以克服最初经历带来的负面影响，也不足以达到客户第一次就获得优质服务的满意程度。不管补救的成果如何，从来没有经受过质量事故的顾客对事故的不满要低于经历过数次或同行业质量事故的顾客，这就是为什么在所谓"阴谋论"下美国政府的强烈反应和顾客信心的丧失，而在北京丰台的丰田 4S 店仍然有不少知道召回事件的消费者前来购车，甚至已经购车车主也没有意识到自己可以提起诉讼维护权益。

　　所有的失误都可能会引起客户的消极情绪和反应，客户会选择离开或将其经历告知其他客户，特别是互联网发达的今天，负面的评价会向瘟疫一样迅速蔓延。而企业最不希望看到的当然是消费者通过消费者权益保护组织或法律渠道投诉企业，这样的诉讼费用和引起的赔偿将是个天文数字，福特就曾经吃过苦头。因此，强有力的补救措施即使并不能消除顾客的不满和完全赢回失去的市场，也可以减轻失误带来的影响。

　　钓鱼的要看鱼喜欢吃什么，做错了事当然也要看对方希望企业做什么，只有真正倾听顾客的心声才能更好地制定正确的补救策略。通常情况顾客都有 5 大期望：企业能够负责、迅速得到回应和帮助、赔偿或补偿、在过程中得到亲切对待、公平对待。所以通常的补救方案也包括：全部退款或部分退款、修理产品或更换零部件、更多的补偿性服务、公司真诚的道歉、对问题令人信服的解释、承诺问题会得到妥善完全地解决、提供发泄怒火及反应抱怨的渠道。后面的 4 个补救措施并不花费公司多少钱，却能有效地让客户获得尊重感，而这个部分也往往是危机公关的核心内容。

　　现在来看看丰田是怎么做的：全球召回所有问题车辆；公布事故的原因是采用供应商部件的质量有缺陷；原总裁渡边捷昭下课，丰田章男接任；丰田章男召开发布会向顾客进行道歉；成立总裁领导的"全球质量委员会"重新检查设计、制造和服务各个环节；建立更专业的品控管理体系；聘请外部专家来检验丰田的品质管理；在中国不管是否在该店购买，所有的 45 店接受该召回车型的零件免费更换，时间半小时，并保持电话跟踪和通知未更换的车主。

　　（资料来源：http：//www.mba.org.cn/mbahtml/01400129/38893_1.html，编者略有删改。）

　　讨论：

　　（1）丰田"踏板门"中的补救策略是否得当？为什么？

　　（2）你对丰田"踏板门"中的补救策略有何改进建议？

实务自测题

　　（1）什么是服务失败？其产生的原因是什么？

　　（2）抱怨的顾客类型有哪几种类型？他们抱怨时有哪些期望？

　　（3）处理顾客抱怨的策略有哪些？

实训题

　　请同学们以 3～5 人一组，选择一家你们熟悉的公司，然后为该公司设计理想的服务补救策略，设计完成之后写成报告的形式在课上交流。

参 考 文 献

[1] 曹和礼，邱华. 服务营销. 武汉：武汉大学出版社，2004.

[2] 叶万春. 服务营销学. 北京：高等教育出版社，2007.

[3] 汉斯·卡特帕尔，等. 服务营销与管理——基于战略的视角. 韦福祥译. 2版. 北京：人民邮电出版社，2008.

[4] 蔺雷，吴贵生. 服务管理. 北京：清华大学出版社，2008.

[5] 阳林. 服务营销. 北京：电子工业出版社，2008.

[6] 岳俊芳. 服务市场营销. 北京：中国人民大学出版社，2008.

[7] 丑文亚. 服务营销. 北京：北京理工大学出版社，2009.

[8] 克里斯托弗·洛夫洛克，约亨·沃茨. 服务营销. 谢晓燕，赵伟涛译. 北京：中国人民大学出版社，2009.

[9] 李羿锋，钟震玲. 精细化服务营销. 北京：人民邮电出版社，2009.

[10] 章海荣. 服务营销管理. 北京：清华大学出版社，2009.

[11] 李雪松. 服务营销学. 北京：清华大学出版社；北京交通大学出版社，2009.

[12] 刘红一. 服务营销理论与实务. 北京：清华大学出版社，2009.

[13] 杜向荣. 服务营销理论与实务. 北京：北京交通大学出版社，2009.

[14] 赵志江. 服务营销. 北京：首都经济贸易大学出版社，2010.

[15] 安贺新. 服务营销. 上海：上海交通大学出版社，2010.

[16] 安贺新. 服务营销实务. 北京：清华大学出版社，2011.

[17] 安贺新. 服务营销管理. 北京：化学工业出版社，2011.

[18] 韩冀东. 服务营销. 北京：中国人民大学出版社，2011.

[19] 陈祝平. 服务市场营销. 大连：东北财经大学出版社，2012.

[20] 李克方. 服务营销学. 北京：机械工业出版社，2012.

[21] 赵志江. 服务营销. 北京：首都经济贸易大学出版社，2013.

[22] 韦福祥. 服务营销学. 北京：电子工业出版社，2013.

[23] 王永贵. 服务营销. 北京：北京师范大学出版社，2013.

[24] 周宏敏. 服务营销. 北京：中国人民大学出版社，2013.